PANINI BOOKS

BALLERINES

SOPHIE FLACK

Scarlett

Titre original : *Bunheads*

Photo de couverture de Karl Taylor Photography
Design de Tracy Shaw

Traduit de l'anglais (États-Unis) par Thierry Arson
Suivi éditorial et relecture : studio Zibeline & Co

ISBN : 9-782809-433852

SCARLETT EST UNE COLLECTION DE PANINI BOOKS

www.paninibooks.fr

Première publication en anglais par Little, Brown and Company,
une division de Hachette Book Group, Inc.

Pour toutes les héroïnes méconnues qui évoluent
sur la ligne arrière du corps de ballet

AUTOMNE

I

JE M'APPELLE HANNAH Ward. Ne dites pas de moi que je suis une ballerine.

Les ballerines sont les stars de la compagnie. Elles dansent au centre de la scène, dans la lumière d'un projecteur de poursuite, et elles ont leurs propres rappels. Leur portrait figure dans le programme, avec leur nom écrit en gros caractères. Moi, je suis une simple danseuse du corps de ballet parmi les dizaines qui dansent en un unisson gracieux chaque soir. Ma mère croit que je suis une star, mais elle est partiale.

Et puis, le terme « ballerine » évoque trop la couleur rose et les froufrous. Oui, nous portons des tutus et des tiares, mais seulement pour le spectacle, chaque soir. La plupart de notre temps, nous le passons loin du public, à travailler aussi dur que possible pour renforcer et contrôler notre corps afin qu'une fois sur scène, chacun de nos mouvements paraisse parfait et facile à exécuter.

Nous répétons dans de vieux bodys, des collants usés et des jambières trouées. Nous achetons rarement des affaires de danse neuves parce que nous savons qu'en règle générale les carrières de danseuse de ballet sont éphémères. Aujourd'hui, par exemple, j'ai mis un body en coton bleu marine et noir délavé et des leggings un peu moins passés. Rien qui s'apparente au rose ou aux froufrous dans tout ça.

« Jetez-vous dans votre danse à corps perdu dès aujourd'hui, » a dit un jour un de mes professeurs, « parce que l'espérance de vie d'une danseuse peut être aussi courte que celle d'une mouche du vinaigre. »

— Lever de rideau dans cinq minutes, mesdemoiselles. On se remue !

Christine, la régisseuse, est campée sur le seuil, mains sur les hanches. Son casque crachote et elle aboie en hâte quelque chose dans le micro avant de se retourner vers nous :

— Adriana, tu n'as même pas enfilé tes chaussons. Il va falloir que je retienne le rideau ?

Adriana fronce son nez pointu et poudré avant de brandir ses chaussons avec l'aiguille et le fil qui serviront à les coudre sur ses pieds.

— Vous voyez, je suis en train de le faire, répond-elle. En plus, il y a encore le temps. J'ai toute l'ouverture.

Christine affiche alors un sourire attendri, mais un peu tendu aussi. C'est son rôle de s'assurer que chaque représentation du Manhattan Ballet se déroule comme il faut. Ce qui signifie s'inquiéter de tout, depuis le placement des projecteurs jusqu'à l'ego des premières ballerines. Après un dernier regard pour nous, elle sort de son pas pressé, ses cheveux blond platine coupés court piquant l'air dans toutes les directions.

— Prenez vos places, lance-t-elle.

Je comprends l'attitude de Christine : ici, tout semble chaotique. Nous sommes dans les coulisses, dans le Foyer des artistes, avant la représentation du vendredi soir, et tout autour de moi les danseuses sont harnachées dans leurs tutus immaculés. La pièce est un fouillis de satin, de tulle et de longs membres déliés. Certaines filles semblent abîmées dans leurs pensées, tandis que d'autres bavardent bruyamment entre elles. Le sol est jonché de pièces d'habillement, pointes uniques, jambières, bouteilles d'eau à moitié vides.

— Aujourd'hui, j'ai dû avaler quelque chose comme huit cachets d'Advil, déclare Olivia, une danseuse brune qui fait claquer son chewing-gum. J'espère que je ne mourrai pas avant que le rideau retombe.

— Tu n'as pas intérêt à ce que Christine aperçoive ton chewing-gum, ou elle te l'arrachera de la bouche, dit Adriana, qui est en train de coudre ses chaussons à pointe.

Elle a de longues jambes d'une maigreur presque squelettique.

Dès que je me ceins de mon propre cercle de tulle blanc, j'oublie le chaos ambiant. Le phénomène se produit chaque fois que je m'habille pour les *Variations sur une Valse* : j'ai l'impression de faire un bond temporel qui me ramène dans une période passée plus prestigieuse. Les faux diamants coulent sur mon sternum, et mes faux cils semblent aussi grands et sombres que des ailes de papillon. Laura, une des habilleuses, ferme les agrafes de mon corset pendant que j'enfile mes gants couleur ivoire.

Une fois ma tenue en place, je franchis au plus vite le rideau du Foyer pour me confier aux mains des coiffeuses. Mon amie Zoe est déjà là, qui tape impatiemment d'un pied moulé dans son chausson rose.

— Dépêche, gronde-t-elle à l'adresse d'une coiffeuse qui fixe nerveusement un diadème sur son chignon blond clair. Non, pas comme ça !

D'un mouvement sec, elle repousse la main de la coiffeuse.

Le temps étant plus que compté, je décide de placer mon diadème moi-même. Et apparemment c'est ce que Zoe s'est résolue à faire, elle aussi, car elle bouscule la coiffeuse et vient se placer devant moi, face au miroir qu'elle occulte.

— Je passe avant toi, lui dis-je, mais elle est trop occupée avec ses pinces à cheveux pour écouter.

Je place le bijou serti de diamants autour de mon chignon, et tente d'apercevoir mon reflet au-delà de Zoe, mais elle refuse de céder sa place. Je m'égratigne le cuir chevelu avec une pince. Je pousse un petit cri, et soupire :

— Z, tu sais, tu me bloques complètement la vue.

Zoe se retourne comme si elle venait juste de remarquer ma présence. Ses yeux verts feignent la surprise. Comme la mienne, sa bouche est pleine de barrettes et de pinces.

— Quoi ? Oh, salut, Hannah, parvient-elle à articuler.

— Salut, dis-je, mains sur les hanches. Tu permets ?

Elle sourit, reporte son attention sur la glace et se déplace de quelques centimètres sur la gauche, si bien qu'à présent je peux *presque* apercevoir mon reflet.

À peine ai-je fixé mon diadème que j'entends l'introduction de ma musique. Je cours dans le couloir sombre qui mène à la scène, une mèche blonde traînant derrière moi. Je la coince dans mon chignon en priant pour qu'elle y reste. Jonathan, mon partenaire, m'attend dans l'obscurité des coulisses, un sourire éclairant son beau visage aux traits vigoureux. Je bascule dans ses bras et le laisse me porter jusque sous les lumières éblouissantes de la scène. Là, je rejoins les dizaines de danseurs du corps de ballet, et alors que nous tournoyons ensemble, il me semble que nous formons une mer ondulante de blancheur. Je suis soulevée du sol, et j'ai l'impression de voler.

— Ooooh ! dis-je dans un souffle à Jonathan qui rit sous cape.

Au-dessus de nos têtes, les lustres illuminent nos corps qui pirouettent, et je me demande si c'est la même chose dans un bal de promo. Je ne suis pas allée au mien parce que j'étais déjà au Manhattan Ballet. Mais j'ai vu *Rose bonbon* et *10 bonnes raisons de te larguer*, et j'imagine assez bien à quoi ça ressemble : des limousines qui vous déposent, des flasques d'alcool dissimulées, les filles en robe de satin sans bretelles, les garçons en smoking de location. Ils dansent lentement sous l'éclairage multicolore tournant, avant de s'esquiver pour se peloter dans des couloirs sombres.

Il m'arrive de penser que j'ai raté quelque chose de grandiose. Et puis je me dis que, de toute façon, les sensations éprouvées sur scène sont généralement plus intenses que celles de la vie réelle.

La musique enfle, Jonathan me soulève du sol une fois encore, et des applaudissements crépitent pour saluer l'entrée en scène de Lottie, la star vieillissante du Manhattan Ballet, avec ses cheveux auburn serrés dans un chignon lissé et des diamants scintillants aux lobes de ses oreilles. Je ne peux voir les spectateurs dans la salle plongée dans l'obscurité, mais ils sont bien là, dans leurs sièges tendus de velours, qui observent tout avec excitation et ravissement.

Et sur scène, je n'ai pas la sensation d'être une adolescente, mais une princesse qui valse avec son prince.

Du plus loin que je me souvienne, j'ai toujours voulu être danseuse. Quand toutes les autres petites filles du voisinage passaient leurs journées sur leurs bicyclettes ornées de glands roses ou comparaient les derniers accessoires de leurs Barbies, je prenais des cours de danse classique à l'école du quartier et je rêvais d'interpréter Marie dans *Casse-noisette.*

Chaque jour après l'école, ma mère m'emmenait à Boston pour les cours de danse. Je me changeais et enfilais mon body sur la banquette arrière de notre minivan, et je confectionnais mon chignon en m'aidant du pare-soleil réfléchissant. Je n'étais pas à ma place avec les autres enfants de ma classe, mais lorsque j'entrais dans l'atelier, je me sentais complètement chez moi. J'aimais la discipline qu'on nous imposait : il y avait toujours un pas à améliorer, une position à perfectionner. Et la montée d'adrénaline que me procurait la danse était enivrante.

À l'âge de dix ans, j'ai annoncé à ma mère que je serais danseuse professionnelle. Au lieu de sourire comme si c'était là une idée absurde de plus qui m'était passée par la tête, elle m'a prise au sérieux. Peut-être parce qu'elle est elle-même une artiste (une céramiste au travail reconnu, pour être précise), et parce qu'elle apprécie la pulsion créatrice plus que toute autre chose, ou presque.

Elle a commencé à me conduire régulièrement à New York afin que je puisse m'entraîner avec certains des meilleurs formateurs du pays. L'été de mes quatorze ans, j'ai étudié à la Manhattan Ballet Academy, et en août, j'ai été invitée à m'y inscrire à plein temps. C'était une occasion extraordinaire, un rêve devenu réalité. Le problème ? Cela signifiait m'installer à New York. Seule.

Mes parents n'étaient pas enchantés par cette perspective : ma mère s'inquiétait parce qu'elle me trouvait trop jeune, mon père parce qu'il craignait que je me fasse agresser. Ils doutaient de la sécurité dans les dortoirs de l'école (ceux-ci étaient-ils fermés systématiquement, étaient-ils mixtes ?) et ils se demandaient si l'École des Arts où j'irais proposait des ateliers d'écriture, ma matière préférée. Même au stade où j'étais arrivée, il n'y avait toujours aucune garantie que je devienne la professionnelle que je rêvais d'être, ils s'en rendaient bien compte. C'est pourquoi j'ai dû leur dire, lors d'un repas à la mode hippie de ma mère, avec au menu du tofu et des patates douces, que c'était la chance de ma vie et que je ne voulais absolument pas la laisser passer.

Je les ai regardés batailler avec l'idée pendant qu'ils mastiquaient (encore que mon père bataillait aussi avec le contenu de son assiette, parce qu'il n'a jamais aimé le tofu). Ils comprenaient que je serais malheureuse comme les pierres si je restais chez nous, à Weston, Massachusetts, et que chaque jour, je regretterais de ne pas travailler dur à l'école pour décrocher une place dans le Manhattan Ballet, qui est l'une des meilleures compagnies au monde.

Après un temps, j'ai vu mon père hocher la tête très légèrement. Alors ma mère s'est tournée vers moi, et son sourire était joyeux et triste à la fois.

— C'est d'accord, a-t-elle murmuré.

Aujourd'hui, cinq ans plus tard, je suis membre confirmé du corps de ballet. Nous exécutons entre trois et quatre ballets par soir dans des salles bondées à New York, et quand nous partons en tournée nous remplissons des théâtres de cinq mille places.

Je suis danseuse de ballet, mais je ne suis pas ballerine. Et c'est la vie la plus incroyable, la plus merveilleuse, la plus folle dont j'aurais pu rêver.

II

— MONIQUE ÉTAIT TROP boudinée dans sa robe ! Dans un accoutrement pareil, même Gisele Bündchen ressemblerait à Susan Boyle, dit Daisy tout en rassemblant ses cheveux noirs et soyeux en un chignon.

Je ris et bois une gorgée de mon café géant. Il est dix heures moins le quart et je suis dans les loges (mon deuxième chez-moi) à écouter deux de mes trois meilleures amies dans la compagnie disséquer le dernier épisode de *Projet haute couture*.

— C'était vraiment si moche que ça ? dis-je.

— Un vrai sac à patates, répond Daisy.

Elle se penche vers le miroir, bouche ouverte, et se tartine de mascara.

Je ricane en enfilant mon body noir Repetto :

— Ah, c'est vrai que tu t'y connais, toi, en patates.

Elle roule les yeux et soupire.

— Ça suffit, Hannah ! Pour la dernière fois, c'est l'Idaho qui produit toutes les patates.

Je souris, parce que je le sais très bien. J'aime simplement l'asticoter car, à seize ans, Daisy est la plus jeune de notre loge, et qu'elle est dans la compagnie depuis seulement six mois. Elle est aussi totalement investie dans la danse : elle ne vit que pour ça.

Je fais un petit geste qui se veut dédaigneux.

— Bah, Idaho, Ohio, Iowa… On ne les appelle pas « les États à survoler » sans raison.

— Je suis du Nebraska, corrige-t-elle, et ses yeux sombres lancent des éclairs.

Bien qu'elle vienne du Midwest, Daisy a le teint mat et exotique, parce que sa mère est jordanienne. Elle fait un mètre soixante, elle a l'ossature fine, des coudes pointus et un grand sourire contagieux.

— Le Nebraska est réputé pour son maïs, précise-t-elle.

— Ah ouiii, dis-je en souriant. Au temps pour moi.

Elle me tire la langue.

— Moi, j'ai trouvé que la robe était bien, déclare Bea en attachant ses cheveux roux en queue de cheval. Je veux dire, Monique était un peu trop grande pour ce modèle, mais ce qu'elle a fait avec le plissé était intéressant.

— Oh, Bea, dis-je, tu trouves toujours quelque chose de gentil à dire.

Beatrice Hall, Bea, vient du Maine. Elle a dix-neuf ans, comme moi, et c'est ma meilleure amie depuis que nous avons partagé le même dortoir à la Manhattan Ballet Academy. Elle a été élevée dans une famille ultrareligieuse (du genre à aller à l'église tout le temps, à prier avant chaque repas, tout ça), et elle est la dernière de huit enfants, ce qui l'a obligée à apprendre la patience et la diplomatie dès son plus jeune âge. Mais elle a aussi un sens de l'humour très aiguisé. Ses yeux bleus sont immenses, sa peau pâle est parsemée de taches de rousseur. Elle a les oreilles légèrement décollées, et ses jambes incroyablement longues semblent remonter jusque sous ses aisselles.

— Ma mère m'a bien élevée, dit-elle ; et elle me touche du bout des orteils.

Je ris et je la repousse.

— Ôte ton pied tordu du mien.

— *Mon* pied tordu ? Tu as examiné tes cors, récemment ?

La porte s'ouvre brusquement et Zoe Mortimer s'appuie contre le chambranle, un Coca light à la main. Elle porte son nouveau blazer court Prada et un jean moulant. Elle arbore son air hautain habituel, mais ce n'est pas voulu. Son visage est comme ça, voilà tout. Elle a grandi dans Park Avenue et sa famille est la plus riche que je connaisse. Ce genre de privilège transparaît naturellement.

Elle met les mains sur ses hanches étroites et affiche le sourire que pourrait avoir le chat qui vient de manger le canari.

— Quoi ? demande Bea qui tresse sa queue de cheval. Tu vas nous dire pourquoi tu souris comme ça ?

Zoe rejette en arrière ses longs cheveux blonds et enjambe avec précaution les affaires de Bea qui jonchent le sol en tas de collants, jambières, bodys et pantalons de survêtement.

— Oui, juste une seconde, il faut que je me change.

Elle se glisse hors de son jean et cherche très lentement dans son casier une paire de collants neufs.

— Prends ton temps, surtout, dis-je d'un ton sarcastique. Ça fait durer le suspense.

Elle me décoche un sourire malicieux, mais ne répond pas. Après avoir mis un body gris en Lycra et des collants roses, elle se tourne vers nous.

— Adriana a entendu dire qu'Otto va commencer les répétitions de son nouveau ballet.

Otto Klein est le directeur du Manhattan Ballet, l'homme qui choisit les ballets et ceux qui les danseront. En d'autres termes, l'homme qui détermine notre futur.

— Youpi, dit Bea avec un soupir d'ennui.

Elle met la dernière touche à sa coiffure et ouvre un des vieux numéros de *Vogue* appartenant à Zoe.

— Et Gumby croit que c'est une grande nouvelle ?

— Qui est Gumby ? veut savoir Daisy.

Bea sourit.

— Adriana ! Parce qu'elle est d'une souplesse effrayante. Gumby, c'est ce personnage vert en caoutchouc qui peut se plier… Oh, laisse tomber, tu es trop jeune pour connaître.

Je ne peux pas m'empêcher de rire, avant de renchérir :

— Oui, mais on danse une quarantaine de ballets par saison. Alors qu'est-ce que celui-là a de particulier ?

Je bâille et tords mes cheveux pour confectionner un chignon.

Zoe arque un sourcil et elle continue :

— D'après Adriana, Otto veut donner le rôle principal à une fille du corps de ballet, c'est pour ça qu'il nous observe en cours.

Ça, c'est une vraie nouvelle. Daisy pose son crayon à sourcils, Bea referme son magazine et se redresse un peu. Je bois une autre gorgée de café et j'attends que Zoe poursuive. Maintenant qu'elle en a parlé, je me rends compte qu'en effet, on a beaucoup plus vu Otto récemment. D'habitude, on ne l'aperçoit que deux ou trois fois par semaine, mais ces derniers temps, il s'est mis à venir lors de nos séances de travail presque quotidiennement. Il traîne au fond de la salle, près du mur de miroirs, la mâchoire crispée, et il se tapote la cuisse avec les doigts.

— Je l'ai vu te reluquer en cours hier, Hannah, me glisse Bea. Et avant-hier aussi. Peut-être que tu as tes chances.

— Tu crois ? dis-je, et un petit frisson d'excitation me parcourt.

— Ça m'étonnerait, raille Zoe à mi-voix.

Elle s'incline vers le miroir et retouche son brillant à lèvres en faisant la moue.

— Pardon ? dis-je.

Elle se tourne vers moi et m'adresse un de ses sourires Spécial Zoe, ceux qui sont à dix pour cent sincères.

— Ne te vexe pas, Han, mais à ta place je ne me ferais pas trop d'illusions. Il y a beaucoup de filles du corps qu'il peut choisir. Comme Adriana elle-même. Ou…

Elle aligne avec soin ses tubes de rouge à lèvres devant elle.

— Ou comme *toi* ?

Elle acquiesce.

— Oui, comme moi. Enfin, je veux juste t'éviter de voir tes espoirs déçus, Hannah.

— Oui, bien sûr, dis-je, subitement irritée. Il est évident que tu te soucies uniquement de m'éviter une déception.

— Absolument ! réplique Zoe.

Elle essuie un coin de sa bouche avec un mouchoir en papier et se lance un baiser dans la glace.

Daisy et Bea font mine d'être absorbées par ce qu'elles font. Elles ont appris à se tenir à l'écart lorsque Zoe et moi avons une prise de bec, ce qui arrive de temps en temps.

Je me contemple dans le miroir. Le reflet qui me regarde fixement est celui d'une jeune fille aux yeux noisette, aux pommettes hautes, et aux cheveux d'un blond sombre qui ont tendance à friser par temps de pluie. Je serre les dents et je redresse les épaules. Je sens le regard de Zoe sur moi, mais je l'ignore. Chacune de nous deux sait ce que l'autre pense : *C'est moi qui décrocherai ce rôle.*

Otto encourage la compétition entre ses danseuses, comme si elle n'était déjà pas assez présente. Il nous place souvent ensemble, Zoe et moi, parce que nous sommes toutes deux grandes et blondes, et sans aucun doute, il aimerait que nous nous querellions pour ce nouveau rôle. Otto est un adepte du principe nietzschéen : « Ce qui ne vous tue pas vous rend plus fort ».

— Bon, moi je sors en griller une, annonce Zoe.

Elle se lève, met un pull à torsades sur son body. Elle va se rendre sur le toit, là où les fumeurs se retrouvent.

— Ne pleurez pas sur mon absence.

La porte claque derrière elle.

— Pas de danger, marmonne Bea en lançant une paire de chaussons dans son casier.

Elle supporte mal l'attitude de Zoe, et si elle la tolère, c'est surtout par loyauté envers moi.

— Dieu nous préserve que quelqu'un lui ait dit qu'Otto regardait autre chose que son petit cul osseux, dit-elle quand elle sait que l'intéressée ne peut plus l'entendre. Elle a le derrière tellement concave qu'on pourrait manger de la soupe dans sa cambrure !

Elle mime quelqu'un qui prend des cuillers de soupe, et Daisy cède à une hilarité débridée.

Je ris si fort que je manque de recracher la gorgée de café que je viens de prendre. Mais je me demande aussi ce qu'on dit de *moi* quand je ne suis pas là.

— Peu importe ce que vous racontez, soupire Daisy d'un ton rêveur, moi j'aimerais bien ressembler à Zoe.

Je pose ma tête sur mes mains un moment. Même si c'est une peste, je n'apprécie jamais ces accrochages avec Zoe. J'ai encore dix minutes avant le début du cours, alors je décide d'aller arranger les choses avec elle.

Je prends l'ascenseur jusqu'au dernier étage et je gravis rapidement l'escalier qui mène au toit. La lourde porte métallique, marquée des mots « Sortie de secours uniquement », grince quand je la pousse. Il n'y a aucune fenêtre dans le théâtre, ni dans les salles de travail, ni dans les vestiaires, et le soleil vif de septembre m'oblige à plisser les yeux.

Je cherche Zoe du regard, mais pour une raison inconnue, elle n'est pas là. Un gobelet vide de chez *Starbucks* roule vers moi, poussé par la brise légère. L'énorme climatiseur de l'immeuble produit un bourdonnement bruyant et crachote des jets d'air chaud sur le toit plat et noir.

Je m'approche du bord et j'observe la place en contrebas. Sous moi se trouve la vaste étendue d'Avery Center. Il y a des groupes de touristes ici et là, et je crois apercevoir Jonathan, en retard comme d'habitude, qui clopine vers le théâtre parce qu'il s'est fait mal au ligament croisé antérieur hier, lors des répétitions. Derrière lui, la fontaine au centre de la place propulse dans l'air des geysers scintillants.

Je ferme les yeux, j'inspire à fond, et toute pensée en rapport avec Zoe disparaît. La première morsure de l'automne est dans l'air, et elle marque le début d'une autre année avec la compagnie.

Otto cherche-t-il réellement une danseuse du corps de ballet pour assurer le rôle principal ? Si oui, alors peut-être entend-il promouvoir l'une de nous au rang de soliste.

Une espérance de vie aussi courte que celle d'une mouche du vinaigre.

— Qu'est-ce que j'attends ? dis-je à haute voix. Cette année est *mon* année.

Je lève les yeux, et dans le ciel, les nuages diaphanes semblent danser. C'est à eux que je fais ce serment :

— Cette année, je vais avoir une promotion.

Je me rends de l'autre côté du toit et j'observe la circulation sur Broadway. Deux taxis s'affrontent à coups de klaxon, et au coin de Broadway et de la 65e, un homme en jogging enchaîne les sauts sur place en étendant les bras, dans l'attente du feu rouge pour traverser. Un autobus scolaire jaune déverse un groupe d'élèves en sortie d'études à Avery Center. Je les regarde gravir en file indienne les marches qui mènent à la place. Ils restent bouche bée devant l'architecture gigantesque des bâtiments alentour.

Je passe la majeure partie de mon temps dans l'immeuble qui se trouve actuellement sous mes pieds, mais au-delà, un univers entier grouille de vie et d'animation. Je pense à tous ces lieux voisins que je n'ai encore jamais réellement vus : l'illumination et la foule sur Times Square, les restaurants et les bars de Hell's Kitchen, les galeries de Chelsea, les rues bordées d'arbres du West Village, les boutiques et les clubs de rock de l'East Village. Si je n'étais pas une danseuse professionnelle, peut-être que j'aurais l'impression de faire plus partie de cette ville. Mais pour l'instant le théâtre est mon seul univers, et celui de l'extérieur ne me manque pas du tout.

Je fais demi-tour et je me dirige vers la porte, faisant s'envoler au passage une nuée de pigeons qui s'étaient posés sur le toit. Mon serment sera mon secret.

— Tu peux y arriver, dis-je dans un murmure.

III

— Hannah, c'est à toi, après ? demande une voix basse et bourrue.

C'est Harry, un des machinistes, qui traîne dans les coulisses où j'attends de faire mon entrée. Il mesure plus d'un mètre quatre-vingt-dix, doit dépasser les cent cinquante kilos, il a un regard doux et pas de cou visible. Il travaillait déjà ici avant ma naissance. Son grand-père et son père étaient machinistes, eux aussi. À ce stade de sa carrière, il en sait plus sur le ballet que n'importe qui d'autre de ma connaissance.

— Salut, toi, dis-je en faisant rouler ma tête sur mes épaules pour décontracter les muscles de mon cou. C'est à moi dans quelques minutes.

— Merde ! me dit-il avec un sourire pour me souhaiter bonne chance.

Sa fille Matilda surgit de nulle part. Elle a neuf ans, porte un tutu en partie déchiré et une vieille paire de Nike.

— Hannah ! s'exclame-t-elle, essoufflée, et le plaisir rosit ses joues rebondies.

Elle ne vient pas souvent au théâtre, les coulisses n'étant pas l'endroit le plus indiqué pour une enfant. Je suis toujours étonnée qu'elle se souvienne de mon nom et que ma présence paraisse lui faire un tel plaisir. J'imagine qu'elle est ce qu'on qualifie de « précoce ».

— Salut, dis-je. Je vois que tu as mis ton tutu. Tu danses dans un des ballets, ce soir ?

Elle a un petit rire perlé.

— J'aimerais bien ! Mais je vais bientôt participer à un récital. Tu connais la Delancey Dance Academy ? C'est là que je prends mes cours.

Elle est très fière de le préciser, et elle gonfle sa petite poitrine.

Son père ébouriffe sa chevelure bouclée.

— Mattie veut être ballerine, elle aussi, quand elle sera grande.

Je regarde cette petite fille souriante, avec ses nattes et son tutu sale. Son visage rayonne de joie. Pour elle, le théâtre doit être un monde magique. Je sais qu'à son âge, c'était mon cas. À mes tout débuts, je voulais dormir sur la scène, sous les rangées de projecteurs qui brillaient comme des planètes lointaines. Parfois, quand il n'y avait personne, je m'asseyais sur le bord, les jambes pendant dans la fosse d'orchestre, et je contemplais avec une admiration mêlée de respect la vastitude de la salle vide, avec son plafond à moulures dorées et ses lustres en cristal.

— Je veux danser dans *Le Lac des cygnes*, me confie Mattie.

— C'est bien, dis-je.

Je vois qu'elle a hérité de la morphologie de son père, ce qui ne sera pas un atout pour la carrière dont elle rêve. Harry n'a rien pour être danseur. Harry est taillé comme un poids lourd.

— C'est merveilleux, dis-je encore.

— Mais cette année, nous allons danser *Casse-noisette*, précise-t-elle.

— Oh là là ! Tu sais que nous répétons *Casse-noisette*, nous aussi ? Nous faisons ce ballet tous les ans, dès le lendemain de Thanksgiving.

Harry a un sourire indulgent.

— Ce n'est pas le vrai *Casse-noisette*, me confie-t-il. Elles vont simplement avoir leurs costumes pour la fête de l'école. Ma femme travaille déjà comme une esclave pour lui confectionner le sien. Mais Mattie adore danser. Pas vrai, ma chérie ?

Matilda approuve avec enthousiasme.

— Je veux avoir une tenue comme la tienne, un jour, souffle-t-elle, et le rose de ses joues s'accentue.

Je baisse les yeux sur le costume en satin argenté et j'effleure une des perles cousues à la main d'un geste révérencieux, protecteur.

— J'espère que tu en auras un, dis-je en réponse, dans un murmure.

Arrive Luke, mon partenaire des *Quatre Vents*, qui souhaite que nous travaillions nos pirouettes de la première partie. Il ne salue pas Harry et Matilda et me prend par la main. Pour beaucoup de danseurs, les machinistes sont tout simplement invisibles, comme des meubles familiers. Ils ne se rendent pas compte que sans les machinistes, rien – et je dis bien : rien – ne fonctionnerait comme il faut.

— S'il te plaît, dit-il, je suis un peu nerveux.

Il cligne de ses grands yeux verts un peu larmoyants.

Je compatis et accepte sa requête.

— D'accord. Viens ici. Tends les bras.

J'ai dansé ce ballet des dizaines de fois, mais il n'est pas facile, donc je peux le comprendre. J'avance entre ses bras.

Les yeux de Matilda s'agrandissent. Elle va avoir droit à une représentation improvisée.

Je compte jusqu'à quatre, pour laisser le temps à Luke de se préparer, et je me mets à pivoter. Mais je penche sur la droite lors de la première pirouette, parce que Luke ne me laisse pas sur ma jambe d'appui.

— Tiens-moi plus fermement. Tu ne me feras pas mal.

La deuxième fois, il me maintient sur ma jambe, et j'exécute trois tours. Matilda applaudit.

— Bien ! Tout ira bien, dis-je à Luke pour le rassurer.

Mais à cet instant précis, Otto passe près de nous. Il fronce un peu les sourcils en buvant au goulot d'une bouteille d'Évian, et Luke pâlit notablement.

— Il va regarder, ce soir ? me demande-t-il.

— Ça m'étonnerait.

Je sais que la présence d'Otto rendrait Luke encore plus nerveux, et il risquerait d'oublier mes consignes pour me tenir correctement.

Bien sûr, Otto surveillera certainement le spectacle, et cette pensée fait battre mon cœur un peu plus vite.

Je salue Harry et Matilda d'un petit geste, puis Luke et moi allons rejoindre en coulisses le beau

Jonathan et Adriana la dégingandée. L'éclairage de la scène filtre jusqu'à nous en rais roses, jaunes et bleus qui m'évoquent le soleil perçant à travers les nuages. Nous comptons par huit pour être sûrs de faire notre entrée au bon moment. C'est peut-être de l'exagération, mais j'aime compter sur mes doigts pour être sûre de ne pas me tromper.

À la fin de la neuvième huitaine, nous entrons ensemble en formation. Dès que je passe des coulisses à la scène, je grandis d'environ cinq centimètres. J'écoute la musique et elle donne le signal à la mémoire de mes muscles. J'exécute l'enchaînement tombé-glissade-piqué dans les bras de Luke. Lors de ma première rotation, je ne suis pas correctement sur ma jambe d'appui, mais je corrige ma position pour me hisser sur ma pointe avant le deuxième tour.

— Désolé ! murmure Luke.

— Pas de problème, dis-je sur le même mode, bien que je sois agacée par sa bévue.

Nous courons pour nous placer avec les autres danseurs. Il me soulève haut et vivement pour le saut de chat tandis que nous croisons les couples à gauche de la scène. Je prends la pose sur la gauche en B-plus (une jambe gracieusement ramenée derrière l'autre), et nous faisons la révérence aux couples sur notre droite et notre gauche comme pour les saluer : « Bonsoir, Adriana. Bonsoir, Olivia ».

Sur scène, nous faisons tous partie de la même équipe. Les soucis concernant la compétition interne, la désignation des rôles et les promotions disparaissent, et nous savourons pleinement, uniquement, la danse.

La musique s'arrête, et le public applaudit frénétiquement. Pendant que je salue, je sens l'adrénaline qui court en moi.

— Merci de ne pas m'avoir lâchée, dis-je à Luke en me penchant.

— De rien, répond-il avec un petit sourire.

Je m'efforce encore de retrouver mon souffle quand je passe en coulisse pour consulter le planning du lendemain. Il nous précise dans quels ballets nous danserons, ceux que nous répéterons, et quels sont les rôles que nous avons une chance d'obtenir. Les danseurs l'étudient comme si c'était la parole divine. Votre nom est inscrit sous un rôle de soliste ou de premier plan ? Cela signifie qu'Otto discerne du potentiel en vous, et que votre carrière est sur la voie ascendante. À l'inverse, si vous vous trouvez continuellement reléguée dans le corps de ballet pour des rôles mineurs, c'est mauvais signe. Nous exécutons un grand nombre de ballets différents au cours de la saison, qui présentent tous théoriquement une opportunité de se voir attribuer un rôle majeur. C'est pourquoi nous sommes toujours pleins d'espoir, et si souvent déçus.

L'éclairage est éteint, à l'exception d'une veilleuse bleue au-dessus du tableau, qui révèle à peine le planning placardé là. Je parcours la feuille à la recherche de mon nom et, quand je le repère, j'en ai le souffle coupé : je dois étudier le rôle de Lottie Harlow en tant que doublure, pour le nouveau ballet d'Otto. Exactement ce que Zoe et moi visions.

L'excitation me gagne d'un coup. D'accord, je n'ai pas officiellement le rôle, mais Otto veut que je l'apprenne !

Si quelque chose doit arriver à Lottie, il me fait confiance pour mener tout le ballet à sa place. Je souris, et je m'autorise même un petit saut sur place. Il se pourrait que ce soit bon signe pour l'avenir.

Bea me rejoint précipitamment, encore essoufflée, et cherche elle aussi son nom.

— Il est sérieux ? Je danse encore *Dénouement en Sol* ? C'est comme si j'étais toujours une débutante.

Ses lèvres rouges semblent noires dans le faible éclairage bleuté, et son maquillage épais dissimule complètement ses taches de rousseur.

— C'est moche, dis-je, et, incapable de me retenir, je lâche : Je suis en doublure de Lottie, dans le nouveau ballet d'Otto.

— C'est vrai ? lance Bea dont le visage s'illumine aussitôt. Ah, tu vois ? Il t'observait, j'avais raison.

Puis Daisy et Zoe arrivent, impatientes de trouver leur nom, elles aussi. Zoe passe devant nous et bouscule Bea.

— Bon sang, Z, tu pourrais faire attention.

Zoe l'ignore et, deux secondes plus tard, elle pousse un petit cri de joie.

— Je suis en doublure de Lottie, annonce-t-elle en se tournant vers nous, souriant de toutes ses dents blanches et parfaites.

Immédiatement, mon enthousiasme retombe un peu. Otto nous a remises ensemble, bien sûr.

— Je crois qu'Otto m'a observée, moi aussi, hein ? dit Zoe.

Je marmonne :

— Euh, ouais.

— Eh, fait Daisy. Je suis où, moi, les filles ?

Elle essaie de lire le tableau, mais nous sommes toutes devant. Elle sautille sur place pour voir par-dessus l'épaule de Zoe.

— Apparemment tu es dans *Symphonie en Sol* et *Haïku*, lui dis-je.

Daisy serre son petit poing et a un geste de victoire.

— Oui ! J'ai toujours voulu danser *Haïku*.

Zoe se penche vers moi et murmure à mon oreille :

— Quelle ringarde. Ça doit être le rôle le plus nul de tout notre répertoire.

Je lui réponds sur le même mode :

— Elle n'en a pas conscience. Mais au moins elle est contente. Tu sais bien comment elle s'empiffre quand elle est stressée.

Zoe étouffe un petit rire.

— C'est super pour vous de répéter le rôle de Lottie, dit Bea à haute voix.

Elle ne veut pas que Daisy nous entende la traiter de ringarde parce qu'elle est très excitée de faire un ballet pour débutantes.

Mais Daisy ne remarque rien. Elle part déjà d'un pas léger vers le Foyer, des mèches de ses cheveux noirs sortant de son chignon.

Zoe se tourne vers moi et parle d'un ton volontairement détaché :

— Tu sais, Otto va sûrement faire répéter une deuxième distribution, ce qui veut dire qu'une de nous deux aura ce rôle. Je me demande laquelle il choisira...

Elle rejette les épaules en arrière et a un petit sourire. Je réponds d'une moue et je me détourne,

— Tu veux commander des sushis ? m'a-t-elle proposé en me lançant un menu. Ce sont les meilleurs de toute la ville. J'aime bien les rouleaux à l'araignée de mer.

J'ai survolé du regard sa chambre spacieuse, avec son mobilier luxueux et sa décoration art moderne (j'ai reconnu une des sérigraphies d'Andy Warhol représentant un panda, près de la fenêtre). Zoe était parfaitement à sa place ici. Même son nez retroussé et ses pommettes hautes semblaient prouver une prédisposition génétique à la richesse.

J'ai choisi très peu de choses sur le menu, mais j'ai quand même constaté que l'ensemble dépassait les soixante dollars.

— Tu peux commander plus, a dit Zoe. J'ai la carte bancaire de maman.

— On ne devrait pas choisir quelque chose pour elle ?

— Non. Elle sort. Robert de Niro donne une soirée chez Ago.

— Ah... bon.

Que pouvais-je dire d'autre ?

Pendant que nous attendions nos sushis, nous avons entendu Dolly qui se préparait à sortir, mais elle n'est pas venue frapper à la porte de Zoe pour dire au revoir. Comme si elles étaient colocataires plutôt que mère et fille. Des colocataires qui ne s'appréciaient pas beaucoup.

Nous avons mangé dans l'immense salon de l'appartement, avec vue sur les lumières de Park Avenue en contrebas. Ensuite, nous avons laissé les emballages de sushis et les doses de sauce soja sur la table basse.

— Ne t'occupe pas de ça, a dit Zoe. Gladys nettoiera demain matin.

— Qui est Gladys ?

— La gouvernante, a dit Zoe avec beaucoup de naturel. Je peux te prendre un sushi au saumon ?

C'est évident, ce soir-là, je n'ai pas eu mon dîner de famille. Et je n'en ai jamais eu, bien que je sois revenue chez Zoe des dizaines de fois, et que j'aie parfois dormi là-bas.

Je n'ai pas été invitée chez elle depuis longtemps, mais nous ne sommes plus des gamines. Je n'ai pas besoin d'une figure maternelle. J'ai seulement besoin d'avoir ce rôle dans le ballet d'Otto.

IV

Pour fêter ma sélection comme doublure de Lottie, je décide d'aller en ville après le spectacle de samedi soir. Je renonce à ma séance rituelle de soins corporels post-danse et me contente de frotter mes cors avec de l'arnica. Ensuite, je me glisse dans une robe portefeuille que ma mère mettait dans les années 70, et je chausse des bottes. Le taxi m'emmène dans le sud, sur la 7e Avenue, *Chez Gene*, le restaurant que tient mon cousin Eugene dans le West Village. J'ai sauté le déjeuner et je suis affamée.

Il pleut, et l'éclairage public semble saigner à longues traînées jaunes et blanches sur les vitres du taxi. Je vois quelques personnes qui se hâtent sur les trottoirs, à l'abri de leurs parapluies noirs. Des flaques se forment dans les caniveaux, et des flottilles de gobelets et de journaux s'y rassemblent.

Quand je suis arrivée à New York, il m'a été impossible de penser qu'un jour je m'y sentirais chez moi. Je n'en laissais rien paraître, mais durant mes premières semaines de cours à la Manhattan Ballet Academy, j'avais peur de quitter l'Upper West Side ou de sortir après la tombée de la nuit. Pourtant, je trouvais que New York était une ville passionnante. Bien sûr, les gens avaient tendance à vous bousculer sur les trottoirs, mais parce qu'ils étaient ambitieux et motivés. L'énergie ambiante était palpable. Sortir, marcher sur Broadway me faisait le même effet qu'un expresso.

C'est probablement ce qu'éprouvent tous les nouveaux de la Manhattan Ballet Academy aujourd'hui. Ils sont encore assez impressionnables pour s'extasier de tout ce qu'ils découvrent autour d'eux. Et je leur envie cette capacité.

Et j'envie Zoe aussi, parce qu'elle est née avec tout ça. Elle a grandi pratiquement au coin de la rue du Met, et elle est entrée à la MBA à l'âge de huit ans. Elle est aussi ambitieuse et blasée qu'on peut l'être à dix-neuf ans, et cette attitude semble lui profiter.

Je me demande si c'est la ville ou l'univers du ballet qui vous endurcit de la sorte. Les deux peuvent avoir cet effet, apparemment.

— Dix-sept quarante, m'annonce le chauffeur, et je reviens brutalement à la réalité.

Le reçu s'imprime bruyamment pendant que je cherche une coupure de vingt dollars.

— Gardez tout, lui dis-je, et un instant plus tard je pénètre dans la pénombre chaude du restaurant de mon cousin.

Trudy, la barmaid, me salue d'un geste de la main et me sert d'office un verre de vin rouge, bien que j'aie deux ans de moins que l'âge légal pour en boire, ce qu'elle sait parfaitement. Je regarde autour de moi avec un peu de nervosité, au cas où quelqu'un exigerait de voir mes papiers d'identité, mais il n'y a qu'un groupe d'hommes grisonnants qui boivent du vin en parlant baseball dans un coin, et un jeune couple rieur au fond de la salle.

Je m'installe au bar et je sors mon exemplaire de *Frankenstein*, que j'essaie de terminer depuis juin. Mais je suis encore excitée du spectacle donné tout à l'heure, et je ne parviens pas à me concentrer. J'observe le couple sans réfléchir, et soudain, le garçon tourne la tête et me voit. Il a les cheveux noirs et le teint pâle, avec l'ombre d'un début de barbe, et il est incroyablement mignon. Il soutient mon regard un moment, pendant que son amie pianote un message sur son portable, puis il me sourit. Un sourire franc, amical, étonnant.

Je baisse la tête et je sens une chaleur subite monter de mon cou à mes joues. Je suis trop gênée pour lui sourire en retour.

— Et voilà, dit Trudy en plaçant le verre de vin devant moi. Bois donc un peu.

— Merci.

Je sors quelques dollars pour le pourboire, mais je ne paie pas pour le vin. Si je le fais, Eugene se met dans tous ses états. Cette attitude, ajoutée à son laxisme concernant l'âge légal pour boire de l'alcool est une des raisons pour lesquelles c'est mon cousin préféré.

J'ai envie de regarder à nouveau le jeune couple. Parce que je me demande s'ils sont bien en couple.

Ils en donnent l'impression – ils sont dans un restaurant italien romantique – mais le regard que m'a lancé le garçon semble suggérer le contraire.

— On ne t'a pas vue depuis un bout de temps, remarque Trudy, me tirant de mes pensées.

— Oui, c'est difficile de sortir. Otto n'aime pas trop les « sorties d'études ».

— Les « sorties d'études » ?

Je laisse échapper un petit rire aigre.

— C'est comme ça qu'il appelle toute activité se produisant à plus de dix blocs du théâtre.

— Mince !

Trudy examine ma clavicule tout en posant une assiette de gressins devant moi.

— Mange, mange. Tu es trop maigre, ma chérie.

— Vraiment ?

En fait, je me sens plutôt ballonnée ces derniers temps, mais je ne me suis pas pesée parce que je n'ai pas de balance. Et parce que je ne veux pas réellement savoir.

— Eh bien, comparée à moi, tu es maigre, dit Trudy, et elle pince son ventre. J'ai assez de réserve pour deux.

— Oh, ne sois pas ridicule, dis-je en souriant. Je pourrais avoir un bol de *rigatoni al pesto* ?

Je me dis que je ne mangerai pas le tout. Et de toute façon, je n'ai pas déjeuné, donc j'ai besoin d'un peu de calories.

— Bien sûr, répond Trudy en me gratifiant d'un petit salut militaire. Ça arrive.

Tout en buvant une gorgée de vin, je coule un regard vers le fond de la salle, mais le garçon et la fille sont partis. Je ne peux m'empêcher d'éprouver une légère déception. Même s'il sortait avec quelqu'un d'autre, il était agréable à observer. J'ouvre *Frankenstein* et je fixe les pages sans les voir. Alors j'ouvre mon journal intime, que j'ai toujours sur moi, et je fais la même chose.

Je suis encore un peu dans la lune quand j'entends le son d'une guitare. Je me retourne pour regarder en direction de la petite scène qu'Eugene a installée contre un mur de la salle. Assis sur un tabouret, une vieille Sigma acoustique en mains, c'est le brun mignon de tout à l'heure.

De cet angle, je le vois mieux, et je peux constater qu'il a mon âge, ou peut-être un ou deux ans de plus. Il porte un *Levi's* délavé, un pull à col en V et une paire d'*Adidas* qui a connu des jours meilleurs. Ses doigts se déplacent rapidement sur le manche de la guitare et, un moment plus tard, il se met à chanter. Il a une voix profonde mais claire qui me rappelle Nick Drake.

— *Saw you at the Guggenheim, shivering outside in line. Wondered if you'd had the time… to turn around and see me.*

La blonde bat la mesure du pied et articule silencieusement les paroles en même temps que lui. Elle s'est installée à une table plus proche pour pouvoir le prendre en photo.

— *Across the park the leaves are red. The hawks have put themselves to bed. The snow will come, the old man said. So please be with me…*

La mélodie me donne des frissons, à moins que ce soit sa voix. Je cesse de faire comme si je ne le regardais pas.

— *Here I am so far from home, and I don't want to be alone. Do you want to be my own, my lovely girl…*

Il s'interrompt, relève la tête, et nos regards se croisent de nouveau. J'ai une drôle de sensation au creux de l'estomac, qui n'est pas sans rappeler ce que j'éprouve juste avant d'entrer en scène. C'est comme un brusque accès de nervosité et d'impatience. *Salut,* lui dis-je en pensée. *Qui es-tu ?*

Il chante encore une demi-douzaine de chansons pendant que je sirote mon vin. Je ne fais plus mine de lire mon livre, et je l'observe ouvertement. À un moment, la blonde s'éclipse.

Il termine le dernier couplet d'une chanson sur la Californie et repose la guitare. Quelques applaudissements fusent à la table des hommes grisonnants. Un moment plus tard, il vient vers moi… et d'un coup il est assis au bar, juste à côté de moi.

— Je pourrais avoir une Brooklyn Lager, s'il te plaît ? demande-t-il à Trudy.

Je sens mon cœur qui cogne dans ma poitrine et une rougeur qui monte à mes joues.

Il est assis à côté de moi, me dis-je bêtement. *Il est assis à côté de moi. Qu'est-ce que je pourrais lui dire ?*

Un des sourcils épilés de Trudy se hisse à l'assaut de son front.

— Déjà fini ? s'étonne-t-elle. Parce que je n'ai pas entendu la chanson que je préfère, celle qui parle du fleuve.

— Je te la dédicacerai la prochaine fois, promet le chanteur avec un grand sourire.

— Marché conclu, répond Trudy qui va aux pompes à bière pour le servir et ajoute : Elle, elle s'appelle Hannah. C'est la cousine du propriétaire, donc si tu as l'intention de la draguer, tu as intérêt à avoir les meilleures intentions du monde, sinon il te retrouvera et te brisera les jambes.

Je ris, en partie parce que je suis mortifiée et en partie parce qu'Eugene pèse cinquante-cinq kilos tout mouillé.

— C'est bien noté, dit-il sans cesser de sourire.

Trudy donne sa bière au mignon guitariste et fait glisser mes pâtes sur le comptoir, de sorte que je dois les arrêter avant qu'elles basculent dans le vide en bout de course. Au bar, c'est toujours comme ça qu'elle me sert.

— Ça a l'air bon, commente le garçon. C'est du pesto ?

Je fais oui de la tête et je m'applique à moudre du poivre sur mon plat.

— Ça va être très relevé, observe-t-il.

Je baisse les yeux. À cause de ma nervosité, j'en ai mis beaucoup trop sur mes pâtes.

— Euh, j'aime vraiment le poivre, dis-je.

Mais j'essaie discrètement d'en faire tomber un peu sur le comptoir.

Il sourit encore, révélant une rangée de dents blanches et deux fossettes. Ses yeux sont bleus, bordés de cils aussi longs que ceux d'une fille. Je n'ai aucune idée de ce que je pourrais lui dire. De loin, il semblait parfait, mais maintenant qu'il est à côté de moi, il me rend très nerveuse.

— Je m'appelle Jacob. Toi, c'est Hannah, si j'ai bien compris.

Il me tend sa main, que je serre, et dans le mouvement je manque renverser mon vin sur mes genoux. Je redresse le verre juste à temps.

— Excellents réflexes, dit-il.

Je ne peux qu'acquiescer. Je ne sais pas comment flirter avec les garçons : je suis restée en immersion totale dans un atelier de danse ces douze dernières années. Quand ai-je eu pour la dernière fois une conversation avec un homme qui n'était pas danseur ? Est-ce que le caissier du traiteur du coin compte ?

Je harponne les *rigatoni* avec ma fourchette tout en détaillant Jacob du coin de l'œil. Il est mince, grand. Il a les cheveux en bataille, et une petite coupure au menton sans doute due au rasoir. Je dois réprimer une envie soudaine de l'effleurer de la main.

Il regarde mon livre, mon journal intime, mon stylo.

— Tu vas à l'université ? demande-t-il en guettant ma réponse par-dessus le bord de son verre.

Je secoue la tête longtemps, assez longtemps pour mettre mes cordes vocales en ordre de marche. Et j'arrive à articuler :

— Non.

Et je pense : *Allez, Hannah ! C'est vraiment le mieux que tu peux faire ?*

— D'accord, dit-il. La New School ? C'est là que va Sasha. La fille qui était là tout à l'heure, tu sais ? C'est la petite amie de mon frère, et elle est plus loyale que lui envers moi, apparemment, puisqu'il a appelé cinq minutes avant mon set pour m'avertir qu'il ne pourrait pas venir. Enfin bref. C'est là que tu vas ?

Je réponds par la négative et me remets à secouer la tête. Je suis devenue littéralement incapable de parler. Par bonheur, personne n'est là pour voir ce spectacle humiliant. Zoe ne me laisserait pas entendre la fin. Mais au moins, la blonde n'est pas sa petite amie.

— Bon, d'accord, dit-il avec bonne humeur. On peut aussi faire le jeu des vingt questions. Donc, tu n'es pas étudiante ?

Je secoue la tête.

— Est-ce que tu es une espionne ?

C'est tellement absurde que je sors enfin de ma paralysie vocale. Je ris et réponds :

— Non, pas une espionne.

Trudy me lance un regard explicite – *Est-ce qu'il t'ennuie ?* – mais je lui souris pour la rassurer. Jacob ne m'ennuie pas du tout. Et en réalité, je me soucie à peine de ce qu'il dit. Le seul fait d'être assise auprès de lui m'étourdit.

— Bon, alors allons au fond des choses, déclare-t-il.

Avec un air très sérieux, il se penche vers moi et énumère d'autres occupations : jeune fille au pair, actrice, professeur de yoga… Je suppose que toutes ces propositions sont plausibles, mais ensuite il passe à parachutiste professionnelle de la chute libre, alpiniste et tueuse à gages. Et pendant tout le temps qu'il parle, je ne peux m'empêcher de remarquer à quel point il est mignon.

— Non, non, non, dis-je, et je ris, et je secoue la tête.

Une mèche de cheveux échappe à ma queue de cheval et, d'un geste attentionné, il la coince derrière mon oreille. Je rougis. Je sens un picotement agréable là où il m'a touchée. Mon cœur s'emballe.

— J'abandonne, alors, dit-il.

Je réussis enfin à parler :

— Je suis danseuse au Manhattan Ballet.

Je vois ses sourcils s'élever jusqu'à disparaître sous ses boucles.

— Incroyable. C'est super. Je ne suis pas allé voir de représentation depuis un bout de temps, mais je connais bien ta compagnie. J'avais ces places debout pour pas cher.

Je le dévisage, surprise. J'ai du mal à imaginer qu'il y ait beaucoup de garçons de dix-neuf ou vingt ans dans cette ville qui soient déjà allés voir un ballet. Et encore moins qui soient allés en voir plusieurs.

— C'est vrai ?

Il hoche la tête et ses doigts pianotent un rythme fiévreux sur le bord du comptoir.

— Oui, j'ai suivi des cours sur la musique moderne, et on a pas mal étudié Stravinsky. Et beaucoup de vos ballets sont basés sur ses œuvres, non ?

— Oui, dis-je, impressionnée. Tu connais bien le sujet.

— Pas vraiment. Juste assez pour savoir que ce que tu fais est réellement extraordinaire.

Je hausse les épaules, un peu embarrassée.

— Merci.

Les gens posent toujours les mêmes questions quand je leur apprends que je suis danseuse de ballet.

Ils veulent savoir si les maîtres de ballet surveillent notre poids, si nous suivons un régime spécial. Et ils demandent aussi quel est le pourcentage de danseurs gays. Ce sont des questions absolument barbantes, et je me rends compte que Jacob est peut-être la première personne qui n'a pas posé une seule d'entre elles.

— Tu dois adorer ce que tu fais, dit-il, et son regard accroche le mien jusqu'à ce que je détourne les yeux.

Je n'ai même pas à réfléchir pour répondre :

— Oui, dis-je, le nez dans mes pâtes. J'adore.

Trudy vient me resservir un peu de vin. Je la remercie silencieusement avant de revenir à Jacob.

— Mais ça exige de travailler beaucoup, et très dur. Enfin… oui, beaucoup.

Je pense aux répétitions du lendemain, et l'anxiété comprime ma poitrine.

Il sourit.

— Bah, comme on dit : « Il faut imaginer Sisyphe heureux ».

Je le regarde, perplexe.

— Pardon ?

Il se rapproche du comptoir et y pose les coudes.

— Tu connais le mythe de Sisyphe, n'est-ce pas ? Il a été condamné à faire rouler un rocher jusqu'en haut d'une colline pour l'éternité. Chaque jour il le poussait jusqu'au sommet, et chaque jour le rocher retombait en bas de la pente. En gros, ce qu'a dit Camus, un philosophe français, c'est qu'il faut penser que Sisyphe était heureux d'accomplir cette tâche. Parce que ce combat permanent donnait un sens à sa vie.

Je ris avant de boire une gorgée de vin.

— Il y a certains moments de mes journées qui ressemblent un peu à ça, c'est vrai.

— Mais quand tu entres sur la scène de l'Avery Center, ce doit être une sensation incroyable.

— Ça l'est, oui. Mais toi aussi, tu sais ce qu'est la scène.

— Hum, ici, ce n'est pas l'Avery Center, dit-il avec un sourire.

Je me redresse sur mon tabouret en feignant l'indignation.

— J'espère que tu n'es pas en train de critiquer l'établissement de mon cousin…

— Jamais ! s'exclame-t-il. J'adore *Chez Gene*. Crois-le ou pas, mais la sono est très correcte ici. Et en plus, Trudy est très généreuse avec les bières gratuites.

Il lui décoche un clin d'œil complice.

— Tu es musicien à plein temps ?

Aussitôt je me rends compte que ce serait un miracle s'il l'était : New York regorge d'acteurs qui travaillent comme serveurs et de peintres qui promènent des chiens pour vivre.

— Non, mais j'aimerais bien. Je le serais si ça payait le loyer, mais je n'ai pas réussi à convaincre les parents que c'était possible…

Son sourire illumine ses yeux bleus.

— Je suis à l'université de New York, où je vais me spécialiser en philosophie. Ou en histoire de l'art. Ou peut-être en écologie. (Il rit.) J'ai du mal à me décider. L'année dernière, j'ai pris quatre matières principales, et maintenant, j'attends que quelqu'un le remarque et me force à choisir.

— Houlà, ça fait beaucoup de centres d'intérêt différents.

Il acquiesce et boit un peu de bière.

— Oui, je me laisse aller à mes engouements. C'est peut-être un peu bizarre, mais tant pis. Pour l'instant, je me documente sur le Meadowlands, et j'économise pour m'acheter un kayak et explorer les marais. Ils sont incroyables, mais ils servent de décharge depuis des dizaines d'années. Quand la vieille Penn Station a été démolie, tous les gravats ont fini dans ces eaux.

— C'est fou, dis-je.

Et en même temps je me demande : *Est-ce que ce garçon ne devrait pas plutôt parler de bière-pong et de toges-parties ?* Je suis heureuse qu'il ne le fasse pas, mais quand même… Je croyais que c'était à peu près tout ce qui intéressait l'étudiant moyen.

— Et je prends des cours d'italien, ajoute-t-il. Auprès d'un vieux type, dans Little Italy. Il y a six mois à peu près, j'ai eu envie de pouvoir visionner tous les films de Fellini sans être obligé de lire les sous-titres.

Il se tait un moment, l'air pensif, puis reprend :

— Est-ce que j'ai l'air d'un dilettante ? Un propre à tout et bon à rien ? C'est probable… bah, c'est vrai, j'ai du mal à me focaliser sur un seul sujet. Mais je suis jeune, je n'ai pas besoin de savoir ce que je veux devenir quand je serai grand. Tout le monde n'a pas sa vie tracée dès l'âge de dix ans, pas vrai ?

La réflexion me fait rire.

— J'avais dix ans quand ça m'est arrivé. Comment as-tu deviné ? Mais oui, c'est vrai, tu as encore quelques années devant toi. Quand as-tu commencé à jouer de la guitare ? Tu es doué.

— Merci. J'ai dû commencer vers l'âge de trois ans, répond-il, et le souvenir le fait sourire. La guitare était plus grande que moi, et inutile de dire que je n'étais pas très bon pour plaquer des accords. Mais j'ai pris des cours quand j'étais au collège, et je n'ai plus arrêté de jouer.

— Y a-t-il quelqu'un qui t'a inspiré ? Je veux dire, j'ai vu une représentation du Manhattan Ballet quand j'avais cinq ans, et j'ai su tout de suite qu'il fallait que je monte sur scène un jour, moi aussi.

Je suis étonnée de l'aisance que j'éprouve maintenant. *Je suis en train d'avoir une conversation avec un garçon qui n'est pas danseur.*

— Eh bien, je peux jouer toutes les chansons que Bob Dylan a composées, dit Jacob. Mais ces derniers temps, je me passionne pour Will Oldham. À mon avis, ce type est une sorte de génie.

Il fait signe à Trudy, qui lui apporte une autre bière. Je prends note mentalement de me renseigner sur Will Oldham.

— Cool. Donc tu es étudiant-musicien-kayakiste autodidacte ?

— Et je donne des cours de soutien scolaire, ajoute-t-il. C'est un petit boulot, pour payer mes études, mais c'est vraiment cool. Mon père enseigne l'histoire au lycée. Il affirme que l'enseignement est une façon de gagner sa vie socialement plus responsable que de monter sur scène pour chanter des chansons sur un amour perdu ou ce que tu as mangé au petit déjeuner.

Je ris.

— Tu as une chanson qui parle de ce que tu as mangé au petit déjeuner ? C'est quoi, le titre ?

Il a un sourire en coin absolument craquant. C'est sans doute le garçon le plus mignon que j'aie jamais rencontré.

— *Les gaufres*, répond-il, et il prend une fourchette pour goûter mes pâtes. Oh, c'est délicieux.

Son bras frôle le mien.

Mon cœur palpite dans ma poitrine, et j'ai de nouveau cette sensation étrange au creux de l'estomac, qui signifie que le pesto n'est pas pour moi ou que je suis en train de tomber amoureuse.

Jacob pique un autre *rigatoni*.

— Mais revenons à toi. Le ballet, ça a l'air très intense. Comment fais-tu ? Je veux dire, comment arrives-tu à être assez bonne ? C'est une question bizarre, peut-être ? Oui, c'est une question bizarre.

Je hausse les épaules.

— Il faut travailler vraiment dur. Mais si tu te voues à un seul but, tu peux arriver à maîtriser à peu près n'importe quoi, tu ne crois pas ?

— Bien sûr, si tu arrives à choisir une *seule* chose, dit-il en riant.

— J'ai lu quelque chose sur ce peintre qui a perdu son bras droit dans un accident de voiture, et qui a complètement réappris à peindre avec sa main gauche. Et maintenant, il expose dans une galerie de Chelsea, et ses peintures se vendent vingt mille dollars au minimum.

— Et n'oublions pas ces éléphants qui peignent, enchaîne Jacob. Ils sont devenus très bons, eux aussi.

Je le regarde avec un scepticisme affiché.

— Des éléphants ?

— Oui. La Thaïlande fourmille d'éléphants spécialistes de la peinture abstraite. Leurs cornacs leur donnent des pinceaux, et les éléphants vont en ville.

Je m'esclaffe.

— J'imagine les critiques : « Les peintures de Dumbo sont lyriques et expressives, caractérisées par des couleurs vives et des formes intéressantes », dis-je en adoptant un ton pédant.

Jacob rit à son tour.

— Tu me plais, dit-il subitement. Pas seulement parce que tu es jolie ou que tu t'y connais en art, ou parce que je pense que tu as bon goût pour les pâtes. Simplement, je te trouve intéressante. Différente des autres filles que je connais.

De mon côté, moi aussi je trouve Jacob très intéressant. Et il est radicalement différent des garçons que je connais dans la compagnie, mais je n'ai pas le courage de le lui avouer. Alors je me contente de sourire et je pousse mon plat de pâtes vers lui.

À la fin de la soirée j'ai bu trois verres de vin, Jacob deux pintes de Brooklyn Lager, et nous avons échangé numéros de téléphone et adresses mail.

Sur le trottoir, alors qu'il m'ouvre la portière du taxi, il me demande :

— Alors je te reparlerai bientôt ?

Je hoche la tête, silencieuse de nouveau.

Il se penche vers moi. Je crois qu'il vise mes lèvres, et je suis prise d'une anxiété soudaine parce que je suis totalement inexpérimentée. J'ai peur de ne pas savoir quoi faire quand sa bouche touchera la mienne. Mais il dépose un simple baiser très léger sur ma joue. Je sens le frôlement de son col contre mon cou, un parfum de savon mélangé à celui du pesto et de la bière. Je suis à la fois soulagée et déçue.

Je m'engouffre dans le taxi. Ma peau est électrisée là où il l'a touchée, et je garde la main sur ma joue, comme pour protéger cette sensation ténue.

V

IL EST DIX heures et demie du matin, et c'est l'heure du cours de la compagnie. C'est un échauffement avant les répétitions, mais aussi une occasion de perfectionner notre technique. En théorie, le cours est en option, mais seuls les danseurs principaux le sautent parfois.

Le sol de l'atelier est jonché de corps qui s'étirent et se penchent. Chaussons à pointe, sparadraps et pansements pour les cors se déversent des sacs, et les bouteilles d'eau et gobelets de café sont alignés le long des glaces qui occupent les murs. Certains des danseurs bavardent avec des amis, tandis que d'autres préparent le cours en écoutant leur iPod ou, simplement, en faisant des exercices d'étirement en silence. La plupart semblent toujours exténués après la représentation de la veille.

Près de la porte, de longues épingles dans la bouche, Lottie Harlow entortille sa chevelure auburn. Son pull ocre tombe sur ses épaules osseuses. N'ayant pas à s'occuper de leur coiffure, les garçons font rouler leurs mollets sur des balles de tennis et effectuent des pompes.

Nous commençons par prendre notre place à la barre. Il y en a six disposées au centre de la salle, plus celles qui courent le long des murs. Je me glisse entre Bea et Jonathan, lequel habite dans mon immeuble et ressemble un peu à Bradley Cooper. Il m'envoie un baiser et, de la pointe du pied, il repousse son sac. S'il aimait les filles, ce qui n'est pas le cas, je serais tombée amoureuse de lui depuis longtemps.

M. Edmunds, le maître de ballet, entre et adresse un signe au pianiste qui entame une mélodie simple et lente. Nous commençons par une série de flexions accentuées des genoux qui font travailler tout notre corps. (Vous pouvez toujours entendre les hanches et les genoux craquer pendant les pliés.)

Ensuite, tandis que M. Edmunds montre l'enchaînement du grand battement, je tapote la main de Bea et elle se rapproche.

— J'ai rencontré quelqu'un, lui dis-je dans un murmure. Il s'appelle Jacob Cohen. C'est un musicien, et il est vraiment craquant.

Bea écarquille ses yeux bleus de façon comique et un grand sourire s'épanouit sur son visage, mais elle doit se mettre en position pour l'enchaînement. Après un moment, elle se penche en arrière sur la barre.

— Impossible ! souffle-t-elle. Ça s'est passé quand ?

— Hier soir, dis-je avec un sourire malicieux.

— *Toi*, tu es *sortie* ? chuchote-t-elle. Mais tu es une vraie sainte nitouche !

J'étouffe un petit rire.

— Tu peux parler. Mais je sais : ça ne me ressemble pas du tout.

Et je me sens coupable parce qu'aujourd'hui j'ai un planning chargé. Pourvu que je ne paie pas l'addition lors de la représentation de ce soir...

M. Edmunds passe à côté de nous, et nous regardons toutes les deux droit devant nous. Il fait le tour de la salle en fronçant les sourcils ou en hochant la tête, selon la technique de la personne qu'il observe. Ses cheveux poivre et sel sont un peu trop volumineux sur le dessus de son crâne, et un peu trop longs derrière. Il y a vingt ans, il a été premier danseur du Manhattan Ballet, et il adore nous enfoncer un doigt dans le ventre ou les fesses pour nous encourager à nous raffermir. Quand il agit de la sorte, il a généralement droit à son lot de grimaces dès qu'il tourne le dos.

— Oh, je regrette que tu ne m'aies pas proposé de venir, gémit Bea. Je n'arrive pas à croire que tu aies rencontré un garçon réel qui ne soit pas danseur.

— Moi non plus !

Durant la seconde moitié du cours, nous nous plaçons au centre et nous travaillons sans barre. Le sol est recouvert de linoléum et presque identique à la scène. M. Edmunds montre un autre enchaînement – quelque chose de lent, un adage – et nous suivons son exemple. J'essaie encore de parler à Bea pendant le petit allégro, mais je jurerais que M. Edmunds nous tient particulièrement à l'œil aujourd'hui.

C'est donc en silence que nous enchaînons balancés, pirouettes et sauts. Mon cœur bat vite dans ma poitrine, et mes jambes me brûlent. Le rythme de la musique s'accélère et nous commençons à exagérer nos mouvements, jusqu'à ce que nous bondissions en grand allégro. Très vite mon visage s'empourpre et ma respiration devient heurtée. À ce stade, je ne serais pas capable de parler à Bea, même si j'en avais l'occasion.

Après le cours, je bois un peu d'eau puis je retourne à l'atelier, où Otto travaille avec Lottie la chorégraphie de son nouveau ballet. Sous l'éclairage au néon, les yeux sombres et profondément enfoncés d'Otto brillent. Ses cheveux sont à peine saupoudrés de gris aux tempes, et son teint mat contraste avec la peau de porcelaine de Lottie quand il saisit son poignet fragile pour lui montrer une promenade. Bien qu'il ait gardé une légère claudication suite à la pose ratée d'une prothèse de hanche, on le considère toujours comme le meilleur partenaire disponible, et il présente très souvent lui-même les chorégraphies. Si vous voyiez Otto dans la rue, vous le trouveriez séduisant, mais totalement inabordable.

Ce qu'il est, en fait.

— Et développé, dit-il à Lottie.

En tant que doublures, Zoe et moi imitons les pas de la titulaire le long de la barre, au fond de la salle. Otto modifie sa chorégraphie au fur et à mesure, si bien qu'un jour il exige des tours piqués, et le lendemain il veut des grands jetés. Il est difficile de se rappeler quelle version correspond à telle phase.

Quand nous avons commencé à répéter, Zoe essayait toujours de se placer devant moi, mais dès qu'elle a compris qu'Otto n'avait pas l'intention de faire travailler une seconde distribution, elle a baissé d'un cran le niveau de la compétition.

— Et bien sûr, nous doublons la seule danseuse de la compagnie qui n'est jamais remplacée, souffle-t-elle en marquant les tours piqués.

— Je sais. Elle est aussi résistante qu'un bœuf.

— Et pourtant aussi maigre qu'un bâtonnet de carotte.

Je réprime un gloussement et Zoe se penche vers moi.

— Je voudrais qu'elle mange des moules pas fraîches, ou quelque chose dans ce genre.

— Mais c'est à peine si elle mange. Enfin, à ce qu'on dit.

— Alors nous devrions verser un peu de laxatif dans sa bouteille d'eau, dit Zoe qui se penche sur la barre en arborant un sourire mauvais.

Je soupire.

— Je m'ennuie. Nous n'avons pas fait ce passage cinquante fois déjà ? Peut-être que je devrais prétendre avoir des crampes menstruelles juste pour m'échapper d'ici.

— Oh, mon Dieu, des problèmes de filles ! murmure-t-elle dans un demi-rire. Otto serait tellement gêné qu'il te chasserait tout de suite de la salle.

— Ça vaut le coup d'essayer.

Mais Zoe secoue sa tête blonde.

— Ça fait partie du boulot, rappelle-t-elle.

— Je sais, je sais. La partie merdique.

Aussi je continue de marquer les pas et j'essaie de ne pas penser à la futilité de mes espoirs de danser le rôle de Lottie. Quand Otto en vient à la section de l'adage, je laisse mon esprit errer un peu. J'imagine ce que je ressentirais si j'embrassais Jacob, l'auteur-compositeur-interprète le plus mignon de tout Manhattan. Étant donné que j'ai quasiment fondu pour un simple contact de ses lèvres sur ma joue, je crains qu'un vrai baiser me transforme en une flaque de gelée tremblotante. Mais je suis prête à courir ce risque.

Bien sûr, qui sait quand cette occasion se produira ? Entre les répétitions et les représentations en soirée, mon planning est plus que rempli. Après cette séance, j'en ai une pour *Vous* et une autre pour *Prélude*, et ensuite un triple rôle en soirée. J'aurai de la chance si j'arrive au bout sans m'effondrer de fatigue avant.

Avec un soupir, je lève les yeux vers la voûte du plafond. L'éclairage au néon crée parfois un effet déconcertant et, après des heures de répétitions, je commence toujours à me sentir un peu étourdie. Mais comme Bea l'a fait remarquer un jour, cette sensation pourrait aussi venir du manque d'oxygène dû à l'absence de fenêtres.

Soudain, Otto se matérialise devant moi, et son regard froid me jauge.

— Vous feriez bien de reprendre, Ward.

Il me toise longuement et je me sens toute petite.

J'acquiesce vigoureusement et je glisse un coup d'œil en direction de Zoe, qui ricane dans son coin. Toute pensée relative à Jacob est bannie de mon esprit pendant les deux heures suivantes.

***

De retour aux vestiaires, Daisy sort de la douche, laisse tomber sa serviette et tend son ventre brun et plat. Ses cheveux noirs mouillés tombent presque jusqu'à ses reins.

— Je suis un *hippopotame.*

— Oh non, pas ça, dis-je dans un murmure à Bea pendant que je cherche de la monnaie pour un soda. Elle n'a pas intérêt à se faire une fracture de surmenage avec son régime ridicule.

— Ça, c'est sûr, répond Bea.

Les débutantes et les filles de première année dans le corps de ballet se blessent toujours parce qu'elles ne savent pas trouver le bon rythme pendant les répétitions et parce qu'elles suivent des régimes plus que draconiens. Et quand elles sont absentes, c'est nous qui devons interpréter leurs rôles minables.

— Tu sais qu'elle n'a pas mangé une tranche de pain depuis six semaines ? dit Bea.

Elle est occupée à tordre ses cheveux dans une nouvelle configuration. Contrairement à moi qui me satisfais d'un simple chignon, elle aime expérimenter des coiffures complexes.

— Ça ne m'étonne pas, dis-je.

— Je ne comprends pas, gémit presque Daisy qui se laisse choir sur sa chaise. Je n'ai pourtant mangé que du chou et du pamplemousse depuis au moins neuf jours…

— Nous sommes maudites, dis-je à Bea, et elle lève les yeux au plafond.

— J'ai entendu dire que ça donnait souvent des… raille Zoe.

Elle examine avec soin ses longues jambes.

Je m'efforce de réprimer mon hilarité. Bea grogne pour ne pas rire.

— Oh, mon Dieu, tu n'en aurais pas lâché un hier soir, pendant le troisième mouvement ? dis-je.

Les joues de Daisy rougissent brusquement.

— La ferme. La ferme ! Je n'y peux rien ! dit-elle, et elle essaie de ne pas rire, mais là non plus elle n'y peut rien. Ce n'est pas comme si le public avait entendu quelque chose. Et puis, tout le monde n'est pas né avec le physique de Zoe.

L'humeur dans la pièce change subtilement. Bea gigote un peu sur son siège. Je trouve deux pièces de vingt-cinq cents dans ma trousse de maquillage et je continue d'en chercher d'autres. L'air embarrassé, Zoe se lève et fait passer le poids de son corps d'une jambe sur l'autre.

— Pause cigarette, lâche-t-elle.

Sur ces mots, elle enfile une veste Stella McCartney sur son body et sort en laissant la porte claquer derrière elle.

— Ce n'est *pas* naturel, dis-je à Bea. Née comme ça ? À d'autres. Et son délire végétarien ? Ce n'est pas parce qu'elle se soucie du bien-être des animaux ! C'est à cause des calories. Si *Vogue* le recommandait, elle s'habillerait en cuir de la tête aux pieds.

Bea approuve de la tête.

— Et ses cigarettes ? dit-elle. C'est tellement dégueulasse.

Elle fronce son nez parsemé de taches de rousseur.

— Je sais. Tiens, en parlant de régime de malades, je ne l'ai vue manger rien d'autre que des bâtonnets de

ballet de Stuttgart, et a rejoint le Manhattan Ballet il y a une dizaine d'années. Elle a trente-quatre ans, ce qui est plutôt vieux pour une danseuse de ballet. Lily partageait aussi notre vestiaire, mais elle l'a quitté il y a quelques mois parce qu'elle est tombée enceinte. Ce n'était pas prévu, et dès que Lily a passé la porte, Zoe s'est mise à coincer des préservatifs dans son ancien miroir avec un plaisir cruel.

— Leni est dans les parages. Je crois l'avoir vue flirter avec Caleb dans l'entrée.

Je dis ça pour taquiner Daisy qui a commencé à sortir avec Caleb, un autre danseur du corps de ballet. Il a dix-huit ans, des cheveux bruns légèrement ondulés et un goût prononcé pour les pulls en cachemire à col en V.

Le visage de Daisy se crispe, jusqu'à ce qu'elle se rende compte que je plaisante. Elle me lance sa serviette.

— Très drôle, dit-elle. Eh bien figure-toi qu'hier soir, il m'a emmenée dîner *Chez O'Neals.*

Elle cherche dans son casier un autre body. Elle est toujours à moitié nue. Ses petits seins sont comprimés dans un soutien-gorge d'entraînement.

— J'espère que tu n'as pas pris la soupe aux oignons. Jonathan m'a dit qu'il avait trouvé un élastique dans son bol, la semaine dernière.

La cuisine de *Chez O'Neals* est médiocre, mais le restaurant est idéalement situé. Vous pourriez lancer un petit pain par la fenêtre, il atterrirait juste devant l'entrée des artistes de notre théâtre.

Daisy fronce le nez.

— J'ai pris une salade, sans sauce.

— J'espère que tu t'es accordé un verre, pour te détendre, dit Bea qui place avec soin un pansement sur un cor à son pied.

Daisy sort un body, le rejette et en cherche un autre. La chair de poule est visible sur ses bras maigres.

— Je déteste le goût de l'alcool.

— C'est aussi bien, dis-je, parce que tu as tout juste l'âge de boire du Kool-Aid.

— Comme si j'allais boire *ça* ! Il y a beaucoup trop de sucre, répond Daisy en trouvant enfin un body propre qu'elle enfile sur son collant.

— Est-ce que tu as eu une conversation à cœur ouvert avec lui pour trouver un moyen de régler le problème de sa démarche en canard ? demande Zoe qui vient d'entrer, en jetant son sac à main dans son casier.

Marcher en canard est aussi grave pour un danseur qu'avoir de la poitrine pour une danseuse.

— Cigarette vite fumée... dis-je.

— J'ai changé d'avis, fait-elle avec désinvolture.

— Non, répond Daisy, nous n'en avons pas parlé. Parce qu'il ne marche pas en canard.

— Peut-être, marmonne Zoe en passant devant moi, mais je crois qu'il préfère les garçons.

Ses yeux bleus étincelant, Bea prend la défense de Daisy :

— Et toi, ton romantique de mec t'a emmenée à la dernière réunion du conseil d'administration ?

Depuis un mois environ, Zoe sort avec Adam Kemp, dont le père préside le conseil d'administration du ballet. C'est un crétin, mais Zoe aime la proximité du pouvoir qu'il incarne.

— Oui, est-ce qu'il t'envoie des lettres enflammées avec le compte rendu des réunions ?

Zoe passe une brosse dans ses cheveux dorés qui atteignent presque sa taille.

— Adam est très romantique. Son frère aussi, d'ailleurs…

— Son frère ? dis-je. Deux en même temps ?

— Oh, tu es la pire de toutes ! s'exclame Bea. Quelqu'un devrait alerter ta mère.

— Si l'on prend en compte le fait que ma mère couche avec le livreur de l'épicerie, je pense qu'elle n'est pas vraiment en position de me juger, réplique Zoe avec nonchalance.

Nous en restons bouche bée une seconde, puis nous demandons hystériquement des détails.

Quand nous avons fini de rire de la dernière aventure de Dolly, nous sortons pour aller répéter. Avant d'éteindre les lumières, j'embrasse du regard notre vestiaire. Nous disposons chacune d'une longueur de comptoir et d'une chaise face à un miroir mural, et c'est là que nous nous installons pour arranger notre coiffure et nous maquiller. Nous coinçons des photos sous le cadre des miroirs et nous scotchons des posters sur les murs en parpaings. À l'approche des vacances de fin d'année, nous décorons les supports grillagés des ampoules avec des guirlandes de Noël.

Il y a des serviettes sur le dossier des chaises, et les tables devant les miroirs sont encombrées de sprays pour les cheveux, de lotions, de déodorants, de maquillage pour les yeux et le visage. C'est étonnant le désordre que cinq personnes peuvent créer.

Puis j'actionne l'interrupteur, et c'est l'obscurité.

Dans le couloir, Daisy se retourne vers moi.

— En parlant de garçons, tu en es où avec ce Jacob dont Bea m'a parlé ?

Je bois une gorgée d'eau.

— Je ne sais pas quand je le reverrai, dis-je, et j'accroche le bras de Bea avec le mien. Mais qui a besoin des garçons quand j'ai mes filles ?

Et tout le monde sourit de ma réflexion, y compris Zoe.

VI

Par une froide soirée d'octobre, l'une des rares que j'ai de libres, je décide de traîner après la matinée[1] pour regarder Lottie interpréter le rôle que j'ai travaillé comme doublure. (Jacob m'a invitée à un concert qu'il donne à Bushwick, mais c'est trop loin pour que j'y aille.) Je veux voir à quoi Lottie ressemble sur scène, dans sa tenue de représentation.

Je me tiens immobile dans la pénombre des coulisses, et le velours noir du rideau m'effleure doucement. Sur scène, les danseurs du corps de ballet, en combinaison moulante aubergine, font des pas sur pointes rapides et des mouvements de bras compliqués, pendant que Lottie, vêtue d'une robe rose en mousseline de soie qui tombe jusqu'à ses genoux, et son partenaire, le grand Sam aux cheveux bouclés, occupent le devant de la scène et se comportent comme si l'air était aussi épais que du miel. Il la

[1] La « matinée » désigne, dans le milieu du spectacle, la représentation de l'après-midi.

soulève latéralement contre sa hanche, puis la fait revenir face à lui en la tenant avec précaution dans ses bras musculeux. Elle bascule vers lui, et leurs lèvres se touchent presque. Vient le moment où il la hisse au-dessus de sa tête, et elle semble flotter. Quand elle redescend, son visage figé sur un sourire, je remarque qu'elle se reçoit mal.

Tous ceux qui, comme moi, observent depuis les coulisses répriment une exclamation quand elle fait un faux pas.

— Oh, mon Dieu, souffle quelqu'un.

Lottie ne sourit plus, et un éclair de douleur passe dans ses yeux. Sam lui prend les bras pour essayer de la retenir. Je la vois qui serre les dents, et je sais ce qu'elle est en train de penser : elle veut continuer, mais elle n'en est pas capable. Bien que sa scène soit loin d'être finie, elle fait un chassé vers les coulisses, et son pied droit traîne derrière elle comme si cela faisait partie de la chorégraphie.

Daisy s'approche de moi, perplexe.

— Que s'est-il passé ?

Lottie entre dans les coulisses en boitant, et elle éclate en sanglots.

— Mauvaise réception, dis-je dans un murmure.

Mon cœur bat deux fois plus vite que quelques secondes plus tôt.

Sam improvise seul la section suivante. Au centre de la scène, il ajoute une série de tours qui semblent malvenus.

Annabelle Hayes, la maîtresse de ballet de la compagnie, surgit de l'obscurité.

— Hannah, tu connais bien ce ballet ? demande-t-elle avec calme.

Ses yeux gris et froids sont fixés sur les miens.

Une vague nauséeuse me submerge. Mon cœur se met à cogner, et ma respiration s'accélère et devient superficielle.

— Je… je le connais.

J'entends les mots qui sortent de ma bouche, et j'espère qu'ils sont vrais. Oui, j'ai passé tous ces jours à suivre les pas de Lottie, mais je ne les ai jamais réellement répétés. Je n'ai jamais pratiqué avec un partenaire, et je n'ai qu'une idée sommaire des comptes.

Mais peu importe ma réponse. Annabelle me saisit le bras et m'entraîne auprès de Lottie toujours en pleurs.

— Très bien, tu prends la relève, déclare-t-elle. Je resterai en coulisse et je compterai la dernière section pour toi.

Je lance un regard anxieux à Annabelle. Elle me tapote l'épaule et me lance un fin sourire.

— Ça va très bien se passer.

Je sais que je n'aurai pas d'autres encouragements de sa part.

Lottie gémit pendant qu'on la dépouille en hâte de sa tenue, et je suis moi aussi dévêtue. Mon manteau de laine, mon sweat-shirt à capuche, ma chaîne en or, mon jean : tout finit en tas sur le sol. Les autres danseurs et les machinistes me regardent, et j'ai la chair de poule sur les bras et les jambes. Deux mains frénétiques me font passer le costume de Lottie – je suis plus grande et un peu plus large qu'elle, et les baleines de son corset mordent dans ma peau –, pendant qu'une autre paire de mains coiffe mes cheveux en un chignon haut. Bea apparaît avec mes pointes. En fond sonore, j'entends sangloter Lottie, et Christine qui lui dit de se calmer. Sur scène, Sam tend la main. Je prends une grande inspiration et je bondis de l'obscurité des coulisses dans la lumière.

Je suis aussitôt surprise par le projecteur. Il m'aveugle, et je sens sa chaleur concentrée. Il semble que le temps ait ralenti. Je suis là, devant des milliers de gens, sans la moindre idée du pas que je dois exécuter maintenant. J'essaie de me rappeler ceux que j'ai observés du fond de l'atelier, mais l'éclairage intense me désoriente. Je ne peux penser qu'à compter à voix haute pour rester avec la musique, en espérant que Sam m'indiquera la suite.

Je me prépare à la séquence des pirouettes, mais mon poids est trop en retrait sur mes talons. Je vacille légèrement en cherchant à rétablir mon équilibre. Je lance un coup d'œil à Annabelle, qui se tient parfaitement immobile en coulisse, l'air sombre comme d'habitude.

— Le soulevé vient juste après, me glisse Sam d'un ton tranquille.

Je suis terriblement soulagée d'entendre sa voix. Je me rends compte que je retenais ma respiration, et je me force à expirer.

L'adrénaline me fait vibrer. Je cours vers Sam, je bondis dans ses bras et il me soulève très haut. Mon corps s'arque au-dessus du sien. Je vois les rangées de lumières là-haut, et j'ai l'impression de voler.

Soudain, j'oublie que je ne porte pas de maquillage de scène et que je ne me suis même pas échauffée. Je m'immerge dans la musique, même si mon cœur bat tellement fort que le public peut l'entendre, j'en suis sûre. L'intensité de la sensation est incroyable. *Voilà pourquoi j'aime ce métier !*

Je me concentre sur ma respiration et je veille à conserver chaque membre étiré au maximum de ses possibilités. J'effectue un fouetté soutenu dans l'air avant de me renverser dans une promenade penchée.

Quand le ballet se termine, je m'avance au bord de la scène et je m'incline, tandis que Sam me saisit par la main et la taille. J'aperçois le dessin flou du tatouage représentant un aigle qu'il cache sous le maquillage avant chaque représentation. Je n'arrive pas à arrêter de sourire. Le public applaudit vigoureusement, et je discerne des sourires au premier rang.

— Oh là là, Hannah, j'ai toujours su que tu avais ça en toi, murmure Sam à mon oreille alors que nous quittons la scène.

Dans les coulisses, Bea se précipite pour me serrer dans ses bras.

— Tu as été magnifique, dit-elle.

Je suis tellement vidée que j'ai du mal à la remercier. *Je n'arrive pas à croire que je viens de faire ça !* me dis-je, pliée en deux pour reprendre mon souffle.

Daisy vient aussi me féliciter :

— Alors là, c'était énorme ! Moi, je serais *morte* si on m'avait lancée comme ça sur scène. Je veux dire, j'aurais adoré, mais j'aurais été tellement nerveuse ! Tous ces gens qui regardent, et si j'oublie les pas…

Elle continue de parler avec excitation, et je cesse de l'écouter. C'est très exactement ainsi qu'a été remarquée Mai Morimoto, l'incroyable soliste japonaise qui est une des danseuses préférées d'Otto : elle a interprété à l'improviste la Reine des Cygnes alors qu'elle n'avait que dix-sept ans, et six mois plus tard elle était promue soliste.

Et quand je pense que ça aurait pu être Zoe au lieu de moi…

— Ces manèges sont épuisants, pas vrai ? me dit Bea gentiment, en me tendant un mouchoir en papier.

Je suis trempée de sueur. Je hoche la tête.

— Ça va, j'ai vraiment assuré ? Bea, je savais à peine ce que je faisais. Ce soir, j'avais prévu de commander chinois et de regarder une émission de télé-réalité…

— Sérieusement, tu étais superbe, répond-elle.

Je regarde autour de moi, pour repérer Otto dans les parages. J'aimerais qu'il ait vu comment j'ai été lancée dans l'arène sans préambule, et comment je m'en suis tirée. Je m'attarde un peu dans les coulisses en guettant son retour. Comme celui-ci ne se produit pas, je retourne dans notre vestiaire, où Zoe boude sur sa chaise. Elle me dévisage, les yeux étrécis, mais elle ne dit rien.

Elle ne me demande pas comment s'est passée la représentation, et je ne lui en parle pas. J'ôte mes pointes et je lève les jambes pour les appuyer contre le mur l'une après l'autre, afin de les décongestionner, et je reprends peu à peu un rythme de respiration normal. Je suis exténuée, mais je me sens merveilleusement bien. Jamais je ne le dirais à haute voix, mais je suis à peu près sûre d'être en bonne voie pour une promotion.

VII

— UNE DERNIÈRE QUESTION, Ballerine Bea : vous ont-ils pesée ? demande Jacob.

Il tient une bouteille de vin par le goulot devant Bea, comme si c'était un micro.

C'est lundi soir, notre soirée de relâche, et ils sont assis tous les deux sur mon canapé comme s'ils étaient les meilleurs amis du monde. Grâce au vin que Jacob a apporté, ils sont assez éméchés pour parodier une interview de Larry King.

— Oui, répond Bea en approuvant de la tête. Chaque matin à sept heures tapantes, nous nous rendons dans la salle des pesées, où Otto nous fait monter sur une balance. Si nous avons pris cent grammes, toute nourriture nous est interdite pendant la journée. Si nous en avons pris deux cents, nous devons monter et descendre les escaliers en courant pendant dix minutes. Si nous en avons pris trois cents, on nous oblige à vomir, et nous ne mangeons rien pendant une semaine.

— Et si vous en prenez plus de trois cents ? insiste Jacob. Ils commencent à vous amputer d'un membre ?

Bea prend un air très solennel.

— Franchement, Larry, je ne pense pas que vous vouliez le savoir.

Elle se met à rire et se tourne vers moi pour articuler en silence : « Il est trop drôle ».

— Je sais ! dis-je dans un murmure.

J'ouvre une autre bouteille de Chianti. J'ai invité Bea et Jacob parce que je voulais revoir Jacob mais que j'étais trop nerveuse pour un tête-à-tête. Je n'ai jamais eu de petit ami, je n'ai jamais eu le temps d'en avoir un. Bea non plus, même si c'est quelque chose que nous préférons taire. Mais ce n'est pas comme si nous étions des bizarreries de la nature, ou quoi que ce soit de ce genre. Nous souffrons simplement d'un certain sous-développement sur le plan social, comme à peu près n'importe quelle autre danseuse de la compagnie.

Au départ, j'avais dans l'idée que nous prendrions un verre ou deux chez moi, et ensuite que nous irions dîner à l'extérieur. Mais Bea et Jacob ont juré que j'avais promis de leur cuisiner le repas. Le fait que je ne me souvienne pas l'avoir dit n'a rien changé à leur certitude.

Me voilà donc dans ma cuisine, un tablier noué sur mon jean (je ne savais même pas que je possédais un tablier). Vous pouvez me croire quand je dis que je suis ravie de voir Jacob et Bea s'entendre aussi bien. Mais je ne suis pas ravie du tout de cette histoire de dîner maison, parce que *je ne sais pas cuisiner.*

Enfin si, je sais faire de la glace. Et je suis très capable de me préparer un bol de céréales, un toast ou un jus de fruit au lait. Au-delà de ces mets raffinés, cependant, mes aptitudes culinaires sont inexistantes.

Mais je ne sais trop comment, les deux autres ont réussi à me faire assez honte pour que j'essaie de les nourrir.

— Doubles toasts au fromage et soupe de tomates, a dit Bea. Ce n'est pas trop dur, quand même ?

Tel a été son verdict après un examen de mes placards. Puis Jacob est venu dans la cuisine. Pendant un moment, il est resté immobile derrière moi, et j'ai contemplé d'un regard absent l'intérieur vide de mon réfrigérateur. Je sentais la chaleur de son corps sans même qu'il me touche. Je ne me suis pas retournée, j'étais simplement pétrifiée là, et j'attendais de voir ce qui allait se passer. Et puis il a posé les mains sur mes épaules.

— Comment se fait-il que tu aies six pots de moutarde dans ton frigo ? a-t-il murmuré dans mes cheveux.

— Je ne sais pas.

J'ai parlé très doucement. Je me sentais presque étourdie.

Alors il a déposé un rapide baiser sur ma joue et est reparti dans le salon.

Et maintenant, je prends la poêle flambant neuve que ma mère m'a achetée pour mon anniversaire, peut-être dans l'espoir que j'apprenne enfin à en faire quelque chose. Jusqu'ici, elle a servi de corbeille pour des courriers publicitaires que je n'ouvre même pas.

— Ça va, là-dedans ? crie Bea, alors que la distance entre le canapé et la cuisine n'excède pas trois mètres.

— Oui, tout se passe très bien.

Je pose le courrier sur le petit plan de travail et j'essaie de me rappeler comment ma mère fait les toasts au fromage. Elle beurre le pain, non ? Et ensuite elle met les tranches dans la poêle, avec un peu plus de beurre ? Combien de tranches de fromage pour chaque toast ? Deux ? Trois ?

J'opte pour deux. L'idée de manger autant de fromage et de beurre me donne un peu mal au cœur, mais je me souviens que j'ai été trop occupée pour déjeuner, qu'il est neuf heures du soir, qu'il n'y a rien d'autre dans l'appartement et que nous sommes affamés tous les trois.

Je mets une noix de beurre dans la poêle et je la regarde fondre.

— Ça sent déjà bon, lance Jacob pour m'encourager.

Quand le beurre a complètement fondu, je place les sandwichs dans la poêle et je les contemple un temps. Ils me donnent l'impression de pouvoir rester seuls ici un moment, aussi je reviens dans le salon où Jacob est en train de passer en revue ma bibliothèque iTunes sur mon ordinateur portable. La nervosité me gagne subitement. *Mon Dieu, faites qu'il ne voie pas ma liste de morceaux de Clay Aiken…*

— Clay Aiken, hein ? fait-il avec un sourire.

— Un cadeau, dis-je, mais j'ai les joues en feu.

Il hoche la tête.

— Bien sûr, si tu le dis.

— J'étais folle de Clay Aiken quand j'avais onze ans, déclare Bea qui prend la bouteille de vin, la tient comme un micro et se met à chanter à tue-tête : *What are you doing tonight ? I wish I could be a fly on your wall…*

Je la dévisage, éberluée. Je l'ai déjà entendue chanter sous la douche, mais jamais de la sorte. J'applaudis.

— Magnifique !

— Oh là, dit Jacob. Tu danses, tu chantes… Mon amour-propre en prend un coup, Bea.

— *I'd make you mine tonight, if hearts were unbreakable*, chante-t-elle encore.

— Je t'en supplie, ne viens pas *Chez Gene*, implore Jacob. Ils me vireraient tout de suite pour t'engager.

Bea rougit un peu et se tourne vers moi.

— Eh, Hannah, tu ne crois pas que tu devrais jeter un œil aux sandwichs ?

Je fonce dans la cuisine, convaincue qu'ils brûlent. Mais non, la face posée sur la poêle est d'un brun doré parfait. Je les retourne, très fière de moi, et je monte le feu sous la soupe.

Jacob insère un disque de Dylan dans la chaîne stéréo, et Bea chante en même temps *Tangled Up In Blue* tandis qu'il l'accompagne en air guitar. En les regardant, je me rends compte que je n'ai jamais invité personne chez moi. J'habite ici depuis deux ans, et je n'ai jamais pendu la crémaillère. Je n'y ai même jamais invité Daisy, Zoe et Bea pour déguster des plats à emporter.

Je me souviens de l'excitation que j'ai ressentie quand j'ai quitté le dortoir de la Manhattan Ballet Academy pour m'installer dans *mon* appartement.

Il est situé au quatrième étage d'un immeuble sans ascenseur, mais j'adore la simple idée d'avoir un espace qui m'appartient en propre. J'ai commandé un canapé chez *Crate & Barrel* et une table chez *Ikea*. Mes parents m'ont offert des étagères de chez *Weston*. Et j'ai même acheté des plantes.

Mais je ne suis pas allée plus loin. Je n'ai pas eu le temps de repeindre la salle de bain qui est toujours d'un turquoise agressif, et je n'ai pas comblé avec du mastic les trous laissés dans les murs par les clous et les punaises des locataires précédents. Quant aux plantes, elles ont lentement dépéri et sont mortes par manque de soins.

Toutefois, j'ai acheté des petits tapis et des coussins, et accroché des rideaux de chez *Urban Outfitters*. C'est confortable, et puis c'est mon espace privé, un refuge face au monde du spectacle.

— Comment vont les sandwichs ? lance Jacob.

— Oh, merde.

Une fois de plus je n'y pensais plus.

Mais ils ne sont pas brûlés. Ils sont même parfaits, dorés, prêts à être dégustés. Le fromage déborde un peu sur les côtés, et je me mets à saliver.

Jacob me rejoint dans la cuisine et, pendant que je dispose les sandwichs sur trois assiettes dépareillées, il verse la soupe dans trois bols tout aussi dépareillés. Je me tiens près de lui, et nos bras se touchent parfois.

— Le dîner est servi, dis-je, et j'apporte fièrement les assiettes dans le salon.

Nous nous installons, et j'allume les deux bougies qui décorent la table.

— Très élégant, commente Bea. Mademoiselle Ward, vous avez une très jolie table.

— Très réussi, approuve Jacob.

Son regard croise le mien, et je me sens rougir.

— À Hannah ! déclame Bea. Chef, hôtesse et danseuse de talent, qui a interprété magistralement et au pied levé un premier rôle.

— Au chef, répète Jacob.

Il s'accorde une belle bouchée de son sandwich. Tandis qu'il mâche, je surveille l'expression de son beau visage, qui passe de la satisfaction à la confusion, puis au dégoût.

— Qu'est-ce qu'il y a ? Je ne les ai pas fait brûler !

Jacob continue de mastiquer, et Bea prend un morceau de son propre sandwich. Son nez couvert de taches de rousseur se plisse, et je comprends qu'il y a quelque chose qui ne va pas du tout. Un peu hésitante, je mords dans mon sandwich. Ce qui devrait avoir le goût de pain, de beurre et de fromage fondu a celui de… eh bien, j'ai l'impression d'avoir croqué dans un savon.

— Oh, mon Dieu, c'est horrible, dis-je après avoir recraché ma bouchée dans ma serviette.

— Ce n'est pas si mauvais, affirme Jacob charitablement.

Bea a l'air sur le point de vomir, et subitement, elle se met à rire nerveusement.

— Je ne comprends pas ! dis-je. Qu'est-ce qui s'est passé ?

J'oscille entre panique et hilarité.

— Je parie que c'est à cause de la poêle, dit Jacob.

— Mais elle est toute neuve !

— Peut-être qu'il y a une sorte d'enduit qu'ils mettent à l'usine, suggère Bea. Quelque chose qui n'est pas complètement parti au lavage.

Je me prends la tête dans les mains. Je n'ai même pas pensé à laver la poêle avant de l'utiliser, mais je préfère ne pas le confesser.

— Je n'arrive pas à le croire. Est-ce que je suis totalement incompétente ? Je ne suis même pas capable de faire un fichu sandwich !

Et j'éclate de rire, parce que c'est tellement pitoyable que ça en devient comique.

— Je ne suis faite que pour le ballet, dis-je en reprenant mon souffle.

Les yeux bleus de Bea brillent de jubilation.

— Tout autant que moi, dit-elle.

— Et moi qui me la jouais Martha Stewart. J'avais le tablier et tout ce qu'il fallait !

Je jette ma serviette par-dessus ma tête. Jacob la ramasse et me la redonne.

— On s'en fiche de Martha Stewart. Tu es parfaite telle que tu es, Han.

Il caresse ma joue du revers de la main.

Et soudain j'aimerais que Bea s'en aille. Même si elle est ma meilleure amie au monde, j'ai envie d'être seule avec Jacob.

— Faisons-nous livrer quelque chose, suggère-t-elle en mordillant l'extrémité de sa tresse.

— Pizza ? propose Jacob, et il sort son portable.

Avec un soupir, je me laisse aller contre le dossier de ma chaise.

— Est-ce que tu crois qu'on sera normales, un jour ?

Elle ôte la tresse de sa bouche et saisit la bouteille de Chianti.

— Non. Certainement pas. Tiens, reprends donc un peu de vin.

VIII

À LA FIN DE la semaine, je n'ai même plus assez de chaussons à pointe pour le week-end, et avant de me diriger vers la scène pour la représentation, je descends au magasin. Daisy me suit en babillant sur son rôle dans *Haïku*. Nous sommes toutes deux maquillées et coiffées, presque prêtes à entrer sur scène. Je suis dans le premier ballet, Daisy dans le deuxième.

— ...et Adriana fait toujours cette tête quand elle enchaîne les tours en piqué, dit-elle.

Je ne l'écoute que d'une oreille très distraite. Pour le moment, ses propos sont pour moi une sorte de bruit de fond.

— Bonjour, mes beautés, dit Marco en levant le nez de son journal quand nous approchons. Soyez les bienvenues dans mon humble domaine.

Marco s'occupe du magasin de chaussons, une petite pièce sans fenêtre aux murs tapissés du sol au plafond de casier emplis de chaussons à pointe. Chaque casier porte le nom d'une danseuse et contient les chaussons faits sur mesure pour elle.

Nous mettons environ huit paires de chaussons différents chaque semaine, et c'est une bénédiction qu'ils soient gratuits pour les danseuses de la compagnie. Les chaussons à pointe, les sparadraps et l'Advil : si nous devions payer pour les avoir, nous aurions du mal à nous offrir la location d'un appartement.

Je fouille dans mon casier et j'en sors une douzaine de paires en satin. Même si ces chaussons sont faits sur mesure pour chaque danseuse, on ne peut pas glisser le pied dedans et les porter comme ça. Tout d'abord, il faut les casser. Première étape : j'écrase l'avant de chaque chausson en le coinçant contre le montant d'une porte ouverte que je referme d'un coup sec. Ensuite, je piétine la semelle jusqu'à entendre craquer la tige (la partie rigide de la semelle) quand elle se scinde en deux. Puis je retire le tissu sur la tige et je le découpe sur environ trois centimètres et demi, et je verse de l'eau sur les bords de la tige pour l'amollir.

À ce stade je peux déjà porter les chaussons, mais il me faut encore casser la demi-pointe. Quand j'entends crisser la colle, je sais que je suis près du but. Et une fois que l'eau imbibant le satin s'est évaporée, les chaussons sont modelés à mes pieds. Le but est d'avoir le sentiment qu'ils sont une simple extension de vous-même.

— J'en ai une douzaine de paires, dis-je à Marco. Et Daisy en a…

— Vingt paires, me glisse-t-elle tout bas. Je suis vraiment trop gourmande !

Marco note l'information sur son registre et sourit.

— Bonne chance pour ce soir.

Nous le remercions, et je me hâte de remonter dans le Foyer pour enfiler la tenue de Lottie. Helga, qui est la plus acariâtre de toutes les habilleuses, ne cache pas son exaspération. Elle saisit à deux mains le tutu de Lottie.

— Tu aurais dû venir plus tôt, dit-elle avec son épais accent de Long Island. Tu commences dans deux minutes.

C'est très loin de la réalité. Helga exagère toujours, à croire qu'elle veut instiller la panique en nous, comme si nous n'étions pas déjà assez tendues.

— Seigneur, Hannah, j'arrive à peine à le fermer ! marmonne-t-elle en fixant les crochets du corset. Pfff ! Combien de représentations encore ? Je crois qu'il va falloir enlever ça.

Lottie souffre d'une sérieuse entorse à la cheville, et son rôle est à moi jusqu'à la fin de la saison.

— J'ai demandé à Maria de le retirer la semaine dernière, dis-je en examinant mon reflet dans le miroir avec une certaine inquiétude, car mes seins sont comprimés par le corset.

Laura, une autre habilleuse beaucoup plus cordiale, pose la main sur mon épaule.

— Tu es magnifique, Hannah, dit-elle en me souriant. Je peux coudre des bandes élastiques à l'intérieur. Je pense que ça rendra le tout plus confortable pour toi.

Je lui réponds par un sourire de gratitude et je quitte la pièce, comprimée dans la tenue de Lottie qui enserre chacune des courbes de mon corps. Je sais qu'une danseuse doit avoir le corps d'un adolescent : des membres longs et fins, des hanches étroites et une poitrine plate. Et je sais que notre apparence reflète notre éthique professionnelle et la dévotion que nous portons à notre art. Mais pour ce soir, je n'y peux rien.

Je gagne rapidement les coulisses, où des machinistes massifs transportent des échelles, règlent l'éclairage et vérifient le fonctionnement des toiles de fond, pendant que Christine récapitule les déplacements de la poursuite dans son micro. Il y a des danseuses ici et là, perchées sur de hauts tabourets, appuyées sur des barres en acier ou roulant leurs muscles sur des cylindres en polystyrène expansé ou des balles de tennis, à même le sol. Comme le mien, leur visage est déjà fardé d'un épais maquillage de scène, et leurs cheveux sont tirés en arrière et maintenus par la laque.

Je m'échauffe à la barre jusqu'à sentir une brûlure dans les muscles et avoir la sueur qui perle au front. Je marque une pause afin de nouer mes rubans, avant de marcher dans le bac à colophane. Je respire profondément et je me concentre sur la chorégraphie à venir. J'adore danser le rôle de Lottie. J'adore avoir l'occasion de démontrer à Otto que j'en suis capable, et que je ne suis pas qu'un élément anonyme dans la masse tourbillonnante des danseuses du corps de ballet.

Je veux rester calme, mais mon cœur s'emballe. Je me répète que je ne suis pas nerveuse, seulement excitée.

Je savoure le lever de rideau, quand le public fait silence, en attente. Durant ces instants, le temps semble ralentir son cours, et c'est comme si le monde entier se mettait en veilleuse. Je suis seule en coulisse et je sens le velours doux du rideau contre ma peau. J'imagine le chef d'orchestre qui lève sa baguette, et quand son bras s'abaisse, les bassons commencent à jouer, suivis par les cordes.

J'adresse un petit signe à Sam, de l'autre côté de la scène, je compte et je bondis dans la lumière. Nous nous rencontrons au centre de la scène, il me saisit la taille et nous entamons le pas de deux. J'imagine que des faisceaux de lumière jaillissent du bout de mes doigts et de mes orteils. Je ne peux pas voir Bea, Daisy et Zoe, mais je sais qu'elles m'observent depuis les coulisses : Bea avec une expression ravie, Daisy à moitié impressionnée et à moitié jalouse, et Zoe aussi amère que si elle venait de manger un citron. Et je suis presque certaine qu'Otto et Annabelle sont quelque part dans le public, et qu'ils ne ratent rien de ce que je fais. Mais je chasse toutes ces idées de mon esprit et je ne danse plus que pour moi même, comme si Sam et moi étions seuls dans un théâtre désert.

Sur scène il y a des moments, pour moi magiques, où tout le reste disparaît. Et dans ces moments magiques, j'ai le sentiment de maîtriser totalement mon corps. Mes membres exécutent tous les mouvements que je leur demande, et la pesanteur n'existe plus. Ce soir, l'interprétation du rôle de Lottie me procure exactement cette sensation.

Pendant le solo de Sam, je reprends mon souffle en coulisse avant de revenir sur scène. Je réajuste mon costume et je m'efforce de ralentir le rythme de ma respiration. Je suis intensément concentrée sur ce que je dois faire ensuite, et j'attends mon entrée comme un chat prêt à bondir.

Je m'élance vers Sam pour le final. Je boucle la série de tours, je cours et, d'un saut, je disparais dans les coulisses où je manque de percuter Harry caché au bord du rideau. Il me saisit pour m'éviter de chuter.

— Je te tiens ! fait-il en riant.

— Désolée, dis-je, essoufflée. Je ne t'avais pas vu.

J'ai la poitrine compressée par la fatigue, et mes jambes flageolent. Il me relâche, maintenant que j'ai retrouvé mon équilibre.

— Non, c'est ma faute, je n'aurais pas dû me mettre là pour te regarder. Tu as été éblouissante.

Habituellement, Harry est encore dans les cintres, ce système en hauteur de cordes, contrepoids, poulies et échafaudages qui permettent aux machinistes d'ouvrir le rideau, de déplacer le faisceau des projecteurs et les éléments de décor sur la scène. Je me demande s'il est descendu ici uniquement pour me voir danser. En temps normal, il ne le fait même pas pour les premiers rôles, donc ce serait en soi une forme de compliment.

— Vraiment ? Tu penses que j'ai été bien ?

Il acquiesce.

— Absolument.

Je me sens rougir de plaisir. À la différence de tous les gens auxquels je peux penser à cet instant, Harry n'a aucune motivation particulière pour me féliciter. D'autant qu'il observe des ballets depuis plus de vingt ans, et qu'il peut se montrer un critique particulièrement féroce.

Il me pousse gentiment.

— Et maintenant, retourne saluer.

La tête de Matilda apparaît derrière une de ses cuisses épaisses.

— Tu étais géniale, me dit-elle d'une voix enrouée par l'émotion.

— Merci !

Je lui ébouriffe les cheveux, puis je cours sur scène pour profiter des applaudissements.

De retour dans le vestiaire, alors que j'ôte mes collants trempés de sueur, Bea entre en trombe avec un exemplaire du *New York Times*. Elle n'a pas encore ôté son maquillage de scène, et son visage est couvert d'une rosée de transpiration.

— Han, regarde ça ! s'exclame-t-elle en pointant le journal d'un index raidi. Je l'ai pris au Foyer. L'article parle de toi !

Je me précipite et lui arrache le journal des mains.

— Donne-le moi. *S'il te plaît…*

La gorge serrée, je commence à lire. Je passe les commentaires sur les solistes et les premiers rôles des ballets où je n'ai pas figuré, et je cherche mon nom à chaque ligne. Et il apparaît là, au quatrième paragraphe :

Hannah Ward, remplaçante de Lottie Harlow pour la fin de la saison, nous a gratifiés d'une intensité merveilleuse dans Séparation au Crépuscule, *le dernier ballet d'Otto Klein. Sa danse est une combinaison très plaisante d'innocence et d'impulsivité, et son énergie est contagieuse. Malgré un phrasé corporel millimétré, elle sait rester spontanée et pleine de fougue. Quant à ses jambes et ses pieds, ils font preuve d'une précision remarquable.*

Je lève des yeux embués de larmes. Je n'arrive pas à croire que ces mots me concernent. Je relis le passage.

Bea me regarde faire avec un sourire rayonnant.

— Alors, ce n'est pas super ? murmure-t-elle.

— Quoi ? intervient Leni.

Elle sort de la douche, une serviette enroulée autour de la tête. Elle a des cheveux blonds et de grands yeux bleus. Elle ressemble un peu à Brigitte Bardot, mais sa voix est basse, presque masculine, teintée d'une pointe d'accent allemand.

Bea se tourne vers elle.

— Hannah vient d'avoir une critique dans le *Times*, pépie-t-elle. Et c'est complètement incroyable.

Le regard de Leni glisse vers moi pendant qu'elle se frictionne les cheveux. Elle se penche, puis se redresse.

— Ouah, c'est excellent, Hannah. Peut-être que ta carrière va exploser, petite *Balletttänzerin*.

En esprit, je vois Otto approuver d'un hochement de tête tandis que je termine mes passages sur scène. Je vois mon nom inscrit en tête des listes de casting. Je m'imagine apprenant des rôles de soliste et les répétant sur une scène vide, plongée dans le silence. Et Otto m'annonçant une promotion. Dans ce cas, je crierais de joie, je fondrais en larmes et j'appellerais ma mère. Et elle aussi se mettrait à pleurer.

Zoe et Daisy reviennent de leur ballet. Daisy trébuche sur le vieux tapis qui fait des plis aux bords de la pièce.

— Oh ! Ils veulent que je me foule une cheville, ou quoi ? s'écrie-t-elle avant de se tourner vers moi. J'ai appris, pour ta critique. C'est super ! Peut-être que je devrais t'ajouter à ma collection d'autographes.

— Très drôle, dis-je.

Depuis qu'elle a six ans, Daisy collectionne les autographes des danseuses les plus célèbres qu'elle peut approcher. C'était une idée de sa mère : pour motiver Daisy à la danse.

Sarcasme mis à part, je pense qu'elle est probablement contente de ce qui m'arrive. Et elle se montre indéniablement plus gentille que Zoe qui ne pipe mot. Elle est d'une humeur massacrante depuis que j'ai remplacé Lottie au débotté. Elle ne peut pas se faire à l'idée qu'elle a raté une occasion en or, uniquement par hasard. Si elle s'était trouvée dans les coulisses à ce moment-là, elle aurait peut-être été choisie pour remplacer Lottie.

À sa place, je serais jalouse, moi aussi.

— Et je te parie que ça va t'ouvrir la porte à d'autres rôles, dit Bea avec assurance tout en se débarrassant de son maquillage.

En entendant ce commentaire, Zoe fait demi-tour si brusquement qu'elle manque de renverser une chaise. Elle sort du vestiaire.

Je regarde son siège vide et, pendant un moment, je me laisse aller au sentiment coupable du triomphe.

Le fait qu'elle se sente aussi menacée est le signe que mon étoile brille davantage qu'hier. Nous avons été au coude à coude pendant des années. Et oui, c'est vraiment un coup de chance pour moi d'avoir été présente à ce moment-là dans les coulisses. Mais que j'aie assez bien dansé pour mériter un commentaire élogieux dans le *Times* ne doit rien à la chance.

À côté de moi, Bea a fini de se démaquiller, et elle enfile son manteau. Daisy enfonce un chapeau sur son chignon et nous fait un petit signe d'au revoir.

— À plus, disent-elles avant de sortir dans le froid de cette nuit de novembre.

Restée seule dans le vestiaire, je contemple mon reflet dans le miroir. Les cheveux blonds de ma queue de cheval sont en désordre. Mes joues sont encore roses de mes efforts, et j'ai mal aux jambes. Je me lève et j'inspecte mon corps. Ainsi donc le critique du *Times* a trouvé que j'avais fait preuve d'une « précision remarquable », ce qui est étonnant. Mais est-ce qu'Helga a raison ? Est-ce que je ne me serais pas un peu ramollie, par rapport à avant ?

Une fois que j'ai discipliné ma chevelure, j'ai l'air lisse et déterminé. Mais est-ce suffisant ? Me diront-ils un jour que c'est suffisant ?

IX

Alors que je parcours le couloir après une répétition, je croise une fillette en body rose pâle. Elle fait halte devant le distributeur automatique et se hisse sur la pointe des pieds pour atteindre la fente où glisser sa pièce.

À cause de *Casse-noisette* que nous commençons à présenter, les couloirs des coulisses sont envahis par des danseuses de huit ou neuf ans. Elles nous épient et imitent nos étirements. Elles nous harcèlent pour obtenir un autographe ou une signature sur un de leurs chaussons. Et elles sont convaincues que nous sommes des vedettes, ce qui peut être très mignon ou très exaspérant, selon votre humeur.

Les ballets que nous dansons selon le répertoire habituel de nos saisons sont contemporains et généralement sans intrigue définie, et nous les présentons en roulement au fil des semaines. Mais quand arrive Thanksgiving (que Bea et moi avons fêté cette année avec des plats coréens livrés à domicile et un visionnage orgiaque d'épisodes de la série *Mad Men*), il est temps d'interpréter *Casse-noisette*. Et à cette période, nous sommes cantonnées aux mêmes rôles et nous entendons la même musique soir après soir pendant cinquante représentations consécutives, jusqu'à la Saint-Sylvestre. C'est un peu comme manger du pâté de jambon en conserve après avoir été habituées au filet mignon.

— Tu veux un coup de main ? dis-je à la gamine.

Elle se fige et ouvre des yeux grands comme des soucoupes. Je peux quasiment percevoir ce qu'elle pense : *Oh, mon Dieu, c'est une vraie ballerine !* Elle hoche la tête au ralenti, apparemment trop impressionnée pour sourire.

Je la saisis par la taille et la soulève pour qu'elle puisse insérer ses pièces. Ce qu'elle fait et, quelques secondes plus tard, un Sprite light tombe dans le réceptacle.

— C'est bien ce que tu voulais ?

Je crains qu'elle ait appuyé sur la mauvaise touche. Ce n'est qu'une enfant, elle devrait plutôt prendre un Fanta, ou quelque chose de ce genre.

— Oh oui, répond-elle, et elle prend la canette qu'elle sert comme un trésor dans ses petites mains. Je préfère le Coca light, mais le distributeur n'en a jamais. Merci.

Elle me salue d'une petite courbette.

— Pas de problème…

Je prends le téléphone et compose le numéro de Jacob.

— On a des gamines de huit ans au régime, lui dis-je quand il décroche. Elles ressemblent à des, euh, danseuses de ballet en miniature.

— Hein ?

Sa voix est enrouée, comme s'il avait somnolé.

— Tu faisais la sieste ?

Il se racle la gorge.

— Qui ça, moi ? Non...

Je sens qu'il ment, mais je décide de ne pas insister.

— Bon, j'appelais simplement pour te dire que je commence à détester *Casse-noisette*.

Il s'esclaffe.

— Attends, je croyais que tout le monde adorait *Casse-noisette*.

— Peut-être, quand tu es assis dans la salle et que tu n'as pas plus de dix ans, dis-je dans un grognement en me dirigeant vers le vestiaire. Mais après la quinzième représentation, ça commence à perdre de son âme. On a ce ballet au programme chaque année, on pourrait croire que le public n'en veut plus. Et pourtant c'est complet tous les soirs. Et les places sont quand même aux alentours de quatre-vingts dollars.

— Ça a l'air dur... dit Jacob.

Je l'entends qui fait couler de l'eau et en boit un peu.

— Mais je parie que tu es superbe en Fée Dragée.

— Si seulement j'interprétais la Fée Dragée... c'est un des rôles principaux. Mais non, je ne suis qu'une simple Fleur et un Flocon de Neige.

— Je suis sûr que tu fais un Flocon de Neige sublime. Mais quel rapport avec des gamines de huit ans au régime ?

Je pousse la porte du vestiaire et vais m'écrouler sur ma chaise.

— Oh, je ne sais pas trop. Une des petites du spectacle - il y a tout un tas de séquences avec elles - m'a demandé de l'aider à attraper un Sprite light, il y a une minute. Enfin quoi, je comprends si tu es *engagée* pour jouer une petite miséreuse, mais une gamine? C'est un truc de malade.

— Mieux vaut un Coca light que ces granités de deux kilos avec lesquels mes élèves viennent en cours après l'école, dit Jacob. Ils se pourrissent les dents avec ça.

— Ah, je crois que tu marques un point, là, dis-je en consultant la pendule. Mince, il faut que j'y aille, j'ai répétition.

— Attends. Il y a ce groupe qui joue au Rockwood Music Hall samedi, et je compte y aller avec quelques amis.

— Oh, cool.

— Oui, alors qu'en dis-tu? Je crois que mon ami Drew aurait de grandes chances de plaire à Bea.

— Je n'aurai pas terminé la représentation avant onze heures.

— Oh. D'accord. J'ai mon calendrier juste là, sous mes yeux. Je suis libre la plupart des soirs après onze heures, et les lundis toute la soirée. Qu'est-ce que tu en dis? On pourrait dîner au *Café Mozart*? Ou bien à ce grand restaurant indien sur la 58e, entre la 7e et la 8e…

Je veux revoir Jacob, vraiment. Mais je repense à l'expérience que j'ai vécue en dansant la *Séparation au*

Crépuscule, et je sais aussi que je veux avoir d'autres rôles comme celui-là. Et ils ne viendront pas à moi sans des efforts extraordinaires. Si c'est mon année, je dois me donner à fond chaque jour. En plus des répétitions et des représentations, il faut que je prenne des cours de Pilates et de yoga. Otto est certainement déjà en train de réfléchir à la distribution pour la saison d'hiver, et je veux qu'il pense à moi. Je ne peux pas courir le risque de me laisser distraire par autre chose que la danse.

Concentre-toi, me dis-je. *Concentre-toi.*

Je revois le visage de Jacob, la ligne de sa mâchoire et l'ombre de barbe sur ses joues. Je ferme les yeux.

— Tu sais, je ne peux pas, en ce moment. Je suis désolée.

Suit un long silence tendu. J'entends la respiration de Jacob à l'autre bout de la ligne. Très vite, je ne peux plus le supporter :

— Je suis vraiment très, très occupée.

Je me sens désemparée, mais c'est la vérité.

Il s'éclaircit la voix.

— Eh bien, je ne connais pas beaucoup de filles de dix-neuf ans qui ne trouvent pas un peu de temps pour leurs amis. Tu es différente, Ward, pas de doute… Et j'aime ça chez toi. Et je pense que ce que tu fais est extraordinaire. Je me demande simplement si ça te laisse un peu de temps pour vivre.

La remarque me hérisse.

— Ma vie, c'est la danse, dis-je sans réfléchir.

— Eh bien, dans ce cas… commence-t-il.

Je l'interromps aussitôt :

— Mais j'ai envie de te voir.

— Alors appelle-moi quand tu auras un moment de libre. D'accord ? Je serai là, probablement.

Quand je coupe la communication, j'ai le ventre noué. *Probablement ?*

dans l'entrée et le plafond en trompe-l'œil où des chérubins grassouillets flottent dans un ciel bleu.

— Je crois que c'est assez surfait, dis-je à voix basse.

Bea acquiesce et regarde les bouquets géants de lys blancs et de roses qui parsèment l'endroit.

— Oui, c'est aussi mon avis…

Dès que nous pénétrons dans le salon, un serveur vêtu de noir de la tête aux pieds glisse vers nous.

— Un cocktail Fée Dragée ? propose-t-il avec onctuosité, et il nous présente un plateau chargé de boissons couleur lavande, dont les touilleurs se terminent en forme de flocon de neige.

— Oh, mon Dieu, ils sont violets, marmonne Bea.

Je la calme d'un petit coup de coude discret.

— Non, merci, dis-je à l'homme. Je prendrai du champagne.

Il s'incline avec déférence.

— Permettez que je vous l'apporte, dit-il, avant de s'éloigner du même pas glissant.

Bea tripote l'ourlet de sa minijupe pailletée BCBG.

— Je ne sais jamais comment me tenir dans ce genre de situation, avoue-t-elle.

Je lui désigne une table croulant sous les fromages, les olives et les fruits.

— Tu bois. Tu goûtes aux fromages français. Ou aux desserts…

Sur une autre table s'entassent petits fours, tartelettes et de délicats petits gâteaux. Les serveurs sillonnent la pièce avec des plateaux d'amuse-gueule à l'aspect alléchant : mini-rouleaux au homard, figues fourrées et quiches minuscules.

Je m'approche de la table des fromages et je goûte un petit cube de chèvre.

— Je me demande s'ils pensent que quelqu'un va manger tout ça, dis-je. Pas les danseuses de ballet, en tout cas. Zoe est végétarienne, Daisy s'est remise à son régime de fruits, Adriana est à fond dans sa période « aliments crus », et Lottie n'a pas avalé de glucides depuis trente ans.

— Les garçons s'en chargeront, répond Bea en me montrant discrètement l'autre côté de la pièce. Regarde Jonathan. On dirait qu'il s'apprête à assassiner ce salami.

J'étouffe un rire. Vêtu d'un costume gris ajusté et d'un nœud papillon bleu marine, Jonathan découpe un salami comme un homme affamé. Il lève les yeux et agite le couteau dans notre direction.

— Salut, les filles. Vous savez bien que j'adore la charcuterie. Et si vous voyez ce serveur très mignon avec le plateau de brochettes de crevettes, envoyez-le-moi.

Je remarque les chaussettes rose vif à peine visibles sous le bas de son pantalon.

Le serveur revient avec nos coupes de champagne, puis Daisy arrive vers nous. Elle porte une robe à pois qu'elle a sans doute achetée dans le rayon « enfants », chez *Macy*.

— Oh, salut les filles. Vous avez vu Julie en Fée Dragée ? Elle m'a vraiment épatée, ce soir.

— Oui, elle était super, dis-je.

Julie est l'une des premières danseuses. Elle est grande et puissante, et elle a des yeux si sombres qu'ils en sont presque noirs. Mais en vérité, je ne l'ai pas regardée. J'étais occupée à composer des messages pleins d'esprit destinés à Jacob, et à les effacer avant de les lui envoyer.

Le serveur apporte un soda au gingembre pour Daisy, puisqu'elle n'est visiblement pas en âge de boire de l'alcool.

— Je ne peux pas, lui dit-elle avec un sourire radieux. À cause des calories. Hannah, tu as appris qu'Emma s'était fait une déchirure au mollet ? Elle va être hors-jeu pendant un bout de temps.

— Je sais, dis-je sans dissimuler mon mécontentement. Nous étions en alternance sur le même rôle, tu te souviens ?

— Oh, c'est vrai. J'avais oublié que vous deviez avoir des soirées de repos.

— Exactement. Et maintenant, à moins qu'Emma se remette miraculeusement, ce qui est très improbable, je vais devoir danser à chacune des représentations qui restent.

Et c'est toujours comme ça. Pour le corps de ballet, danser *Casse-noisette* devient vite un casse-tête à mesure que les danseuses se blessent : celles qui n'ont rien sont obligées de doubler leurs participations jusqu'à ce qu'à leur tour elles se blessent, et ensuite ces filles sont remplacées par d'autres qui doivent doubler les rôles... On en arrive vite à ce que tout le monde assure deux ou trois fois plus de rôles qu'à l'origine. Si vous n'êtes pas blessée, vous êtes exténuée, malade ou lessivée. Jonathan et Luke appellent ce ballet « Casse-burnes », et je trouve que c'est parfaitement approprié.

Une femme âgée au visage doux, vêtue d'une robe de soirée bleu roi pailletée, s'approche de nous. Les bijoux qui parent sa gorge étincellent comme des guirlandes de Noël.

— Bonjour, très chères, dit-elle avec un sourire bienveillant pour Bea et moi. (Zoe et Daisy font le siège de la table derrière laquelle officie le barman, probablement parce qu'il a des allures de George Clooney jeune.) Vous vous êtes mises à l'aise ?

Nous hochons la tête et sourions.

— Je pense que le corps de ballet de cette année est le meilleur depuis celui de 1976, déclare-t-elle. Et cet arbre de Noël m'a semblé encore plus grand que dans mon souvenir. J'adore la façon dont il s'élève de la scène.

Intérieurement, je soupire : je n'ai pas de temps pour une soirée avec Jacob et tous ces garçons mignons de New York, mais j'en ai pour parler de *Casse-noisette* ?

Bea, qui est la plus polie de nous toutes, alimente la conversation :

— Vous saviez que cet arbre pèse une tonne ?

— Vraiment ? s'exclame la femme. C'est incroyable. Mais vous savez, la valse des Flocons de Neige a toujours été ma préférée.

Tout le monde adore ce passage. Ou plutôt, tous les gens qui ne l'ont jamais dansé l'adorent. Les flocons de neige sont figurés par la descente des cintres de vingt-cinq kilos de confettis blancs. Après la représentation, cette « neige » est ramassée avec la poussière et les boucles d'oreille perdues, pour être réutilisée la fois suivante. La neige s'introduit dans votre costume, dans vos cheveux et dans votre bouche. Le papier est enduit d'un retardateur de flamme, et il a un goût de feutre indélébile.

— Oh, bien sûr, dit aimablement Bea. C'est un passage du ballet très populaire.

Pendant qu'elle occupe la dame aux bijoux, je mange quelques olives et j'attaque une deuxième coupe de champagne. J'envisage de trouver un coin où m'asseoir quand un homme grand et bien vêtu apparaît devant moi. Il s'appuie d'une épaule contre le mur et croise avec décontraction une cheville sur l'autre.

— Vous n'avez pas l'air ravie d'être ici, dit-il d'une voix de baryton en englobant la pièce d'un geste ample. Et vous n'êtes pas très douée pour vous mêler aux gens, visiblement.

Ses yeux sombres brillent quand il sourit.

Je le jauge d'un regard rapide, comme je le ferais s'il était danseur. Avec son teint hâlé et ses boucles brunes qu'il doit écarter de ses yeux, il est plus séduisant que n'importe qui d'autre dans la pièce. Il porte un costume gris foncé apparemment luxueux, mais pas de cravate. Son sourire est éblouissant, et je ne peux m'empêcher de lui sourire en retour.

— Matt, se présente-t-il. Matt Fitzgerald.

— Hannah.

Je lui tends la main, mais au lieu de la serrer, il la porte à ses lèvres pour y déposer un baiser.

— Enchanté de faire votre connaissance, murmure-t-il.

Il a probablement l'âge de Jacob, mais là s'arrête toute similitude entre les deux. Jacob a tout de l'étudiant : il affectionne les tee-shirts vintage et les pantalons en velours côtelé, et il attend plusieurs jours entre chaque rasage. Matt ressemble à un acteur d'Hollywood ou, au minimum, au genre d'homme qui fait ses courses chez *Jeffrey* et passe ses vacances dans les endroits les plus fabuleux d'Europe.

— Je suis un très grand fan du Manhattan Ballet, affirme-t-il. Je vous suis depuis vos ateliers d'études à l'école. Vous êtes une danseuse fantastique. Vous ressemblez à Grace Kelly sur scène.

— Ooh, dis-je, et je rougis. Euh... Merci. C'est très gentil.

Je baisse les yeux sur ma coupe. J'aime autant les compliments que n'importe quelle autre fille, mais c'est assez étrange venant de quelqu'un qui semble déjà me connaître. Matt poursuit en expliquant qu'il ne rate jamais une de mes représentations, sauf quand il se trouve à Paris. En d'autres termes, c'est un « ballettomane », ce que nous appelons entre nous un « fan enragé ».

— Je suis au premier rang tous les soirs, ajoute-t-il.

— Ooh, dis-je encore.

Vouer son corps au ballet chaque soir, pour danser, c'est une chose. Mais quand il s'agit simplement de regarder, y dévouer quotidiennement ses yeux et son postérieur, ça peut sembler un peu obsessionnel. Je m'efforce de chasser ces pensées, parce que je suis flattée qu'il paraisse s'intéresser à moi. Il pourrait aller parler à des solistes et des premiers rôles.

— Vous êtes très assidu.

— Je prends très au sérieux mes intérêts hors programme, répond-il avec un sourire.

— Une chance pour vous que vous disposiez du temps pour le faire, dis-je avant de boire un peu de champagne. Pour ma part, je n'ai même pas le temps de faire ma lessive.

Il me saisit le coude et me mène jusqu'à un canapé bleu clair sur lequel nous nous asseyons.

— Vous avez besoin d'une assistante, dit-il.

L'idée me séduit.

— Une interne ! dis-je. Les lycéennes et les étudiantes essaient toujours d'acquérir un peu d'expérience professionnelle, n'est-ce pas ? Peut-être que je pourrais embaucher une étudiante douée de Nightingale-Bamford. Elle ferait le ménage et elle porterait mon linge sale à la laverie.

— Excellente idée, approuve Matt. Elle y gagnerait une expérience réelle dans des tâches multiples, et le sens de l'initiative. Elle pourrait aussi faire les courses pour vous.

— Oui, et si elle est vraiment douée, elle aurait même une promotion et serait autorisée à écrire les lettres destinées à ma grand-mère en Floride.

Matt éclate de rire.

— Ce qui lui permettrait d'abandonner ses cours de rédaction. Vous voyez ? Nous venons de résoudre vos problèmes.

J'ai une petite grimace triste.

— Si seulement…

Matt se laisse aller contre les coussins et croise ses longues jambes.

— Eh, à l'université, j'ai effectué un stage en entreprise chez un avocat, et tout ce qu'il m'a jamais demandé de faire, ça a été de m'occuper de son matériel de golf quand il allait pratiquer.

— Ça a l'air gratifiant, dis-je, et moi aussi je bascule au fond du canapé.

Pas de doute, c'est bien plus amusant que de discuter de *Casse-noisette* avec des dames âgées.

Il secoue la tête.

— Pas du tout, mais ça m'a fait gagner des points pour mon diplôme.

Un serveur passe avec un plateau de cocktails.

— Vous êtes sûre que vous ne voulez pas un Fée Dragée ? me demande Matt.

— Non. Je travaille, demain. Et puis, j'essaie de ne pas boire des choses qui ressemblent à des bonbons aux fruits fondus.

— J'admire votre conscience professionnelle, dit-il en congédiant d'un petit signe le serveur qui s'était arrêté.

Son regard se fait lointain, et il se racle la gorge avant de reprendre la parole :

— Parfois, vous dansez comme si vous étiez seule sur scène, comme si nous étions tous venus ne voir que vous. Vous avez une énergie étonnante. Et vous êtes encore plus jolie de près, ajoute-t-il en se penchant un peu vers moi.

Quoique cette remarque frôle le propos effronté, elle est aussi simplement *agréable* à entendre.

— Vous avez été meilleure que Lottie dans *Séparation au Crépuscule*, poursuit-il. Elle a été sublime, à une époque, mais si vous voulez mon avis, elle est en perte de vitesse. Vous obtiendrez des rôles plus conséquents pour la saison d'hiver, j'en suis sûr.

— Eh, j'ai une idée, dis-je. Pourquoi vous ne vous chargeriez pas du casting à la place d'Otto ?

Il rit et choque son verre contre ma coupe.

— Je le ferais si je le pouvais.

Soudain, Daisy et Zoe arrivent en courant presque.

— Willem Dafoe est dans l'autre pièce, s'exclame la première. Et Sarah Jessica Parker aussi. Elle porte une robe argentée complètement dingue. On dirait une stalactite de glace humaine.

Daisy sautille presque sur place tant elle est excitée.

— C'est un modèle de chez *Carolina Herrera*, dit Zoe, péremptoire.

Elle-même est moulée dans une robe sans manches, avec un col boule au drapé amolli. Un modèle de haute couture, je le parierais.

— Ma mère m'a emmenée à son défilé pendant la Fashion Week, précise-t-elle.

Puis elle remarque Matt, et je vois un éclat naître dans ses yeux verts. Elle a une très légère moue.

— Je m'appelle Zoe, dit-elle en lui tendant la main et en rejetant ses cheveux en arrière.

Mais Matt ne lui fait pas de baisemain. Elle n'a droit qu'à une poignée de main polie, et il se tourne vers moi. Nos regards s'aimantent et il effleure mon épaule.

— Si vous voulez bien m'excuser, il faut que j'aille bavarder avec certains membres du conseil d'administration du ballet…

— Qui est-ce ? demande Daisy en le regardant s'éloigner dans la foule mouvante des invités.

— Matt.

— Matt qui ? veut savoir Zoe.

Je hausse les épaules.

Zoe a toujours le regard fixé sur ses épaules larges qui ne tardent pas à disparaître.

— Vous avez vu sa Patek Philippe ? dit-elle.

— Sa quoi ?

— Sa montre. Elle doit valoir au moins trois cent mille dollars, répond Zoe. Tu as eu son numéro de téléphone ?

— Non.

— Eh bien, tu devrais, lâche-t-elle, les yeux plissés. Parce que si tu ne le fais pas, moi je ne vais pas le rater.

Daisy agite sa main vers nous, comme pour nous dire bonjour.

— Allô ? On pourrait oublier le beau gosse une minute ? Il y a aussi des stars de cinéma dont on peut parler. Willem Dafoe est tout petit, et Sarah Jessica Parker a des sortes de mèches incroyables dans les cheveux, dit-elle en touchant ses ondulations noires. À votre avis, ça paraîtrait bizarre si je me faisais faire quelques mèches blondes ?

— Oui, répond Zoe, catégorique.

À quelques pas de nous, la femme en robe bleu électrique continue de monopoliser Bea. Je l'entends parler de son amour de l'opéra et du ballet, mais aussi de ses récents problèmes de santé.

— Depuis que M. Fitzgerald a fait fortune dans la finance, il s'est montré un des mécènes les plus loyaux envers la compagnie, pérore-t-elle. Lui et ses proches viennent presque chaque soir ! Et c'est un homme tellement généreux ! Et son appartement, n'est-il pas magnifique ?

Je manque de m'étouffer avec mon blini au caviar. C'est l'appartement dans lequel Matt a grandi ? J'avais subodoré qu'il était riche, mais pas à ce point.

Si je pensais à la façon de Zoe, je me jetterais à son cou. Mais je ne sais pas vraiment quoi penser de Matt. Tout ce dont je suis consciente, c'est de ma fatigue et de l'effet que commence à avoir le champagne. Je me demande si je ne ferais pas mieux de rentrer.

Et puis Bea entoure mon cou de son bras pâle piqueté de taches de rousseur.

— *Décorez les couloirs de bouquets de gui,* chantonne-t-elle à mon oreille.

Je ris et la repousse.

— Partons à la recherche du serveur qui porte le plateau de rouleaux de homard, propose-t-elle.

— Tu as déjà remarqué que les rouleaux de homard ressemblent à des cafards rouges géants ?

Elle paraît étonnée.

— Ça veut dire que tu n'en goûteras pas un seul ?

— Bien sûr que non. Mais… et ce régime à base de fruits que Daisy essayait de te faire adopter ?

— Oublie ça, dit-elle. C'est les vacances !

Plus tard, alors que je m'apprête à partir, Matt tente de me convaincre de l'accompagner au *Boom Boom Room*, un bar situé au dernier étage du *Standard Hotel.*

Je lui fais remarquer qu'il est plus de minuit.

— Vous vous souvenez à quel point vous admirez ma conscience professionnelle ?

J'ai enfilé mon manteau, mon écharpe est autour de mon cou et je suis prête à rentrer chez moi.

— Oui, mais là-bas il y a cette soirée donnée en l'honneur de Chloë Sevigny. Vous devriez la rencontrer... Elle est vraiment cool.

Mais je suis épuisée, et une autre journée très longue m'attend demain. Par ailleurs, et en dépit de son charme, Matt n'est pas Jacob, qui m'a envoyé un texto disant « Je pense toujours à toi » il y a tout juste cinq minutes.

— Merci beaucoup, vraiment, mais demain j'ai une grosse journée de travail. Et puis, je ne suis pas sûre d'être faite pour le *Boom Boom Room*.

Matt sourit avec bonne humeur, mais je perçois une lueur de surprise dans ses prunelles. Il est sans doute le genre de personnes peu habituées à voir refusée une de leurs propositions.

— Donnez-moi votre numéro, dit-il en me touchant le bras.

— D'accord, passez-moi votre portable.

Je m'étonne moi-même. En temps normal, je ne donnerais pas mon numéro de téléphone à un garçon (encore qu'ils ne sont pas très nombreux à me le demander). Mais il y a quelque chose chez Matt qui change la donne. Pour moi, il est exotique : un homme nonchalant, sûr de lui, et sa richesse semble le parer d'un costume invisible mais parfaitement taillé pour lui.

Et je ne peux pas dire que je suis insensible à son appréciation de ma personne et de mes prestations sur scène. Il comprend tout très bien : l'art qu'est la danse, les efforts qu'elle exige, les sacrifices qu'elle impose.

Matt me met dans un taxi et donne vingt dollars au chauffeur.

— Prenez bien soin d'elle, dit-il, et il passe la tête sur la banquette arrière pour lire le nom de l'homme sur son badge. Et je suis sérieux, Qusay Adnan.

J'entends le chauffeur grommeler quelque chose, mais il hoche la tête docilement.

Puis Matt ouvre ma portière et m'embrasse rapidement et légèrement sur la bouche. Le tout ne dure pas une seconde, et pourtant, je ressens l'instant dans tout mon corps. C'est comme une décharge électrique, pas entièrement agréable, mais pas désagréable non plus. Je suis prise au dépourvu, et j'imagine que cela se lit sur mon visage.

Matt sourit.

— Désolé. Je n'ai pas pu résister.

Il referme la portière, et Qusay Adnan démarre. Je ferme les yeux tandis que nous roulons vers l'ouest et mon appartement. Je me sens grisée, heureuse et plus qu'un peu déroutée.

Le lendemain matin, le hall d'entrée de mon immeuble est envahi de ballons rouges. Il y en a des douzaines, rassemblés en grappes comme des boutons de rose sous stéroïdes. Sur ma boîte à lettres est scotché un petit mot tracé d'une écriture claire : *Je pense que vous êtes super. M.*

Je souris, puis me mords la lèvre inférieure. C'est charmant, et très gênant à la fois. Personne n'a jamais fait une telle chose pour moi.

XI

DAISY SE TOURNE vers moi.

— Des ballons ! s'exclame-t-elle. Deux douzaines de ballons ?

Je me sens rougir. Daisy a un superpouvoir inexplicable quand il s'agit de déterrer la dernière rumeur. Je crois que c'est parce qu'elle est littéralement capable de lire sur les lèvres. Ou alors elle se fait si discrète que les gens ne remarquent pas sa présence et son ouïe particulièrement fine. C'est elle qui la première a répandu la nouvelle de la grossesse de Lily. Elle aussi qui a affirmé avoir aperçu Otto partant dans sa Mercedes en compagnie de Julie, lui avec un bras passé autour de ses épaules, elle la tête nichée contre sa poitrine, pour une destination inconnue mais manifestement illicite. Du moins, c'est ce qu'elle prétend. Alors rien d'étonnant à ce qu'elle ait appris, pour les ballons, même si je n'en ai parlé qu'à Bea.

— Pour ta gouverne, me dit-elle alors qu'elle coud un ruban à son chausson, j'ai effectué quelques recherches, et Matt a envoyé des ballons à Serena l'été dernier, et à Joanna l'année passée.

Elle a probablement raison, et je ne devrais pas prendre ce geste extravagant trop au sérieux. Mais je ne veux pas lui donner la satisfaction de me voir l'admettre, peut-être parce qu'à seize ans, elle a plus d'expérience que moi en la matière grâce à Caleb.

— Ah oui ? dis-je avec insouciance. Merci pour l'info.

Bea déambule dans le couloir en buvant au goulot d'une bouteille d'eau grand format.

— Et puis, dit-elle pour se joindre à la conversation comme si elle avait été dans les vestiaires tout ce temps, qu'est-ce que tu fais de Jacob ? Je le trouve adorable.

— Je ne sais pas, dis-je. Il habite dans le Lower East Side. Il veut toujours que je vienne le voir jouer, mais ça se passe systématiquement à Brooklyn ou dans ce genre de coin. Et il est tellement mignon… Une autre fille va venir me le piquer pendant que je suis coincée ici à interpréter *Casse-noisette* une fois de plus.

Daisy se penche vers le miroir et inspecte ses dents.

— Zoe dit que Matt est fait pour toi. C'est un ami de Chloë Sevigny.

Elle désigne le mur des vestiaires où elle a scotché des photos découpées dans *Us Weekly* de célébrités mal habillées. Il y a un cliché peu flatteur d'une actrice portant une robe de cocktail à dentelles qui ressemble à un costume tiré d'*Alice au pays des merveilles*.

— Critère intéressant pour un petit ami, grommelle Bea.

— Bon, mesdemoiselles, merci pour vos lumières dans le domaine amoureux. Mais préparons-nous plutôt pour le spectacle, d'accord, et laissons tomber le sujet.

Les autres ricanent entre elles, mais je les ignore.

Il est temps d'appliquer mon maquillage de scène, et c'est un moment que j'ai toujours apprécié. Je peux me transformer de la voisine blonde à la mégère dramatique, aux cils sombres, tellement rapidement que ma propre mère aurait du mal à me reconnaître.

— D'accord, comme tu veux, dit Daisy avec un dernier regard de regret à Chloë. N'empêche, tu pourrais au moins m'obtenir son autographe.

Sans lui répondre, j'applique du fond de teint solide avec une éponge humide, puis j'attends qu'il pénètre les pores. Ensuite, j'utilise une grosse houppette pour étaler une épaisse couche de poudre claire, afin que mon visage soit d'un blanc mat uniforme.

— Mais tu sais ce que Zoe dit à propos du flirt, poursuit Daisy. Tu es une danseuse, et tu as un rang social à tenir. Pourquoi le gaspiller avec un étudiant ? Ce sont les *piétons* qui vont à l'université.

Dans l'univers du ballet, « piéton » est le mot qui désigne une personne normale. C'est assez désobligeant, surtout dans la bouche de Zoe. Ma brosse à blush à la main, je me tourne vers Daisy.

— D'un, je croyais qu'on laissait tomber le sujet, et de deux, pourquoi tu imites Zoe ?

— Oui, ce n'est pas franchement un modèle, raille Bea.

— En tout cas, son dévouement au travail est exemplaire, rétorque Daisy. Elle apprend le rôle d'*Impression*

Durable, bien que Julie le danse toujours, uniquement parce qu'elle le veut.

— Sans blague, dis-je en affectant le désintérêt.

Je ne veux pas penser à Zoe maintenant. Je tiens fermement ma brosse à blush et je crée du contour avec la poudre rose, pour accentuer mon ossature. Ensuite, j'applique de l'ombre à paupière brune et pourpre scintillante dans le pli supérieur et sur le coin externe de mes yeux, puis le long de la ligne inférieure de mes cils.

À côté de moi, Bea prend ses propres brosses et poudres.

— Pourquoi ce n'est pas à *elle* que tu demandes un autographe, plutôt ?

Je souris tout en bordant mes cils supérieurs d'un trait d'eye-liner liquide, puis souligne ceux du bas au crayon noir. Enfin, j'applique une épaisse couche de mascara.

— Très drôle, maugrée Daisy, ce qui met Bea en joie.

Je fixe mes faux cils avec de la colle. Cette dernière opération est délicate, et la première fois que je l'ai pratiquée, à mes tout débuts, j'ai failli me coller les paupières. Mais à présent c'est devenu une seconde nature. Je finis par le rouge à lèvres, couleur baie mûre, que je recouvre d'une couche de gloss. Impossible que j'entre en scène sans lèvres brillantes.

Terminé. Je me regarde dans le miroir et me redresse un peu ; en face de moi, une ballerine me renvoie mon regard.

Après que Bea a fini elle aussi de se maquiller, nous descendons pour passer nos costumes de Flocons de

Neige, puis nous nous hâtons jusqu'aux coulisses. La fête de Noël est terminée, les adultes s'endorment et Marie a rapetissé à la taille d'une souris. Elle doit défendre son bien-aimé prince Casse-noisette contre le méchant Roi des Souris, et elle lui lance un de ses souliers, ce qui le distrait le temps que Casse-noisette le terrasse.

— Une journée comme une autre dans la vie d'une fille de l'époque victorienne, murmure Bea.

Puis la maison de Marie s'ouvre en deux, et la neige tombe à travers le plafond. La neige est drue et elle chute tout autour de Marie qui est en chemise de nuit et n'a plus qu'un soulier. Main dans la main avec son prince Casse-noisette, elle erre en silence dans les bois tandis que la neige recouvre leurs cheveux et touche leur visage. L'éclairage bleuté évoque la nuit, et la neige semble rafraîchir l'air. Si vous parvenez à oublier le goût qu'a cette neige, c'est une scène absolument magique.

C'est à moi dans quelques instants. Je me tiens dans la pénombre, au bord des coulisses, et j'attends de faire mon entrée. Je lisse le tulle retroussé de ma robe, j'ajuste ma couronne incrustée de joyaux, et je glisse les doigts dans le système en fils de fer pareil à un éventail que je porte aux deux mains. Chaque tige est munie à son extrémité de petits pompons blancs qui paraissent flotter dans l'air et qui prolongent les mouvements de mes bras.

Je m'élance dans la neige, pieds pointés devant moi, et j'effectue un tour jeté avec les autres filles. Je m'imagine être un flocon de neige qui tombe du ciel.

Je suis ballottée par le vent, emportée dans une direction, puis dans l'autre. Je croise la trajectoire d'autres flocons. Parfois je vais plus vite, selon la force du vent. Nous nous déplaçons à l'unisson, nous intervertissons notre formation – soubresaut, pas chassé, tour, soubresaut, saut de chat – puis je retourne vivement en coulisse. Un moment plus tard, nous revenons sur scène dans un déboulé, comme si le vent nous poussait.

Lorsque nous nous regroupons dans un coin au fond de la scène, j'entends toutes les filles qui halètent autour de moi. Nous ressemblons peut-être à des flocons de neige, mais nous sommes des êtres humains de chair et de sang qui luttent pour aspirer leur dose d'oxygène. Je souris à Bea, et elle me répond de la même façon. Bien que nous ayons exécuté cette séquence plus d'une centaine de fois, il y a toujours quelque chose de magique dans la musique et la neige, et dans le fait de danser entre amies.

XII

Nous sommes là veille de Noël, et au lieu de me trouver à Weston avec mes parents, en train de manger des plats chinois livrés à domicile, j'attends que Bea sorte de la douche. Nous devons nous rendre à l'appartement de Zoe où sa mère sera éméchée juste ce qu'il faut, ou absente parce qu'invitée à une quelconque soirée avec des gens très en vue.

Nous n'avons relâche que demain, aussi nous restons en ville, pour la plupart d'entre nous. Dans un premier temps, je pensais que ça me donnerait l'impression d'être adulte et indépendante, mais plus j'y réfléchis et plus j'ai du mal à l'accepter. Je préférerais manger une soupe won ton avec mes parents puis aller me promener en voiture dans les environs pour profiter des éclairages déments de Noël. (Il y a un type au bout du pâté de maisons qui juche sur son toit un Père Noël grandeur nature et ses neuf rennes.) Je veux savourer les gâteaux rouges et verts que mon père confectionne le matin de Noël et qui, tient-il toujours à préciser, sont faits dans un esprit ironique.

Pour me sentir un peu moins seule, j'envoie un message à Jacob :

Joyeux presque-Noël d'un Flocon de Neige assommé de travail.

Une minute plus tard, il répond :

Sornettes que tout cela. Je suis juif, tu te rappelles ?

Je ris. Je prends comme un bon signe qu'il m'ait répondu aussi vite.

Moi aussi. Enfin, à moitié. Et j'aime Noël.

Moi aussi. J'ai des Pères Noël imprimés sur mon caleçon.

C'est vrai ?

Tu veux venir vérifier ?

Ah-ah.

Une idée de quand on pourra se voir ?

Je m'accorde le temps de réfléchir à la question. Peut-être qu'une sortie (et *finies* les séances de Pilates) est exactement ce qu'il me faut après la corvée de *Casse-noisette*. Je lui écris :

La semaine prochaine ?

Ah, là c'est moi qui dois refuser. Je serai à PR.

PR ?

Porto Rico, chérie !

JE SUIS JALOUSE.

Bea sort de la douche, enveloppée dans une serviette marquée d'un *Acapulco* en grandes lettres brillantes. L'eau goutte de ses cheveux roux et forme de petites flaques sur le sol.

— Eh, les filles, entrez donc.

Zoe nous adresse un joli sourire. Elle porte une robe de laine rouge très simple, et elle est encore coiffée de son chignon de scène.

— Tu as de la neige dans les cheveux, dit Bea, et elle ôte un petit morceau de papier de la tête de Zoe, qui soupire :

— Hier, j'en ai retrouvé dans le tiroir où on range l'argenterie. Ce truc s'insinue absolument partout.

Bea se débarrasse de ses bottes et de ses chaussettes mouillées pendant que je confie ma parka à Gladys, la gouvernante. Près de la cheminée se dresse un énorme sapin de Noël dégoulinant de cristaux irides-cents et de guirlandes électriques.

— Tu aimes notre arbre ? me demande Zoe. Il a été pris en photo pour le *New York Magazine*. Maman a embauché une petite armée de spécialistes pour l'ins-taller et le décorer.

Elle ôte un autre morceau de neige en papier qui adhérait encore à ses collants.

— Sérieusement, dit-elle dans un soupir, est-ce que je vais continuer à faire la chasse à ces saloperies jusqu'à la fin de mes jours ?

— Ou jusqu'à ce que tu aies une promotion, dit Bea.

Le pékinois – le troisième de Dolly en quatre ans – lui mordille les pieds.

— Suffit, Gucci !

Dolly apparaît dans une robe colonne noire, une flûte de champagne à la main.

— Les filles, mais vous êtes ravissantes ! Bea, je ne comprends pas pourquoi les garçons ne se jettent pas sur toi. Et Hannah, j'avais exactement le même modèle de bottes, à une époque ! Je les ai données à un magasin qui revend des affaires d'occasion pour des œuvres de charité. Soyez toutes les bienvenues, vraiment. Il y a des gâteaux et du lait de poule à côté du sapin.

Elle nous y dirige d'un geste de ses doigts graciles chargés de solitaires. Je me pose une question oiseuse : ces bijoux correspondent-ils aux demandes de fiançailles qu'elle a collectionnées, ou les a-t-elle tous achetés pour son seul plaisir ?

Gucci le pékinois a décidé de lécher les pieds nus de Bea. Tout l'appartement disparaît sous du coton figurant la neige et des rivières de cristaux.

— On dirait qu'ils ont dévalisé le Pôle Nord…

Bea s'esclaffe à ma remarque.

— Ou une vitrine de chez *Macy*, approuve-t-elle. Aucun sens de l'ironie.

Leni émerge de la salle à manger, ramasse Gucci et secoue doucement une des pattes avant du petit chien.

— Joyeux Noël, les filles ! dit-elle de sa voix rauque d'Allemande.

Sa chevelure dorée cascade librement sur ses épaules et descend bien plus bas.

Daisy sort de la cuisine, avec dans les mains un plateau débordant de petits gâteaux et d'une maison bancale en pain d'épices qui semble prête à s'effondrer.

— Regardez ce que Leni et moi avons fait avec Gladys ! déclare-t-elle en feignant une grande fierté.

Elles ont toutes deux profité d'une soirée de repos grâce à leurs doublures, et il semble bien qu'elles soient déjà un peu éméchées. À cause de la blessure d'Emma au mollet, j'ai dû assurer chaque représentation. Et j'ai retrouvé du papier à neige dans à peu près tous les vêtements que je possède.

Je m'extasie bruyamment devant la maison en pain d'épices, comme si c'était là un objet précieux très rare. D'un doigt, j'effleure le toit de guingois.

— On dirait une création de Frank Gehry, dis-je. Mon père adorerait. Il est architecte.

— Je pense qu'elle mériterait d'être exposée à la Whitney Biennial, surenchérit Leni en riant.

— Absolument, dis-je.

Alors que nous déambulons dans le salon grandiose, j'aperçois Dolly emmitouflée dans un manteau en chinchilla rose qui se dirige sur la pointe des pieds vers la porte d'entrée. Elle ne dit même pas au revoir à sa fille. J'ignore pourquoi elle me déçoit encore, après toutes ces années. Je devrais m'être accoutumée à son comportement. Pour Zoe, en tout cas, ce n'est plus un problème.

Daisy, Leni, Bea, Zoe et moi nous réunissons devant la cheminée pour siroter nos laits de poule. Gladys apporte des plateaux en argent avec des croquants aux cacahuètes et des gâteaux ayant la forme du petit Jésus.

— Et ça, c'est ironique ? murmure Bea qui en saisit un et, d'un coup de dents, l'ampute d'un pied.

Nous nous affalons dans les canapés profonds et nous regardons *Miracle sur la 34e Rue* sur l'écran plat mural qui, éteint, est dissimulé par quelque chose ressemblant fort à une peinture de Jackson Pollock.

Avant la fin du film, pourtant, Zoe s'impatiente.

— C'est l'heure des cadeaux ! clame-t-elle.

Nous nous asseyons toutes en cercle, sur des coussins posés sur le sol.

L'échange de cadeaux est une idée de Leni. Étant la doyenne, il lui arrive parfois de nous materner quelque peu. Bea offre à chacune de nous de petits flacons de sels, parfaits pour nos corps endoloris, surtout pendant la saison de *Casse-noisette*. Leni nous donne des boîtes de chocolats, Daisy des mini-nécessaires à gloss de chez Sephora, et Zoe, qui peut se permettre de dépasser la limite des dix dollars par cadeau, distribue des chaînes pour clefs Marc Jacobs. Pour chacune, j'ai confectionné de petits animaux avec des balles de polystyrène expansé et des cure-pipes, que j'ai placés dans des boîtes en bois achetées à la foire des artisans de Columbus Circle.

— Le mien, c'est quoi ? me demande Bea en me montrant son animal.

Je l'examine. Franchement, c'est difficile à définir.

— Un renne, dis-je avec assurance.

— Oh, souffle-t-elle. Super.

Nous sommes encore occupées avec nos cadeaux – Bea essaie le gloss tandis que Daisy fait osciller sa chaîne à clefs devant le museau de Gucci – lorsque Gladys arrive avec un plateau de chow mein et de poulet moo shu. Je me souviens subitement que je n'ai pas dîné, et je suis tellement ravie que je me lève d'un bond et serre la gouvernante dans mes bras.

Elle me tapote gentiment la joue.

— J'aurais plutôt opté pour un bon jambon glacé, mais Zoe a insisté, parce que c'est ton menu préféré, explique-t-elle.

Je suis tellement touchée que je me précipite vers le coussin de Zoe sur lequel je me laisse tomber pour lui faire la bise.

— Joyeux Noël, dit-elle en riant et en me repoussant avec espièglerie.

Et elle a raison : c'est un joyeux Noël.

HIVER

XIII

— Et c'est reparti, grogne Bea en fourrant ses vêtements propres dans son casier.

— Retour aux mines de sel, dis-je d'un ton joyeux.

C'était l'expression préférée de mon père avant de partir pour son bureau dans le cabinet d'architectes, le lundi matin.

Aujourd'hui débute la saison d'hiver. À la Saint-Sylvestre, nous avons donné notre ultime représentation de *Casse-noisette*, Dieu soit loué. Ensuite nous avons profité de deux jours de repos, ce qui n'est pas suffisant pour vraiment récupérer.

Mais cela a laissé le temps pour un récurage en profondeur de nos loges. À présent, elles sentent le propre et le pin, et nos miroirs ne sont plus maculés de traces de doigts et de traînées de maquillage. La pièce est impeccable, et je me demande combien de temps il nous faudra pour la saccager de nouveau.

À en juger d'après les bodys et les collants de Bea qui débordent déjà de son casier et se déversent sur le sol, j'estime que quinze minutes de plus devraient suffire. Elle est sans doute la plus polie d'entre nous, mais c'est aussi la plus négligente.

Daisy brandit sa bouteille d'eau pour porter un toast.

— Enfin un vrai répertoire ! s'exclame-t-elle.

Bea roule une paire de jambières.

— Amen, lâche-t-elle.

J'entends le vibreur de mon portable dans mon sac qui m'annonce un message. Je le prends, en espérant que c'est Jacob, mais non : Matt.

Merde pour votre premier jour de la saison d'hiver !

Les danseurs du monde entier ont adopté cette façon assez singulière qu'ont les Français de souhaiter bonne chance. Je souris et pose le téléphone sur la tablette devant moi.

— Alors, quelles sont vos résolutions pour la nouvelle année ? veut savoir Daisy. Moi, c'est d'entrer dans mon jean taille 32 pour le mois de mars.

— Je vais lire *Guerre et Paix*, déclare Bea d'un ton solennel.

— Bonne chance, alors...

Elle me lance un regard très sérieux.

— Tu dis ça parce que tu n'arrives pas à terminer *Frankenstein*, que tu dois essayer de lire depuis l'été dernier ? réplique-t-elle. Et en plus, je vais me trouver un mec, ou au moins sortir une fois avec un.

— Là, je salue l'initiative ! Et je te signale que pour le bouquin, j'en suis aux trois quarts.

— Zoe ? dit Daisy. Et toi ?

Zoe est occupée à aligner devant elle tout le maquillage qu'elle a acheté chez *Bergdorf*. Elle lève les yeux.

— Je ne crois pas aux résolutions du Nouvel An, répond-elle avec un sourire matois. Parce que, honnêtement, qu'est-ce que je pourrais bien changer ? Je suis parfaite telle que je suis.

— Tu pourrais boire plus d'eau et moins de Coca light, pontifie Daisy. Je te l'ai déjà fait remarquer. Ce serait une excellente résolution. Et tu pourrais aussi arrêter de fumer.

Zoe a une grimace moqueuse et expérimente un peu d'ombre à paupière bleutée.

— Si tu le dis, soupire-t-elle, l'air las.

Daisy se tourne vers moi.

— Han ?

— Euh…

Mon unique résolution pour la nouvelle année, c'est de décrocher une promotion, et il n'est pas question que je l'avoue dans cette pièce. Alors j'essaie de gagner du temps :

— Manger plus de chou frisé ?

Daisy lève les yeux au ciel.

— Il est clair que seules Bea et moi sommes capables de prendre ce nouveau départ au sérieux. Le Dr Shapiro dit que l'expression de vos intentions est une partie importante de la manifestation de vos rêves.

Le Dr Shapiro est la thérapeute de Daisy, qui la voit depuis son entrée à la MBA. Je ne connais pas beaucoup de filles de seize ans qui sont suivies par un psy, mais si j'avais une mère folle de la scène comme la mère de Daisy, j'en voudrais un, moi aussi.

Bla-bla-bla, articule Zoe en silence, et je réprime un sourire.

— Oh, eh, les filles, dit encore Daisy, vous savez ce que Caleb m'a offert pour Noël ?

C'est tout juste si elle ne bat pas des mains tant elle jubile. Zoe se penche vers moi :

— Sérieux ? Ils sont encore ensemble ? Je croyais qu'elle n'était qu'une petite escale sur le chemin qu'il prend pour Gayville.

Je ravale un rire tandis que Daisy nous parle des vêtements que Caleb a choisis pour elle chez *Barneys*. Mon téléphone vibre encore : *Déjeuner de la* Trattoria Dell'Arte *devant l'entrée des artistes. Bon appétit !*

Houlà... Matt m'a acheté un vrai repas, ce qui signifie qu'aujourd'hui je vais manger autre chose qu'un yaourt et une banane. Je suis flattée, contente, mais j'éprouve également une sensation assez étrange, à croire que je n'arrive pas à savoir s'il me drague ou s'il veut remplacer ma mère. Au lieu de lui répondre, j'écris à Jacob, qui est toujours à Porto Rico pour l'enterrement de vie de garçon de son frère.

Alors, tu t'amuses bien ?

Je guette sa réponse d'un regard fixe. Mais apparemment, il s'amuse trop pour trouver le temps de répondre.

CET APRÈS-MIDI, ZOE et moi nous rendons à l'atelier avec Adriana, Olivia et une poignée de doublures qui vont se placer au fond de la salle. Nous avons été appelées ici pour apprendre une nouvelle œuvre, d'un chorégraphe invité du nom de Jason Pite. J'ai entendu parler de lui comme d'une sorte de génie de la danse, mais je n'ai encore jamais vu un de ses ballets.

Zoe me pince le bras quand Jason fait son entrée. Comme la plupart des chorégraphes, c'est un ancien danseur, et il est grand, avec des cheveux blond sable et des traits ciselés. Il est pieds nus et porte un pantalon de survêtement coupé en short et un débardeur fatigué au col distendu. Il me regarde droit dans les yeux et me sourit. Cette attitude me prend au dépourvu et me jette dans un accès de toux embarrassée. Zoe a un petit rire et se pâme littéralement quand il se présente d'une voix marquée d'un accent australien adorable.

— J'ai assisté à une de vos représentations l'automne dernier, déclare-t-il, et je trouve très excitante la perspective de travailler avec vous. Quel groupe soudé de danseuses vous formez… Je me suis dit que j'allais d'abord vous faire écouter la musique, et ensuite seulement vous montrer certains passages sur lesquels j'ai travaillé.

Zoe tire presque la langue quand il met le CD dans la stéréo. La musique est un scherzo tiré d'une des sonates pour piano de Beethoven. C'est vif, enlevé.

Il hoche la tête en cadence et, après quelques secondes, il nous demande de nous disperser dans la salle. Les mouvements qu'il commence à nous enseigner ressemblent plus à de la danse moderne qu'à du ballet.

— Tu peux descendre ton centre de gravité ? dit-il à Zoe qui bat des paupières à son adresse. Je veux que tu te sentes connectée au sol.

Certains des mouvements qu'il nous dévoile évoquent une danse africaine: nous bloquons nos côtes, faisons frémir notre bassin et laissons nos genoux se dérober. Des passages sont vigoureux et rapides, d'autres langoureux. Tout d'abord, je me sens plutôt ridicule et mal à l'aise quand je m'efforce de l'imiter, mais après un temps, j'éprouve une sensation libératrice. Je ne me suis jamais déplacée ainsi, et ça me plaît. Nous ne nous étirons pas, nous ne bondissons pas dans un défi à la pesanteur, comme dans un ballet classique. Il nous arrive même de nous aplatir au sol !

Jason sourit et hoche la tête.

— Oui, toi, dit-il en me montrant du doigt. Tu le sens, je le vois.

Quand la séance prend fin, une Zoe essoufflée s'approche de moi. La transpiration a collé une mèche raide de ses cheveux blonds sur sa joue.

— J'ai cru qu'il me plaisait bien, mais je me suis peut-être trompée, murmure-t-elle. Ces cinq dernières minutes, avec les mouvements bizarres des mains ? Ça rimait à quoi ?

— Oh, tu es simplement jalouse parce qu'il a dit que je sentais sa danse, dis-je pour la narguer.

Elle renifle.

— Tout ce que je peux affirmer, c'est que jamais je ne sortirai avec un danseur moderne. Je ne pourrais pas respecter quelqu'un qui passe sa vie à se rouler sur le sol.

— Bah, au moins ce n'est pas *Casse-noisette*.

Nous descendons au Foyer où nous changeons de tenues pour l'essayage.

Sur scène, Otto se perche sur un tabouret et nous incite à prendre nos places pour le *Concerto pour Violon en Ré* que nous exécuterons ce soir. Le corps de ce ballet, fort de seize d'entre nous en body à ceinture, se dispose en rangées horizontales tandis que Mai Morimoto enchaîne des bonds d'une hauteur incroyable au centre de la scène. Otto approuve d'un hochement de tête presque imperceptible devant cette performance. Les cheveux noirs de Mai échappent à son chignon et semblent flotter dans l'air.

Zoe et moi prenons une série de poses en arrière-plan, et durant cette phase du ballet nous sommes côte à côte. Nous avons dansé le *Concerto* tant de fois que nous pouvons tenir une discussion entre les différents pas, quoique nous fassions en sorte de ne pas remuer les lèvres et d'échanger comme des ventriloques, pour éviter toute réprimande.

— Ouah, tu as vu ça ? dis-je sans desserrer les dents. Mai n'a peur de rien.

— Ferme-la, je me concentre, raille Zoe. Han, ce ne serait pas super si nous étions choisies pour le duo des *Tempéraments* ? J'adore ce passage.

Nous nous écartons gracieusement, puis nous rapprochons de nouveau en effectuant un piqué.

— Tu sais, Emma a étudié le duo l'année dernière, comme doublure, murmure Zoe. Mais elle est toujours hors jeu, et à mon avis, Leah a tellement grossi qu'ils ne lui proposeront pas d'apprendre ce rôle.

Les *Tempéraments* devant être présentés dans quelques semaines, nous commencerons bientôt à répéter. Nous faisons basculer le poids de notre corps, puis un piqué et un tendu en arrière partiel.

— Je veux dire, je préfère nettement la danse classique aux trucs modernes de Jason, chuchote Zoe, immobile, les bras tendus en avant.

— Oh, détends-toi un peu…

Nous comptons jusqu'à six et nous ployons les jambes en baissant la tête, si bien que celle de Zoe et la mienne se touchent presque, ce qui est très pratique pour converser discrètement.

— Tu t'entends parler ? me glisse Zoe. Mademoiselle la Petite Sainte, écoute un peu ce que tu racontes. À moins que ton musicien commence à avoir une mauvaise influence sur toi…

Nous nous redressons, projetons les hanches en avant et basculons le poids de notre corps une fois de plus.

— Ce serait difficile, puisque je ne l'ai pas revu depuis novembre.

— Tu penses à Matt, alors ?

— Non !

— Tu devrais garder toutes tes options ouvertes, me conseille Zoe. Je suis sûre que Jacob garde les siennes ouvertes, si tu vois ce que je veux dire.

Je lance un regard à Otto, mais il surveille Mai dont la peau pâle luit maintenant de transpiration.

— Quoi ? dis-je.

— S'il est aussi craquant que tu le prétends, il y a certainement une autre fille.

Ce n'est pas comme si je n'avais pas envisagé la présence de rivales, mais l'entendre de la bouche de Zoe me fait un choc.

— Ah oui ? Merci pour le vote de confiance.

— Très bien ! tonne Otto dont la voix se répercute dans le théâtre vide.

Zoe et moi nous figeons, certaines qu'il va nous tancer pour avoir bavardé. Mais Otto nous gratifie simplement de ce demi sourire qui lui est particulier et, d'un geste, nous invite à quitter la scène.

— Bien, merci, fait-il en effleurant le bras de Mai dans un mouvement protecteur. Gardez-en un peu pour ce soir.

De retour aux vestiaires, Leni adopte une pose de yoga improbable dans un coin. Elle se place en équilibre sur ses bras tendus, avec les pieds coincés derrière la nuque.

— Comment fais-tu ça ? marmonne Zoe en s'écroulant sur une chaise. Tu ressembles à un bretzel.

— C'est une posture pour ouvrir le bassin, explique Leni avec calme.

Je m'assieds sur le sol afin d'étirer les fléchisseurs de mes hanches. Je me répète que je dois cesser de m'inquiéter à propos de Jacob, qu'il faut que je me focalise sur la prochaine représentation et nos répétitions de demain et après-demain. Et puis je cède et je l'appelle, et cette fois j'arrive à le joindre.

XIV

Il fait un froid mordant, les trottoirs se sont transformés en monticules de vieille glace. Tandis que je marche à la rencontre de Jacob, le vent fouette les façades d'immeuble et balaie les rues avec une telle violence qu'il me donne l'impression de s'immiscer sous mes vêtements. Je me mouche, et je jure que je peux sentir mon nez gonfler et devenir rouge vif. (Nous sommes toutes enrhumées dans nos loges, et en plus des vêtements et des pansements qui jonchent habituellement le sol, on peut maintenant trouver des mouchoirs en papier ou des sprays pour se déboucher le nez.)

Jacob m'a dit qu'il m'attendrait sur les marches devant le Metropolitan Museum of Art, et je le trouve appuyé contre le mur massif de la façade, à feuilleter un livre. Il est engoncé dans un caban bleu marine et une écharpe que ma grand-mère aurait pu tricoter. Mon cœur a une petite embardée, puis se calme. Il se penche vers moi et dépose un baiser sur ma joue.

— Ça faisait longtemps, dit-il avec un sourire.

Je lui souris à mon tour.

— Alors ? Comment était ce séjour ?

Nous tournons les talons pour entrer dans le musée.

— Si je ne revois plus jamais une bouteille de rhum, j'en serai heureux, dit-il avec un petit rire. Et j'aimerais ne plus jamais entendre une version karaoké de *Cheeseburger in Paradise.*

Je prends un air compréhensif. Mon père joue du Jimmy Buffet de temps à autre, et cette musique me donne toujours envie d'enfouir ma tête sous un oreiller.

— Je promets de ne pas la chanter.

Mais j'en fredonne quand même quelques mesures, et Jacob s'éloigne précipitamment, mains plaquées sur les oreilles.

— De grâce, arrête ça ! gémit-il, ce qui me fait rire.

À l'intérieur, le grand hall est bondé. Le brouhaha des voix éveille des échos dans l'espace dallé de marbre, un murmure amplifié qui se mut en un rugissement informe.

— J'adore le Met, dis-je dans un soupir.

— Moi aussi. C'est un de mes lieux préférés à Manhattan.

— Je suis venue ici en août, juste avant la saison d'automne. Je suis restée peut-être une heure devant *Madame X*. Tu sais, cette peinture de John Singer Sargent ?

Il hoche la tête.

— Je connais, oui. J'aime beaucoup Sargent.

— J'ai lu quelque part que cette Madame X, je ne me souviens plus de son véritable nom, était une femme tellement gâtée qu'elle ne pouvait quasiment pas s'empêcher de bouger pendant les séances pour son portrait. Sargent a dit d'elle que c'était une femme « d'une beauté impossible à peindre et d'une paresse désespérante ».

— Ah-ah. La paresse ? Qu'est-ce que tu sais de la paresse, toi ?

— Eh, je fais la grasse matinée tous les lundis. Aujourd'hui par exemple, je me suis levée à neuf heures et demie !

— Si c'est ta définition de la paresse, le monde aurait besoin de plus de paresseux tels que toi.

Je pose la main au creux de son bras pendant que nous faisons la queue devant les caisses.

— Alors, où veux-tu aller ? dis-je. Je parie que tu es du genre à aimer l'art moderne.

— J'aime bien certains Picasso et certains Duchamp, reconnaît-il en tendant une coupure de vingt dollars à la caissière. Mais il y a un autre endroit où je veux t'emmener d'abord.

Il me tend un petit badge rouge que j'accroche à mon manteau. Je consulte le plan du musée affiché au mur.

— J'espère que ce n'est pas le département Armes et Armures, ou l'aile contenant le mobilier américain. Parce je ne m'intéresse vraiment pas aux haches ou aux tables d'angle Tiffany. Et j'espère aussi que tu ne pensais pas m'emmener voir les danseuses de Degas. Tu peux me croire sur parole, je les connais très bien. Degas et ses danseuses sont pratiquement les seules œuvres d'art connues de tous les membres du ballet.

— Rien de tout ça. Attends…

Il sort son portable d'une poche et envoie un court message. Quand le bip annonce la réponse, il hoche la tête avec satisfaction et me reprend la main.

— Bon, il faut qu'on se dépêche.

— Qu'on se dépêche pour aller où ?

Sans autre réponse qu'un léger sourire, il m'entraîne vers les ascenseurs. Quand la cabine s'arrête, nous sortons au dernier étage du musée qui, comparé au rez-de-chaussée, paraît presque désert. Nos pas résonnent quand nous parcourons un couloir aux murs décorés de photos d'oiseaux exotiques en noir et blanc.

Un gardien se tient devant la porte donnant accès au toit.

— Salut, Frank, lance Jacob.

Le gardien répond d'un petit signe de la main. C'est un jeune homme à la calvitie précoce et affublé d'épaisses lunettes très tendance.

— Je ne sais pas pourquoi tu veux sortir par un temps pareil, dit-il. Mais bon, c'est ton affaire.

Il ouvre la porte avec une des clefs de son trousseau et s'efface pour nous laisser passer.

Jacob sort dans la lumière pâle et froide du soleil, et je le suis. Le toit est vide et nu, et je me tourne vers lui sans comprendre la raison de notre venue ici. S'il avait voulu être à l'air libre, on aurait très bien pu rester sur les marches, devant le musée.

Il cherche ma main alors que nous approchons du bord et découvrons une vue plongeante sur Central Park. Loin en contrebas, le sol est brun et parsemé de rochers. Avec leurs branches nues et grises, les arbres évoquent les squelettes de ce qu'ils sont en été.

— Déjà montée ici ? demande Jacob.

Je secoue la tête, et je claque un peu des dents.

Il fait un bruit de langue et m'attire à lui. Ouvrant son manteau, il me cale sous un pan pour me protéger du vent.

— Et tu habites New York depuis cinq ans ? dit-il. Je m'imaginais bien que tu n'étais pas montée ici quand c'est fermé, mais jamais ? En été, quand il fait beau, ils organisent des expos : Frank Stella, le sculpteur, et Claes Oldenburg, l'artiste pop. Il y a même un café.

Peut-être devrais-je me sentir gênée de n'avoir jamais fréquenté le toit apparemment fabuleux du Met, mais je ne peux penser qu'à une chose : à quel point je me sens bien nichée au chaud contre lui. Je souhaiterais vivre à jamais dans les replis de son manteau. Ça me rappelle le velours soyeux d'une aile.

— Je n'ai pas beaucoup le temps, dis-je à mi-voix.

Jacob tourne la tête, contemple les arbres, puis il reporte son attention sur moi. Nos visages sont si proches que nous pourrions presque nous embrasser.

— Tu te tiens sur le toit du plus grand musée du monde, tu as sous toi le panorama de la plus grande ville du monde… C'est quelque chose qui mérite qu'on prenne le temps.

Sa voix est douce, son ton convaincu.

Je frissonne, et je ne saurais dire si c'est à cause du froid ou de la proximité de Jacob.

— Tu me fais la morale ? En ce cas, tu peux laisser tomber, parce que je suis justement en train de prendre le temps.

— Alors je vais m'en attribuer tout le crédit, dit-il avec un sourire. Puisque c'était mon idée.

Un de ses bras entourant mes épaules, il me guide pour un tour du toit.

— J'aime venir ici parce qu'en hiver on peut tout voir. En été, le parc n'est qu'une mer verte impénétrable. Je suppose que c'est juste une question de perspective. Les choses sont plus jolies en juin, mais elles sont plus claires en janvier.

Ses doigts se crispent sur mon épaule, puis se détendent.

— On dirait un genre de métaphore, non ? dis-je.

Il sourit encore, passe une main dans ses cheveux bruns.

— Peut-être. Même si je ne suis pas sûr du sujet… Je voulais aussi t'impressionner par ma capacité à te faire monter secrètement sur un toit normalement fermé.

— Je suis impressionnée.

Il désigne divers bâtiments de l'autre côté du parc – le *Majestic*, le *Dakota*, le *Langham* et le *San Remo*, tous dans Central Park West. Je m'attends à moitié à un cours d'architecture, ce que mon père m'infligerait certainement s'il était là, mais par chance Jacob ne parle pas des façades néo-Renaissance Italienne ou des motifs art déco.

— Tu sais que John Lennon a été abattu juste devant le *Dakota* ? dit-il en braquant l'index sur l'hôtel.

Je connais quelques détails concernant le *Dakota* grâce à un documentaire qu'on m'a offert pour Noël/Hanoukka une autre année.

— Et Rudolf Noureïev y a vécu aussi, dis-je. C'est un des plus grands danseurs qui aient jamais vécu.

Et je le revois bondissant sur mon écran de télé. J'aurais aimé le rencontrer en chair et en os, mais j'étais encore toute petite quand il est mort.

Nous restons silencieux une minute. Je lève la tête et je vois les yeux bleus de Jacob qui scrutent mon visage.

— Ma question va peut-être te paraître étrange, dit-il, mais je me demandais… Qu'est-ce que ça fait de dédier sa vie entière à une seule et unique chose ? Il faut vraiment avoir le feu sacré.

— Bah, la seule façon de réussir, c'est de se vouer corps et âme à ce qu'on a choisi de faire. C'est un peu comme se préparer pour les jeux Olympiques, sauf que là c'est chaque jour de notre vie.

— Un seul but… murmure-t-il, et il reste songeur un moment. Tu es comme le capitaine Achab de *Moby Dick*, mais sans le côté obsessionnel de la vengeance.

— Oh, merci.

Mentalement, je prends note du titre pour le mettre dans mes lectures prioritaires.

— Son objectif unique, tuer la baleine blanche, le rend fou et il finit par se tuer et tuer presque tout son équipage, explique Jacob.

— Ah, super. Effectivement, ça colle tout à fait avec le genre de personne que je rêve de devenir.

Il rit et me serre un peu plus contre lui.

— Mais tu sais, je ne fais pas que danser. Je veux dire, je…

Et là, je suis perdue. Qu'est-ce que je fais d'autre de façon régulière ? Rien ne me vient, sinon l'écriture dans mon journal intime. Je ramasse une feuille morte sur le parapet et la déchire en morceaux.

— Peu importe. Je suis peut-être Achab, après tout.

Jacob frotte ses mains à plat contre mon dos, en petits mouvements circulaires. Après quelques secondes, il se tourne vers moi et me sourit.

— Je te trouve beaucoup plus séduisante qu'Achab.

Je ris et lui décoche un coup de poing dans le bras. Un coup léger, mais pas trop quand même.

— Tu as faim ? demande-t-il.

— Je meurs de faim.

Je coince mon bras au creux du sien et nous reprenons l'ascenseur. Nous traversons les salles où sont exposées des toiles de grands maîtres. Je lui en désigne une de Goya que j'aime beaucoup. Il me répond qu'il adore Le Greco.

— Ne le prends pas mal, dit-il alors que nous approchons du hall d'entrée, mais le monde du ballet a presque des airs de secte religieuse.

— Qu'est-ce que tu entends par là ?

Il a un sourire hésitant.

— Eh bien, quand on y réfléchit…

— Quoi ? Simplement parce qu'on est astreint à un certain comportement, et parce qu'on respecte des règles et des horaires stricts ? Enfin quoi, c'est juste une question de *discipline*…

Je baisse les yeux sur la pointe de mes chaussures, mais après quelques pas, je m'arrête et je redresse la tête.

— Mais c'est vrai qu'Otto règne un peu sur nous, d'une certaine façon. Sa parole détermine en grande partie le cours de notre vie. Et nous ne pouvons jamais remettre en question ce qu'il décide. Je crois même que personne ne s'est jamais adressé à lui. Alors peut-être que tu n'as pas complètement tort.

— Je ne le disais pas pour être négatif, se défend Jacob.

— Oh, tu le disais pour être positif ? C'est vrai que les sectes ont une réputation excellente. Bah, peu importe. Si nous sommes une secte, nous sommes une secte d'une haute élévation d'esprit, et très artistique.

Il sourit de ma boutade.

— Vous formez une secte *extraordinaire*, dit-il en me menant au bas des marches du Met.

Nous marchons vers l'est jusqu'à Lexington Avenue pour prendre la ligne 6. Le wagon de métro est plein à craquer, et nous sommes séparés par le flot des gens. Je me retrouve coincée entre un promeneur et un sac à dos rebondi, tandis que Jacob est face à moi, plaqué contre la porte. L'espace de quelques secondes, je souhaiterais qu'il soit un peu plus comme Matt, qui ne prendrait jamais rien d'autre qu'un taxi, ou peut-être une limousine. Et puis, Jacob me sourit et une vague d'enthousiasme me submerge. Pendant que le métro nous emporte en crissant le long des rails, vers l'East Village, j'ai l'impression qu'Otto et le Manhattan Ballet sont très loin. Je me sens libre et légère – bien qu'un peu comprimée.

Nous descendons à Bleecker Street et nous rejoignons à pied un charmant petit restaurant italien situé sur la 2e Rue.

— C'est un de mes préférés, dit Jacob. *Il Posto Accanto.* Ce qui signifie : « L'Endroit Suivant ».

La salle est de dimensions réduites, et faiblement éclairée par la lueur tremblotante des bougies. Un énorme bouquet de fleurs est posé sur le comptoir à côté de plateaux d'antipasti colorés. Sur le mur du fond, un long miroir nous renvoie nos reflets, et je remarque que j'ai le nez rougi par le froid.

— Au fait, j'ai rejoué *Chez Gene* la semaine dernière, dit-il pendant qu'il tire ma chaise pour que je m'attable.

— Et tu as chanté sur les gaufres ?

Il feint l'indignation.

— En fait, j'ai entamé une nouvelle série de compositions qui n'ont aucun rapport avec le petit déjeuner. Tout est sur… (Il s'interrompt, comme s'il hésitait à me le révéler.) Sur les rêves. Ça a l'air un peu bateau, mais ça ne l'est pas, parole.

Il me dévisage avec une expression d'espoir, d'attente. Mon opinion aurait de l'importance ? Ce n'est pas une expression à laquelle je suis habituée.

— Ça a l'air super, lui dis-je. Je suis impatiente de les entendre.

Heureusement, il ne fait aucune réflexion sur le concert au *Pete's Candy Store* que j'ai raté, ni sur la dizaine d'autres invitations qu'il m'a envoyées et que je n'ai pas honorées.

Une jolie serveuse avec un serpent tatoué sur le poignet nous apporte les menus, et je passe en revue les options qui s'offrent à moi. Zoe m'a donné les instructions appropriées à un premier rendez-vous au restaurant : « Choisis quelque chose qui ne te fera pas passer pour une enfant sauvage élevée par les loups, » a-t-elle recommandé. « Par exemple, fais une croix sur les spaghettis. » Sur le moment, le conseil m'a semblé judicieux, mais je me rends compte qu'avec Jacob je n'ai vraiment pas à m'en faire. Je commande donc bravement des fettucini au saumon.

Jacob demande un risotto aux porcini avant de s'adresser à moi :

— Et… j'ai écrit une chanson pour toi.

Immédiatement, je me sens rougir et je baisse les yeux. J'ai toujours rêvé que quelqu'un écrive une chanson pour moi. (Trouvez-moi une fille qui n'est pas dans ce cas !)

— Vraiment ? dis-je dans une sorte de murmure, parce qu'une part de moi-même ne croit pas qu'il soit sérieux. C'est quoi, le titre ?

C'est au tour de Jacob de rougir.

— *La Fille en tutu.*

Il regarde par la fenêtre et se tord nerveusement les mains.

Je meurs d'envie d'entendre sa chanson. Je veux tendre le bras et lui prendre la main, mais la timidité me paralyse. Je finis quand même par retrouver l'usage de la parole :

— J'aime beaucoup.

Il se tourne vers moi en souriant.

— Mais tu ne l'as pas encore entendue.

— Eh bien, j'ai très envie de l'entendre, évidemment. (Ma gorge est tellement sèche que je bois une gorgée de vin.) Mais jusque-là, j'aime beaucoup.

— Content que ça te plaise.

— Tu pourrais m'en chanter un passage maintenant, dis-je parce que je veux absolument savoir ce qu'il raconte sur moi.

— Seulement si tu danses un peu pour moi, répond-il.

Je secoue la tête avec véhémence.

— Jamais. Seulement si tu es dans le public de l'Avery Center.

Je dis ça parce que, d'abord, à la différence du chant, le ballet ne peut pas s'effectuer très facilement à une table de restaurant. Et puis je préfère quand mon public m'est invisible.

— Seulement si tu es en tutu, tu veux dire? demande-t-il.

— Quelque chose comme ça, oui…

Son attention est momentanément distraite quand la serveuse apporte des spaghettis à la table voisine.

— Je t'ai déjà parlé de Paulo? dit-il subitement. C'est à cause des spaghettis.

Je fais « non » de la tête.

Et il commence à m'en raconter plus sur les cours de soutien qu'il donne après l'école dans Spanish Harlem, et sur un garçon, ce fameux Paulo, qui le suit partout comme un chiot. Paulo se fourre toujours dans les ennuis, pour une raison ou une autre, et il semble prendre un grand plaisir à être une source de chaos.

— Une fois, raconte Jacob, il a sorti un spaghetti qu'il avait gardé du déjeuner et il l'a fait complètement passer par une narine.

— Beurk !

Jacob lève une main.

— Attends, le meilleur reste à venir. Je ne sais trop comment, mais il a réussi à en faire sortir une extrémité par une narine, et l'autre par la bouche, et il s'est carrément gargarisé avec le reste.

J'ai un petit rire qui tient plus du reniflement rauque. Embarrassée, je regarde autour de moi comme si je n'étais pas la personne qui a produit ce son.

— Qu'est-ce que c'était ? s'enquiert malicieusement Jacob. Je ne pensais pas que tu étais du genre renifleur.

Et il se penche en avant pour me chatouiller.

— Je ne sais pas de quoi tu veux parler, dis-je, l'air offusquée. C'était le type derrière moi !

Très vite j'essaie désespérément de réprimer mon envie de rire en me tortillant pour échapper à ses mains. Il finit par abandonner, et je peux reprendre mon souffle et me détendre sur mon siège. Nos regards se croisent. Soudain, il se penche sur la table, enferme mon visage entre ses mains et approche le sien.

J'ai le temps de penser : *Il va m'embrasser.* J'éprouve une attraction physique, presque magnétique vers lui. Je ferme les yeux. Passe une délicieuse milliseconde d'attente, et nos lèvres se touchent. Je sens la caresse surprenante de sa bouche. Un afflux d'énergie déferle dans tout mon corps, j'ai chaud et froid tout à la fois, comme sous l'effet d'une fièvre instantanée, mais la sensation est d'une douceur indescriptible.

Après un moment, Jacob rompt le contact et se rassied. Ses yeux bleus brillent.

Je veux qu'il m'embrasse encore, mais la serveuse se présente à notre table. Rien dans son attitude ne trahit la moindre réaction à notre démonstration affective. J'imagine qu'elle a déjà vu bien pire.

— Le pain, annonce-t-elle.

Après avoir déposé entre nous le petit panier empli de focaccia fumante aromatisée au romarin, elle tourne les talons et s'éloigne.

Je contemple le pain. Subitement, je n'ai plus du tout faim. Je veux seulement que Jacob m'embrasse encore.

XV

— Tu crois que le body de Zoe est assez fluo ? chuchote Bea alors qu'elle s'efforce de lisser quelques mèches indisciplinées. On dirait qu'il a été passé au Stabilo.

— C'est parce que Tu-sais-qui donne le cours aujourd'hui.

Quand Otto est aux commandes, chacune d'entre nous – et nous sommes une centaine – veut se faire remarquer. C'est à qui dénichera le meilleur endroit : qui peut se placer directement dans la ligne de mire d'Otto, et qui sera reléguée au fond, silhouette à peine visible qui bat des bras pour attirer l'attention. Daisy se tient près du piano, là où le professeur a l'habitude de montrer les mouvements, et Zoe est à côté de Lottie dont le mollet est guéri. Tout le monde adopte la tenue collants-body en présence d'Otto. Il appelle tout vêtement supplémentaire « une ânerie ».

À dix heures trente, nous sommes toutes à nos places le long de la barre. Je suis quelque part au milieu, à côté de Bea qui a arrangé ses cheveux en macarons, comme la princesse Leia. Cette coiffure lui va très bien.

Malgré sa claudication, Otto dégage une grâce féline et une malveillance subtile. Il porte un jean serré et une chemise bouffante à col boutonné, comme à son habitude. De même, il tient en main sa sempiternelle bouteille d'Évian. Je ne l'ai jamais vu sans. Il doit boire encore plus d'eau que Daisy.

Moins de quinze minutes après le début du cours, la sueur coule sur ma poitrine et trempe mon body rose pâle. Les muscles de mon dos me brûlent, et un élancement commence à envahir mes jambes. Bea fronce les sourcils tant elle est concentrée sur l'enchaînement à exécuter.

— N'y pensez pas, faites-le, aboie Otto.

Il ne veut pas que nous réfléchissions trop à la chorégraphie, parce qu'il est parfois plus efficace de se jeter à l'eau. Mais aujourd'hui, j'ai mal aux muscles, et je suis extrêmement consciente de ses déplacements dans la salle tandis qu'il inspecte notre alignement et jauge notre application. Serait-il en train de préparer la distribution pour un nouveau ballet ? Ou cherche-t-il des éléments dont il veut se débarrasser ? Qui retient son attention ? Qui obtient son approbation ?

Je décide de faire le maximum pour me distinguer de cette horde de corps aux mouvements synchronisés. Pour la partie centrale, je me place devant, là où Daisy et Zoe se mettent généralement. Je sens les regards qu'elles me lancent, mais je les ignore. Pendant l'adage, je crée une résistance entre mes membres et je contrôle chaque fibre musculaire en passant du développé à l'arabesque. Lorsque vient la promenade, je regarde au-delà de la pointe de mes doigts et du brouillard coloré des danseuses qui m'épient. Pour le grand allégro qui nous fait parcourir toute la salle, j'étire mes mouvements et je fais de mon mieux pour sauter plus haut et plus loin que les filles, mais aussi que les garçons.

Je ne peux qu'espérer avoir capté l'œil d'Otto.

Je dispose de cinq minutes pour avaler une banane et changer de chaussons avant la répétition du *Pas de Trois*. J'ai encore la respiration heurtée quand j'entre dans l'atelier. Zoe effectue déjà les enchaînements de la chorégraphie (elle est toujours la première au travail, ces derniers temps), et Daisy boit de petites gorgées à sa bouteille d'eau tout en faisant rouler son mollet sur une balle de tennis. J'ôte mon survêtement au moment où Annabelle Hayes apparaît et va poser son café sur le piano. Nous nous dépêchons toutes trois de nous mettre en formation. Lors de la dernière répétition pour ce ballet, j'ai été placée au centre, avec Zoe et Daisy de chaque côté. Elles n'ont rien dit, mais elles en ont déduit que j'étais la danseuse préférée, je l'ai bien vu.

— Commençons au début, dit Annabelle.

Elle jette un regard autoritaire au pianiste et va se camper à l'avant de la salle.

Daisy et Zoe effectuent un tombé en arabesque qui les éloigne de moi tandis que j'exécute une arabesque en avant. Annabelle frappe dans ses mains pour arrêter le pianiste.

— Terrible, les filles ! Vous ne vous regardez pas, lâche-t-elle, visage fermé.

Elle a un geste pour le pianiste, un autre pour nous.

— Encore.

« Terrible » ne signifie rien, ce n'est qu'un adjectif. Je l'ai déjà entendu, et je le réentendrai souvent avant la fin de la saison. Mais « encore » est un ordre qui exige une seule réaction, l'obéissance absolue.

Nous reprenons nos positions, et le pianiste recommence. Cette fois, j'essaie d'être plus en phase avec les deux autres.

Annabelle a un hochement de tête, mais elle garde la mine sombre. Elle a été danseuse dans un corps de ballet pendant de nombreuses années, et elle sait à quel point c'est dur. En dépit du temps de répétition limité, elle s'efforce de nous préparer du mieux qu'elle peut en s'assurant que nous connaissons la chorégraphie et les décomptes, et en nous faisant effectuer les ballets encore et encore afin que nous ayons assez de résistance pour la représentation.

— Bon, c'est mieux, déclare-t-elle quand nous avons fini. J'aimerais que nous recommencions depuis le début, mais cette fois dos au miroir.

Je crois entendre Daisy soupirer.

Alors que nous nous lançons dans le premier enchaînement, je me rends compte de ma fatigue. Mes jambes sont lourdes, et il me semble ne pas pouvoir aspirer assez d'air.

— D'accord, les filles. Cinq minutes de pause, décrète Annabelle, et nous poussons toutes un soupir de soulagement.

Je sors dans le couloir pour reprendre mon souffle. J'ai l'impression que mes jambes sont en gelée. Jonathan passe et me salue d'un petit signe. Je lève deux doigts en réponse, c'est le mieux que je puisse faire. J'essuie la sueur à mon cou avec une serviette et je m'appuie quelques secondes contre les parpaings frais du mur.

Zoe passe la tête par l'entrebâillement de la porte.

— Ça va, dehors ? Annabelle veut que nous fassions le final.

J'ai un sourire crispé.

— Ça va, dis-je. Je suis prête.

Et je ne sais trop comment, je vais jusqu'au bout de la répétition.

Nous avons fini et nous ramassons nos affaires pour partir quand Annabelle m'appelle :

— Hannah, je pourrais te parler une minute ?

Ce n'est pas vraiment une question. Et c'est rarement bon signe d'être apostrophé par un maître de ballet. Je m'approche donc avec méfiance, en m'essuyant la gorge avec le bas de mon pull. J'ai quand même le faible espoir qu'elle ait remarqué combien j'ai travaillé dur. Peut-être va-t-elle me faire un de ses très rares compliments ?

Petite et frêle comme un moineau, avec sa coupe au carré sévère, Annabelle pose une main sur les touches blanches du piano et en tire trois notes aiguës et atonales, *plink plink plink*. Elle braque son nez fin et pointu sur moi. Elle est aussi menue et sèche qu'un chardon.

— Hannah, dit-elle, tu as pris du poids. Il faut faire quelque chose.

Plink. Le piano vient ponctuer sa remarque.

Puis le silence s'abat sur la salle. Je suis plantée là, stupéfaite et horrifiée. Par-dessus la tête d'Annabelle, j'aperçois mon reflet dans le miroir. Il faut que je me maîtrise pour ne pas mettre les mains sur mes hanches ou en recouvrir mes seins.

— Avant qu'Otto dise quoi que ce soit, poursuit-elle, tu dois perdre de la poitrine.

— Quoi ? dis-je, et c'est à peine un murmure.

— Je ne veux pas qu'il te retire de *L'Élan*, explique-t-elle.

Lèvres pincées, elle attend ma réponse.

L'Élan est un ballet réputé et impitoyablement révélateur qu'on danse en body blanc et collants roses. Nous avons déjà commencé à le répéter.

Voyant que je reste sans voix, Annabelle reprend la parole :

— Et si j'étais toi, j'envisagerais de porter un sous-vêtement.

— Un sous-vêtement…

La gêne a mis mes joues en feu. Dans le mur de miroirs, soudain, mon reflet n'est plus que courbes et mollesse.

Annabelle acquiesce sèchement et chasse la frange de sa coupe d'une main rapide. Elle fait allusion à un soutien-gorge, bien sûr, quelque chose dont aucune danseuse ne devrait jamais avoir besoin.

— Oui, un *sous-vêtement*. Quelque chose pour comprimer… dit-elle en désignant sa propre poitrine inexistante. Tu m'as comprise.

Elle ramasse son sac, me gratifie d'un dernier hochement de tête et sort de la salle.

Après son départ, je détecte encore dans l'air des traces de son parfum. Il me rappelle les sachets de lavande que ma mère met dans l'armoire à linge, et l'odeur familière fait flageoler mes jambes tant me manque tout ce qui va avec. C'est comme si on venait de me donner un coup de poing dans le ventre.

Encore étourdie, je finis par quitter la salle. Si quelqu'un me demande ce qui ne va pas, je vais fondre en larmes, c'est pourquoi j'évite les vestiaires et je prends l'ascenseur pour descendre au sous-sol, où se trouve la costumerie. Un rideau en tissu affreux tient lieu de porte. On dirait que quelqu'un a abattu au fusil un canapé des années 70 et a accroché sa dépouille pour la faire sécher. Je le repousse en hâte et je jette un coup d'œil à l'intérieur. Je vois Bernadette, une des trois costumières, et j'ai le sentiment de pouvoir enfin me remettre à respirer. Elle a toujours été très gentille avec moi, exactement le contraire d'Helga, l'habilleuse. *Elle saura quoi faire,* me dis-je.

— Euh, m'dame, j'ai besoin de votre aide.

Ma voix chevrote un peu.

Bernadette, le visage rond et avenant sous une perruque orangée placée légèrement de travers, lève les yeux du corset d'un costume. Elle est en train de coudre un passepoil noir sur le satin marron. Une pile de tulle gît à ses pieds.

— Tout ce que tu veux, ma chérie.

Sa voix est chaude, maternelle.

Je m'approche d'elle et lui murmure à l'oreille :

— Vous auriez un moyen de me faire paraître plus plate ?

Je pointe l'index sur ma poitrine, et la chaleur envahit mes joues de nouveau.

Bernadette a un sourire apaisant.

— Oh, ma chérie, mais je peux faire mieux que ça. Je vais créer quelque chose de spécial rien que pour toi. Un…

Elle aussi semble avoir du mal à prononcer le mot *soutien-gorge*. Une fois encore, je suis au bord des larmes. Mais je réussis à sourire et j'effleure de la main son épaule dodue.

— Vraiment ? Je suis tellement soulagée… Je vous paierai, vous savez.

Elle repousse mon offre d'un geste de la main.

— Ce sera un plaisir pour moi, dit-elle.

DANS L'INTIMITÉ DE mon appartement cette nuit-là, j'examine mon corps dans le miroir en pied accroché à la porte de ma chambre. À l'exception de mes seins, mon corps est ferme, dynamique, et même dur au toucher.

Pour n'importe qui de l'extérieur, pour n'importe quel *piéton*, je dois sembler mince et svelte, sans un gramme de graisse. Mais dans le monde du Manhattan Ballet, ma silhouette est apparemment inacceptable. Elle est même tellement repoussante, en fait, qu'Otto m'interdirait de me produire afin d'éviter au public de me voir en body blanc.

Amère, je m'écroule sur mon lit.

Après quelques minutes passées à ruminer, je prends mon téléphone et j'appelle Bea, qui ne répond pas. Je gémis alors :

— Bea, où es-tu ? Rappelle-moi… Euh, et puis non, il est tard, ce n'est pas la peine. On se voit demain.

Je roule sur le ventre et j'enfouis mon visage dans l'oreiller. Je sais que les standards corporels du Manhattan Ballet sont très stricts, mais jamais je n'aurais cru être écartée parce que j'ai une ombre de poitrine qui se dessine. Enfin quoi, il faut bien que je passe par la puberté : c'est une nécessité biologique !

Mais la *raison* de cette transformation n'intéresse pas Otto. Tout ce qui compte pour lui, c'est le *résultat*.

Est-ce que je dois me mettre au régime ? Ce n'est pas comme si je mangeais des sucreries toute la journée. Je me cantonne à de petits repas constitués de produits hautement énergétiques et très protéinés, et je bois des litres et des litres d'eau. Qu'est-ce que je pourrais supprimer ?

Je ne le sais pas, mais il va falloir que je trouve une solution, parce que la première de *L'Élan* aura lieu dans une semaine et demie.

XVI

— C'EST TOUJOURS LES mêmes vieux trucs, peste Bea, et elle lance ses jambières dans son casier.

— Raconte, dis-je.

Nous sommes en février et Sammy Gordon, le directeur artistique du Manhattan Ballet vient de révéler le casting pour la prochaine saison d'hiver. Nous dansons toutes les mêmes rôles que depuis trois ans, avec les débutantes et les premières années du corps de ballet.

Mon estomac gargouille, et je m'accorde une bouchée énorme de ma pomme. J'ai sauté le petit déjeuner et, pendant la répétition de *La Mer*, je me suis mise à trembler.

— Qu'est-ce que je dois faire pour qu'ils me remarquent ? gémit Bea, son visage blanc de colère. Est-ce qu'il faut que je porte des guirlandes au néon autour de mes poignets et de mes chevilles ?

Pour ma part, même si je me sens démoralisée, j'essaie de prendre la chose avec philosophie.

— Bah, il y a toujours d'autres rôles plus tard dans la saison, dis-je. Ils afficheront un autre casting dans une semaine ou deux.

Bea grimace et tortille ses cheveux en deux nattes à la Fifi Brindacier.

— Tu as sûrement raison. Mais quand même. Pourquoi est-ce que je danse avec Daisy ? Sans vouloir te vexer, Daze.

Daisy réfléchit au problème une poignée de secondes avant de donner son avis :

— Je sais que je suis jeune, mais je veux de meilleurs rôles, moi aussi, tu sais.

Elle fouille dans son sac à dos et en sort un paquet de Doritos qu'elle serre dans son petit poing. Elle fusille du regard les informations nutritionnelles sur l'emballage et lève les yeux vers nous.

— Je vais appeler le Dr Shapiro.

Elle sort et la porte se referme derrière elle.

Je me lève d'un coup et je viens me planter face à Bea.

— Est-ce que je donne l'impression d'avoir grossi ?

— Tu es folle ou quoi ? répond Bea en fixant une natte avec un élastique. Tu es magnifique, Hannah.

Du bout des orteils, je lui touche le genou.

— Tu ne me regardes même pas.

Elle lève vers moi un visage souriant.

— D'accord, maintenant c'est fait.

— Écoute, Annabelle a dit qu'Otto risquait de me retirer de la distribution de *L'Élan* si je ne me débrouillais pas pour avoir moins de poitrine. C'est pour ça que je t'ai appelée la nuit dernière.

Le simple aveu de ce secret me donne envie de pleurer.

— C'est ridicule ! s'écrie Bea.

Et je lui fais signe de parler moins fort, même s'il n'y a personne d'autre dans la pièce. Elle continue plus posément :

— Ce n'est pas comme si tu étais une gogo-dancer ou je ne sais quoi.

Elle a raison, évidemment : je suis très loin de mériter la qualification de grosse. Mais toutes mes amies sont assez minces pour porter des bustiers tubes ou des brassières, et moi j'ai soudain besoin d'un système spécial pour comprimer mes seins contre ma cage thoracique.

J'arrache l'élastique qui maintient ma queue de cheval et je le lance sur la table.

— Elle m'a dit que je devais perdre du poids au niveau des seins ! Comment est-ce physiquement possible ? Oh, oui, bien sûr, il me suffira de diriger les calories comme un agent de la circulation vers mes extrémités et les chasser de ma poitrine ?

Les larmes se mettent à couler sur mes joues.

— Bon, tu as quand même pris des courbes, depuis quelque temps, dit Zoe qui vient d'apparaître à l'entrée des vestiaires.

Elle tient un paquet de cigarettes dans une main et un Coca light dans l'autre.

— Merci mille fois, Zoe, dis-je. Ton soutien signifie beaucoup pour moi.

Je déteste l'idée qu'elle ait entendu ce qui a précédé.

— Tu devrais essayer de supprimer le blé de ton alimentation, dit-elle. Ou te mettre à fumer. Je monte sur le toit. Tu veux venir ? Ou toi, Bea ?

Nous déclinons toutes deux d'un signe de tête.

— Pas question, dit Bea.

Une fois Zoe partie, je me tourne vers mon amie :

— Sérieusement, tu trouves que j'ai grossi ?

— Ne sois pas ridicule ! Tu as une silhouette magnifique.

Après un moment, elle prend le numéro de *Life & Style Weekly* que Daisy a laissé sur sa chaise.

— Oh, quelle horreur. Britney a encore commis une erreur vestimentaire vraiment tragique…

J'ai envie de la serrer dans mes bras et de lui décocher un coup de pied en même temps, parce qu'elle tente d'alléger mon humeur et parce qu'elle me ment.

Quelques jours plus tard, je trouve un petit sac en papier kraft à ma place dans les loges. À l'intérieur, je découvre un soutien-gorge fait d'un tissu épais et très dense. Je l'emporte dans la salle de bain avec moi, parce que je ne veux pas que les autres sachent que j'ai besoin d'une telle chose.

La porte en face de moi est le Mur des chirurgies esthétiques ratées, de Daisy, où sont scotchées des dizaines de photos de célébrités d'Hollywood, chacune d'entre elles essayant d'avoir une poitrine plus volumineuse que la précédente. L'ironie de ma propre situation ne m'échappe pas. Je toise Heidi Montag d'un regard incendiaire pendant que j'enfile le soutien-gorge et que je remets mon body.

De retour dans les vestiaires, je me tiens devant le miroir. Le soutien-gorge est parfait. Quasiment invisible sous ma tenue de travail, il maintient mes seins pressés contre mon torse. Je ne semble pas *plate*, mais quand même *plus plate*. Je pourrai le porter pendant les cours et les répétitions, et sous mes costumes tant qu'on ne le verra pas. Avec un soupir de soulagement, je me laisse choir sur ma chaise.

Le téléphone sonne à cet instant précis.

— Alors, prête pour aller voir ce film de Fellini demain ? demande Jacob. J'ai travaillé mes verbes italiens.

Mon cœur fait un bond au son de sa voix… et retombe quand je me rends compte de ce que je dois lui annoncer.

— Jacob, je ne peux plus me permettre ces soirées, dis-je. Je suis vraiment désolée. Mais c'est redevenu dingue, ici.

Parce qu'il faut que ma poitrine perde du poids. Et puis j'ai cette image folle d'une paire de seins tressautant sur un tapis de jogging, ce qui me fait presque rire avant de me replonger dans la déprime l'instant suivant.

— Tu sais, tu me donnes l'impression d'être rejeté, commente Jacob.

Le ton se veut léger, mais je sens qu'il est dérouté.

Je coince le téléphone entre ma joue et mon épaule pendant que je cherche ma bouteille d'eau dans les tréfonds de mon sac de danse.

— Il faut que je prépare le prochain ballet. C'est une étape importante.

Je ne peux pas lui expliquer la nécessité soudaine pour moi de reprendre le Pilates et le yoga Bikram durant mon temps de repos, et de passer une heure sur un vélo elliptique à la salle de gym avant la représentation de ce soir, parce que j'aurais l'air d'être un cas pathologique. En particulier pour un garçon dont les seuls engagements réels sont quatre cours par semaine et un boulot d'aide scolaire à temps partiel.

— D'accord, je sais saisir une allusion, dit-il.

— Ça n'a vraiment rien à voir avec toi, dis-je avec sincérité. Il n'y a aucune allusion.

Je trouve enfin ma bouteille d'eau et je bois une gorgée. De mon autre main, je serre fortement le téléphone, comme si en extrayant toute vie de l'appareil je parviendrais à faire comprendre à Jacob pourquoi je dis ce que je dis. Et je ne veux pas avoir cette pensée, pourtant elle me vient : *Si je sortais avec un autre danseur, il n'y aurait pas de problème. Ou* – et là c'est la voix de Zoe que j'entends – *si tu sortais avec Matt.*

— Je croyais que nous avions passé de bons moments ensemble l'autre semaine. Ça veut dire quoi, ces signes contradictoires ?

— Tu crois que je *veux* te faire faux bond ? Parce qu'en réalité, c'est très dur pour moi aussi !

— Ouais, raille-t-il, je sens bien que tu es déchirée.

— Je le suis ! Lâche-moi un peu, tu veux bien ?

— Mes amis m'ont dit que je devrais te laisser tomber, et je commence à penser qu'ils n'ont peut-être pas tort. Peut-être que je devrais me chercher une fille de l'université. Quelqu'un qui a plus de temps…

— Écoute, Jacob, dans une semaine ou deux les choses vont ralentir un peu ici, lui dis-je. Alors nous pourrons nous voir. Nous irons voir *Huit et demi* ou n'importe quel autre film de Fellini que tu voudras.

— D'accord, d'accord…

Mais il a toujours l'air irrité, et je comprends pourquoi.

À sa place, je serais irritée, moi aussi.

XVII

PENDANT LA PAUSE de l'après-midi, je prends l'ascenseur pour descendre sur la scène plongée dans la pénombre : je veux récupérer le pull que j'y ai laissé à la fin de la répétition. Je suis pressée, et c'est tout juste si je remarque Mai sur le devant de la scène, dans son body lacé blanc et une jupe gris clair en mousseline de soie, qui fait décrire à ses bras un arc gracieux.

Mai est la rock star du Manhattan Ballet. Pas la *star*, mais bien la *rock star* : elle possède ce charisme animal, cette intensité. Elle a aussi les cheveux les plus longs et les plus noirs qu'il m'ait été donné de voir, et si vous la croisiez dans la rue, vous pourriez croire que c'est une gamine de douze ans dont la mère déteste les salons de coiffure. Sur scène, elle est absolument éblouissante. Lumineuse. Sa peau pâle semble presque luire sous les projecteurs.

Mai est d'une maigreur incroyable, et Otto se réfère à elle comme modèle pour le corps idéal d'une ballerine. J'ai entendu raconter qu'elle ne mange qu'une fois par jour, et seulement des produits très pauvres en graisse. À la regarder, je peux croire les rumeurs, même si je n'en ai pas envie.

Je l'observe tandis qu'elle commence à danser. Elle doit penser qu'elle est seule. Elle lève les bras et tombe après un tour. Cela lui arrive souvent, en ce moment. Elle est négligente mais sans aucune peur, et je l'admire pour cette bravoure. Après tout, il m'arrive d'être effrayée par à peu près n'importe quoi. C'est sans doute pourquoi j'ai toujours redouté d'enfreindre une règle. Pour moi, il a toujours été plus facile de faire exactement ce qu'on m'ordonnait.

J'entends un bruit derrière moi et, quand je me retourne, je vois Zoe qui approche avec deux grands gobelets de café fumant dans les mains.

Avec un sourire, elle m'en tend un.

— Jonathan est passé en coup de vent au *Starbucks*, et je lui ai demandé de nous ramener ça.

— Merci.

Je bois une gorgée avec reconnaissance. Je ne sais pas si une seule d'entre nous pourrait tenir sans caféine.

— Qu'est-ce que Mai fabrique ? demande Zoe en plissant son nez retroussé.

Mai enchaîne une séquence compliquée de fouettés.

— Le solo du *Pas de Deux* de Tchaïkovski, on dirait.

— Elle me fait penser à une nouille trop cuite, toute molle.

Je souris.

— Elle est bien mieux que ça, et tu le sais.

Zoe soupire.

après-rasages. Il aime porter des shorts minuscules qui mettent en valeur la musculature de ses jambes. Bea me lance un clin d'œil et arque un sourcil en guise d'interrogation muette. Je pointe le doigt sur elle et j'articule : *Il est tout à toi !* Bea rougit et se met dans la position du lotus. Elle refuse de me regarder ou de regarder Taylor tant que le cours n'a pas débuté.

Après dix minutes consacrées à se tordre et se courber dans des positions apparemment impossibles, la sueur coule dans mon dos et sur mes jambes, pour finir par mouiller le tapis. Taylor déambule dans la salle et distribue des encouragements amicaux (« Respirez à travers la souffrance : ça vous rendra plus fort ») et des préceptes de philosophie yoga incompréhensibles (« Souvenez-vous, l'effet du tourniquet accentue la circulation sanguine et ouvre à de nouveaux chemins de pensée et de conscience »). À la fin du cours, j'ai presque la nausée tant je suis exténuée.

— J'ai l'impression d'avoir été essorée, dis-je à Bea alors que nous prenons une douche. Comme une vieille serviette.

— En tout cas, tu sens comme une vieille serviette, réplique-t-elle en riant.

Elle est aussi rouge qu'une betterave, alors que ma peau est devenue très pâle, avec des taches. Mais je sais que c'est bon pour moi. Encore quelques semaines à ce rythme, c'est tout ce qu'il me faut.

Cette nuit-là, je m'endors sur mon canapé et je rêve qu'Otto s'avance vers moi, un couteau à la main. Il m'annonce d'un ton posé et froid qu'il va me couper les seins. « Tu danseras beaucoup mieux sans eux » murmure-t-il. Il éteint la lumière, mais je vois toujours l'éclat de la lame alors qu'il approche. Je me réveille trempée de sueur.

Le lendemain, avant le cours de la compagnie, je retourne au club de gym et je fais deux fois mon programme. Le système de calcul de la salle m'affirme que j'ai perdu un kilo.

XVIII

— Je peux prendre une photo ? demande Matilda, la fille de Harry.

Elle brandit un appareil numérique rose couvert d'autocollants et le braque sur moi.

Comme il me reste encore quelques minutes avant de danser *Sans rime ni raison*, je m'arrête alors que j'étais en chemin pour les coulisses.

— Bien sûr. Et si tu en prenais une de moi avec ton papa ?

Harry sort de l'ombre et tend la main vers l'appareil.

— Encore mieux, une de Mattie avec Hannah ?

La fillette acquiesce sans un mot et enjambe délicatement un tas de cordes pour se placer à côté de moi. Puis sa petite main chaude s'immisce dans la mienne, et nous posons ensemble pendant que son père prend la photo. Mattie porte encore son tutu miteux et ses baskets. Je suis en body gris-bleu, avec une jupe en mousseline de soie.

— Magnifique, commente Harry. Tout bonnement magnifique. Mes deux ballerines.

— Merci, me murmure Matilda.

— De rien, dis-je sur le même mode.

J'entends l'introduction de mon morceau, aussi je les salue de la main et je me hâte de rejoindre les coulisses. Adriana y pianote de ses doigts osseux contre le mur pour suivre le décompte de son entrée. Elle passe sur scène et, quatre mesures plus tard, je la suis dans les lumières blanches.

Chorégraphié sur une musique de Chopin, *Rime* met en scène l'interaction entre l'ombre et la lumière. Les tenues du corps de ballet sont dans les tons gris, et les premiers rôles habillés d'un blanc éclatant, si bien qu'ils semblent briller sur l'arrière-plan sombre. L'éclairage nuancé accentue le dessin de nos muscles. Le piano égrène une mélodie mélancolique. J'imagine que c'est le crépuscule, quand les ombres encore douces s'allongent. Dans le corps de ballet, nous incarnons justement ces ombres, et les premiers danseurs, le soleil dont les rayons tardifs ricochent sur les maisons en éclats brillants et éphémères.

J'adore les ballets tels que *Rime*, ceux avec des costumes simples et presque pas de décors. J'aime cette sensation que mon corps est libre, comme si je me produisais au dehors, sous le ciel.

Le ballet fini, je m'attarde un peu en coulisse, pour reprendre mon souffle.

— Très joli, dit Harry qui passe avec Matilda dans ses bras. Vraiment très joli.

Je souris parce que j'ai vraiment apprécié la représentation. Peut-être à cause du Bikram, peut-être à cause du soutien-gorge, mais quelle importance ? Je me sens sûre de moi, forte, et c'est tout ce qui compte.

Harry fait halte et se retourne.

— J'aimerais bien te voir dans un solo bientôt, d'accord ?

Une autre distribution de rôles approche, et je me suis éreintée à me faire remarquer.

— Moi aussi, lui dis-je. Moi aussi.

MATT M'APPELLE LE lendemain matin, alors que je me prépare pour aller au théâtre.

— Je suis de retour ! déclare-t-il. J'étais en France. D'abord Paris, et ensuite la Normandie.

— Vous ne travaillez jamais ? dis-je en essayant de décrocher mon manteau et mon écharpe sans laisser tomber le portable.

Matt rit, mais cette hilarité sonne un peu creux.

— En fait, j'ai cherché des entreprises pour l'activité d'investissement de mon père. Donc oui, je travaille.

— Eh bien, bon retour. J'espère que c'était agréable. Vos livraisons de déjeuner m'ont manqué.

Il y a un signal de double appel, sans doute Zoe, pour que je n'oublie pas de lui rapporter le body que je lui ai emprunté, mais elle pourra toujours laisser un message.

— Vous avez lu Proust ? demande Matt.

Je ris tout en enfilant mes bottes. Si cet auteur figure bien sur ma liste d'ouvrages à lire, je n'ai pas vraiment de temps pour un roman de six cent cinquante pages.

— Non. Je n'ai même pas le temps de passer à l'épicerie.

— Eh bien, ne vous en veuillez pas. Très peu de gens l'ont lu. *À la Recherche du temps perdu* est un chef-d'œuvre, cependant, et Proust s'est pratiquement tué à l'écrire. Mais pour moi, ce n'est pas là l'intérêt du livre. Dans *Du côté de chez Swann*, qui est le premier volume, le narrateur tombe amoureux d'une femme simplement parce qu'un soir, il ne peut pas la trouver et qu'il ignore où elle est. C'est le plus vieux ressort du livre.

— Oh, vraiment ?

Je ne suis pas trop sûre de ce que Matt sous-entend en parlant ainsi de Proust, alors je cherche mes clés en silence, et j'attends qu'il continue.

— Je me suis dit que si je me rendais rare, mon charme naturel n'en deviendrait que plus apparent. Et… charmant.

Le ton est celui de l'autodérision, mais sans aucun excès.

— Stratégie intéressante, dis-je avec un petit rire.

Elle n'a pas vraiment fonctionné, mais j'ai entendu des théories pires sur la romance. Par exemple, la certitude de Jonathan qu'il pouvait conquérir le cœur du mignon blondinet Tommy Hatfield en affichant une totale indifférence envers lui. Je n'ai cessé de répéter à Jonathan qu'il devait au moins lui dire bonjour, mais il s'y est refusé, et maintenant Tommy sort avec Jude Forrester qui, si vous voulez mon avis, danse comme s'il était constipé.

— Et je vous ai parlé du dîner ? demande Matt.

Je me regarde une dernière fois dans le miroir avant de passer dans le couloir. Mes cheveux ont souffert pendant la nuit, mais puisque je vais les coiffer en chignon dès mon arrivée au théâtre, je suppose que ça n'a pas grande importance.

— Quel dîner ? dis-je.

— Je vous emmène dîner. Demain soir.

— Ah oui ? dis-je, prise au dépourvu. Et vous n'avez pas pensé à me demander si j'étais d'accord ?

Il rit.

— Je sais de quoi vous avez besoin, et ça vous fera respirer un peu. Je viendrai vous chercher à la sortie du théâtre, à onze heures.

— Je ne crois pas que je puisse…

— Si vous me dites que vous ne pouvez pas, c'est simple : je vous kidnappe.

Je peux sentir son sourire éblouissant dans sa voix. Il est tellement certain que je vais dire « oui »…

Et je me surprends à le dire. Les raisons pour lesquelles j'accepte ne sont pas très claires, et très franchement, je n'ai pas envie de les analyser. Parfois, vous voulez simplement dire « oui ». Comme le martèle Otto : « N'y pensez pas, faites-le. »

Et c'est ainsi que je me retrouve au *Per Se*, un des restaurants huppés de Manhattan, parée de ma robe *Marni* noire vintage et de mes chaussures à semelles compensées en cuir vernis *Mary Janes*. En face de moi, de l'autre côté de la table, Matt me verse du vin et me raconte que je m'entendrais à merveille avec son couple d'amis en France, parce que je suis un esprit libre comme eux. Il ajoute qu'il me voit très bien dans une Jaguar fonçant sur l'autoroute, mon écharpe voletant derrière moi, avec l'océan d'un côté et de l'autre un paysage de collines.

Bien que je ne veuille pas être impolie, je me dois de souligner que c'est là un cliché ridicule :

— J'ai vu cette scène dans au moins six films…

Je goûte le vin. Il a des arômes de poire et de miel, et je décide de vider mon verre aussi vite que possible. Peut-être que ça m'aidera à me détendre un peu.

— D'accord, dit-il en riant, donc d'après vous ce serait bien que je fasse un peu plus d'efforts pour vous impressionner ?

J'acquiesce, avec l'espoir de projeter dans mon attitude une assurance que je ne ressens pas entièrement.

— C'est probable. Quoique cette salade m'impressionne déjà.

Et c'est aussi bien, parce qu'elle coûte *quarante dollars*. D'après le menu, c'est un subric aux morilles de l'Oregon avec un émincé d'amandes vertes et de la roquette. Je ne connais pas la signification de la plupart de ces mots, mais l'ensemble est délicieux.

— J'aime le fait que vous soyez une des rares danseuses qui n'a pas peur de la nourriture, déclare Matt en tartinant du beurre importé de France sur une tranche de pain à la croûte épaisse.

Sa chemise blanche à col boutonné met en valeur un hâle sans doute cultivé sur une de ces merveilleuses plages d'Ibiza.

Je lui lance un regard sévère.

— Vous invitez beaucoup de danseuses à dîner ?

Il se racle la gorge et, pendant un court instant, paraît légèrement déstabilisé.

— Eh bien, je vais souvent aux réceptions de vacances. Vous savez, pour le ballet.

— Je plaisantais, dis-je. Vous devriez inviter au restaurant autant de danseuses que vous le pouvez. Nous autres pauvres filles vivons de chips et de thon en boîte.

Il s'esclaffe.

— Oh, mais c'est uniquement *vous* que je désire inviter.

Il me couve du regard pendant que je savoure ma salade, et il joue l'hôte prévenant : il emplit mon verre dès que celui-ci est vide, me demande si je veux plus de pain ou une autre bouteille de San Pellegrino. Et c'est bien agréable d'avoir quelqu'un qui s'occupe de moi pendant quelque temps. Matt entretient une conversation légère tout en attaquant son entrée, un pigeonneau, une poule d'eau naine ou une autre espèce de petit oiseau sans défense. Je m'efforce de ne pas voir la pauvre carcasse malmenée sur l'assiette en porcelaine immaculée.

— Vous aimeriez aussi sûrement cette petite ville du sud de la France, dit-il. On y profite d'une vue incroyable sur…

D'une certaine façon, ce qu'il raconte n'a guère d'importance, et il en est conscient. C'est comme s'il devinait que je suis épuisée par la représentation et que je n'ai pas trop la force d'entretenir la conversation. J'aimerais lui accorder le crédit d'une telle perspicacité, mais s'il est déjà sorti avec autant de danseuses que le prétend Daisy, alors il sait dans quel état nous sommes en fin de journée.

Et puis il est plus amusant que je le pensais, et il aime les livres. Il m'affirme être actuellement passionné par les écrits d'Hemingway. Il a lu *Le soleil se lève aussi* la semaine passée et *Pour qui sonne le glas* juste avant. Durant les week-ends, il se délasse avec P.G. Wodehouse, qui pour lui est un génie comique. J'inscris les noms dans mon carnet pour m'en souvenir la prochaine fois que je passerai dans une librairie, ce qui risque de ne pas se produire avant la relâche d'été.

— Quel est le dernier bon livre que vous ayez lu ? demande-t-il.

De ma fourchette, je transperce une feuille de trévise colorée.

— Eh bien, je suis sur *Frankenstein* depuis… août, par là. Est-ce que la lecture du magazine *People* compte ?

Je ne mentionne pas le fait que je viens de commander *Moby Dick* sur Amazon.

— Ce n'est donc pas comme si vous étiez illettrée. Et vous aimez griffonner dans ce petit carnet, remarque-t-il. Vous y notez quoi ? Je parie qu'il contient tout un tas de secrets croustillants.

Il fait mine de vouloir le prendre, et j'écarte le carnet d'un geste vif.

— Il faudra me marcher sur le corps !

Je le poignarderais avec mon couteau à beurre avant de le laisser y toucher.

Il sourit.

— Mais je veux juste apprendre à mieux vous connaître, dit-il, et une lueur amusée passe dans ses yeux.

Je hausse les épaules.

— Je suis sûre que vous saurez y parvenir par d'autres moyens.

Toujours souriant, il secoue doucement la tête.

— Oui, je suppose que je le pourrais. Peut-être que la semaine prochaine nous pourrions tester le *Marea Ristorante* ? On m'a dit que c'était sublime.

Tout en mangeant ma salade ridiculement onéreuse, je me demande si ça a un sens pour moi de me trouver avec quelqu'un comme Matt. Pas besoin d'explications alambiquées sur la raison pour laquelle j'ai annulé mes plans. Avec lui, je pourrais me plaindre de l'obsession que montre Jason Pite pour la libération du pelvis ou des enchaînements d'Otto pendant l'adage sans avoir à expliquer les termes de danse. Et j'aurais droit à un tas de dîners succulents, un tas de salades très raffinées.

Mais peut-être que je ne devrais pas me soucier de Matt ou de Jacob. La solitude pourrait constituer une solution plus facile. C'est très certainement ce que dirait Annabelle Hayes.

Je revois son visage étroit et pincé, sa petite bouche impitoyable. *Votre travail, ce n'est pas de vivre. Votre travail, c'est de danser.*

XIX

Deux semaines s'écoulent dans une frénésie de répétitions, représentations et cours de yoga. Je me pousse continuellement dans mes retranchements et, la nuit venue, dans mon lit, je m'imagine en train de danser des solos. Et je sais que je deviens plus forte : j'étais presque à l'article de la mort après le troisième mouvement du *Prélude*, et à présent, je peux danser le tout presque sans transpirer.

Arrivent les premiers jours de mars, et je vais consulter le nouveau casting qu'on vient d'afficher. J'ai du mal à y repérer mon nom. J'en ai le souffle coupé. On ne me demande pas d'apprendre un seul des solos de *La Belle au bois dormant* ou du *Faune*, le nouveau ballet d'Otto. En fait, mes attributions sont encore pires que celles de l'année précédente.

Et Zoe a décroché un solo dans le *Faune*.

Mes jambes encore tremblantes de la répétition du matin, je parcours les couloirs dans le brouillard de la désillusion.

— Allô, la Terre à Hannah ? plaisante Jonathan en agitant une main devant mon visage.

Je remarque qu'il a verni ses ongles d'une nuance de rose à peine perceptible.

— Hannah, je viens de te demander si tu voulais venir avec nous à l'épicerie fine.

Mais je baisse la tête et je ne m'arrête pas.

— C'est quoi, son problème ? dit Luke.

— Aucune idée, répond Adriana qui se penche vers lui et lui offre un baiser de ses fines lèvres rouges.

J'en déduis qu'ils sortent ensemble, à présent.

Jonathan ricane en entourant son cou de son écharpe.

— Elle souffre du syndrome prémenstruel, commente-t-il. Nous sommes réglés pareil, vous savez.

La plaisanterie ne m'arrache même pas un sourire.

Pendant un long moment, je reste assise près des machines à laver et j'écoute le son des séchoirs. Quelques personnes passent dans la laverie pour prendre un Coca au distributeur, mais personne ne m'adresse la parole. Personne ne semble même regarder dans ma direction.

Quand je suis entrée dans le corps de ballet, Otto m'a régulièrement demandé de montrer les mouvements aux autres, pendant les cours, et il m'a dit une fois qu'il admirait mon implication dans le travail. Il ne m'a jamais rien promis, mais j'ai toujours cru qu'il décelait un potentiel réel en moi. Depuis toujours, je me suis évertuée à lui prouver qu'il avait raison, en particulier ces derniers mois. Quotidiennement, après une journée entière de répétitions puis les représentations du soir, je me suis écroulée dans mon lit, épuisée mais incroyablement heureuse, parce que je savais que j'avais pleinement vécu cette journée.

Mais aujourd'hui, cette même routine me donne le sentiment que je suis invisible, et pas du tout indispensable.

— J'aurais préféré qu'ils mettent fin à mon supplice, dis-je à mi-voix en entrant dans les vestiaires déserts.

Leni se redresse subitement de son tapis étalé sur le sol, et elle me dévisage en clignant des yeux. Elle porte un pantalon de survêtement bleu marine ainsi qu'un caraco crème, et ses cheveux blonds sont ébouriffés d'un côté. Elle repousse les mèches emmêlées devant ses yeux.

— Tu ne devrais pas dire des choses pareilles, Hannah.

— D'où sors-tu ? dis-je mollement.

— Je me suis endormie pendant ma série d'exercices pour la colonne vertébrale. C'est tellement relaxant…

Sa joue porte la marque du tapis en caoutchouc.

Je me prends la tête dans les mains.

— Quoi ? fait-elle.

— Le casting…

Elle soupire.

— Je vois.

— Tout ça semble tellement *inutile*… Pourquoi travailler aussi dur dans le but de devenir plus fortes, de nous améliorer, si personne ne s'en soucie ou ne le remarque ?

J'ai même perdu du poids, comme Annabelle l'exigeait !

Leni s'approche et pose une main sur mon épaule. Elle en masse doucement les muscles compacts et tendus pendant quelques secondes, avant de parler :

— Je sais, c'est dur. Mais il faut que tu profites du moment. Tu dois embrasser le processus de la danse. Comment crois-tu que j'ai tenu pendant quinze ans ?

Embrasser le processus de la danse. Elle parle comme ma hippie de mère, avec ses histoires de « voyage de créativité ». Je crispe les poings sur mes yeux parce que j'espère que ça m'aidera à ne pas pleurer.

— Je croyais que j'aimais tout dans la danse, les répétitions éreintantes, l'intensité, les longues heures de travail et tout le reste. Mais si je continue à interpréter les mêmes rôles qu'à mes débuts...

Je laisse la phrase en suspens. Je sens mes yeux s'emplir de larmes malgré les poings que je presse contre eux.

— Je sais ce que tu ressens, m'affirme Leni. Pendant cinq ans, j'ai fait la *Valse des guirlandes* dans *La Belle au bois dormant.*

Je baisse les mains et la regarde, incrédule.

— Tu es sérieuse, là ?

Elle hoche la tête et enfonce son pouce sur un point douloureux près de mon cou.

— Et j'ai fait la *Valse des Flocons de Neige* et celle des *Fleurs* dans *Casse-noisette* pendant huit ans.

— Tu es plus résistante que moi, dis-je.

Elle me tapote gentiment l'épaule et retourne vers son tapis.

— Si je ne dansais pas, je ne sais pas ce que je ferais d'autre.

— Moi non plus, dis-je entre deux sanglots, mais il y a d'autres possibilités ! Enfin, ce théâtre n'est pas le monde entier, contrairement à ce que beaucoup de gens ici semblent croire. Il y a les musées, les restaurants… et les concerts de rock, du moins c'est ce qu'on raconte.

Leni se rassied, étend les jambes devant elle et incline le torse pour saisir le bout de ses pieds dans ses mains.

— Le principal, c'est d'aimer danser. Si cet amour disparaît, il est temps de passer à autre chose. Parce que ça devient tout simplement trop dur.

— J'adore être sur scène. Mais c'est tellement douloureux de rester invisible…

— Moi, je te vois, *Balletttänzerin*, dit-elle d'une voix de miel. Tu n'es pas invisible.

Je dois pourtant l'être… sinon, comment expliquer la façon dont on m'a oubliée ?

XX

Zoe enroule ses cheveux d'or pâle autour de ses doigts. Elle est pieds nus, vêtue de collants roses coupés en short et d'un tee-shirt bleu clair, et elle est assise à ma place, pieds posés sur la tablette contre le miroir. Elle parle à Daisy, qui semble aussi impressionnée qu'envieuse.

— Là, c'est vraiment trop. Après le pas de deux, j'ai l'impression que mes mollets sont prêts à se déchirer. Ensuite, j'embraie directement sur le solo. Et là, c'est presque impossible. C'est comme si Otto voulait me mettre à l'épreuve.

Daisy fourre une poignée de Doritos dans sa bouche. Le bout de ses doigts est orange vif. Depuis l'affichage du dernier casting, elle a mis les bouchées doubles, c'est le cas de le dire, avec sa consommation de nourriture à éviter.

— Tu permets ? dis-je.

Zoe lève les yeux puis ôte ses pieds un à un, dans un mouvement léthargique, avant de rejoindre sa chaise. Et sans se soucier du déplacement, elle poursuit sa diatribe :

— En fait, c'est une succession de sauts à n'en plus finir. Tu fais un saut de chat, et puis un grand jeté, un saut de chat, un saut tendu, et puis ces tours en chaîné, et tous ces coupés-jetés…

J'articule en silence *bla-bla-bla*, et Daisy étouffe un rire. Zoe n'en a cure, et elle continue son monologue. Elle me fait penser à M. Schmidt, un de mes professeurs d'histoire au collège. Il ne remarquait jamais que personne, et je dis bien *personne*, ne l'écoutait.

Je sors mon carnet et je me mets à gribouiller dans les marges. Au moins M. Schmidt avait des *faits* à exposer, lui. Zoe se limite à des vantardises qu'elle déguise en une liste de récriminations. Je finis par interrompre son catalogue de pas de danse :

— Quelqu'un a vu Bea ? Elle a mes leggings.

Je porte un pantalon de survêtement vert et je veux me changer. Ma chemise est verte aussi, et dans cette tenue, je me fais l'impression d'être Oscar le Rouspéteur.

— Pas moi, répond Daisy. Peut-être qu'elle est déjà au Foyer. Elle passe dans le premier ballet.

Pour ne plus entendre la litanie de Zoe sur son nouveau grand rôle, je décide d'aller observer le début de *L'Épine*, le premier ballet, depuis les cintres. Leur structure est un échafaudage en U au-dessus de la scène, et elle permet aux machinistes de tirer les cordes et de diriger les projecteurs depuis les hauteurs.

Pour moi, c'est le meilleur emplacement du théâtre. Parce que vous avez quasiment une vision digne d'un oiseau, vous pouvez voir les évolutions kaléidoscopiques des danseurs et la façon dont ils s'appellent et se répondent. Vous pouvez contempler la logique tout autant que la beauté de leurs mouvements. C'est comme un langage secret fait de lignes, d'angles et de formes.

Harry dispose d'un petit bureau en bois sur le côté droit des cintres. Une lampe de banquier à abat-jour vert est recourbée sur ses conduites de projecteurs, ses programmes concernant les mouvements de décors et le livre de poche qu'il est en train de lire.

Quand il m'aperçoit, il relève le nez, sur lequel ses lunettes à double foyer glissent un peu.

— Hannah ! murmure-t-il. Attends, je vais aller te chercher une chaise…

— Oh, c'est bon, je peux rester debout. Je ne vais pas m'attarder, de toute façon : je n'ai pas terminé de me maquiller.

D'un geste ample, il désigne les danseurs sur la scène :

— Cette pièce est d'un ennui mortel. Pendant tout le temps, Lottie se fait trimballer partout comme un bagage. Mais la musique de Bach est splendide.

Je regarde par-dessus le garde-fou et j'observe la façon dont le corps de ballet en tutus blancs se déplace à l'unisson tandis que Sam traîne Lottie vers le devant de la scène.

— Oui, dis-je dans un soupir.

— Ça va, toi ?

Je hausse les épaules et me mordille la lèvre inférieure.

— Mattie a demandé après toi.

— Ah oui ? Dis-lui bonjour de ma part.

— Elle voudrait que tu viennes la voir sur scène, mais je lui ai dit que tu étais trop occupée. Elle va interpréter une princesse des elfes, ou quelque chose de ce genre. J'ai l'impression que chaque semaine ma femme doit lui confectionner un nouveau costume.

— Elle sera super, dis-je en observant les sautillements dynamiques de Bea sur ses pointes, en bas.

— Alors, comment ça se passe, dans la compagnie ? demande Harry.

Je baisse les yeux sur mes chaussons.

— Tu veux la vraie réponse, ou une réponse polie ?

— J'ai le cuir tanné. Est-ce que je donne l'air de me soucier des politesses ? réplique-t-il.

Par jeu, il ferme le poing et fléchit l'avant-bras, qui est de la taille d'un jambon de Noël.

— Eh bien, ça ne va pas trop fort pour moi, dis-je, et je m'enfonce les ongles dans la cuisse.

Je devrais être en train de m'échauffer, au lieu de bavarder. C'est à moi après l'entracte, et il faut que je travaille un peu à la barre, pour me décoincer les hanches.

— Tu n'as pas eu les rôles que tu espérais…

Ce n'est pas une question. Harry est au courant de ce qui se passe.

Je tire sur un fil à ma manche.

— Non. Et c'est vraiment frustrant. Je ne sais pas pourquoi je travaille aussi dur, si ça ne donne rien.

Il souffle longuement et remonte ses lunettes sur son front.

— Je ne comprends pas non plus, Hannah. J'ai vu beaucoup de filles passer ici, et pour moi ça ne fait aucun doute, on sous-estime ton talent.

Je secoue la tête et décoche un petit coup de pied dans le montant du garde-fou.

— Qu'est-ce que tu veux, au juste ? me demande-t-il avec gentillesse.

Je soupire.

— Je ne sais pas... Quelque chose qui m'indique que ça vaut le coup ?

Je regarde le ballet qui se déploie en dessous de nous. Le pizzicato des violons est rejoint par le bourdonnement du violoncelle au moment où Sam soulève Lottie au-dessus de sa tête. La tension grandit, et le tempo s'accélère alors que la danse approche du final.

Harry acquiesce.

— Une petite confirmation...

— Tu imagines, si je demandais une *confirmation* à Otto ? dis-je. Il me regarderait d'une drôle de façon, c'est sûr.

— Bah, toute ma vie les gens m'ont regardé d'une drôle de façon, répond Harry. Alors moi aussi je les regarde d'une drôle de façon.

Il fronce les sourcils, écarquille les yeux, gonfle les joues et, je ne sais comment, avance les oreilles.

— Oh, non ! dis-je en riant. Tu ressembles à un *chimpanzé* !

Le visage d'Harry retrouve son apparence normale.

— Exactement, approuve-t-il, et il frappe son bureau du plat de la main. Le plus important, c'est de ne pas laisser ces abrutis te briser le moral. Tu sais très bien ce que tu dois faire.

Je jette un dernier regard au ballet en contrebas. Il est temps que j'aille me préparer.

— Merci Harry. Je me sens un peu mieux.

— C'est un plaisir, ma douce. Et maintenant, va leur montrer.

— Vingt ans, souffle Zoe contre mon épaule. Tu arrives à le croire, ça ?

Je me recule et je l'étudie un moment d'un œil critique.

— Tu n'as pas l'air d'avoir plus de seize ans. Comment va-t-on fêter ça ?

— Je ne sais pas. En buvant ? Tu n'aurais pas une idée géniale ?

Je repense au message reçu de Jacob : *Prouve que tu n'es pas enchaînée à ce théâtre. Soirée étudiante à Wmsburg, 675 Bedford Ave.*

Je pourrais y aller, pour lui faire la surprise. J'espère seulement que le choc ne lui procurera pas un arrêt cardiaque.

— Nous irons à Brooklyn après la représentation, dis-je. Il y a une soirée qui a l'air très cool.

Je me persuade qu'il n'y a aucune raison d'hésiter. Un peu de changement me sera sans doute bénéfique. Bien sûr, je peux imaginer le déplaisir d'Otto s'il découvre que deux de ses danseuses ont prévu un tel « voyage d'études ». Mais à cet instant, je n'ai pas l'impression de lui devoir quoi que ce soit.

UN CAMÉ ADOLESCENT quémande une pièce quand nous gravissons l'escalier au bout du quai de cette station de la ligne L. Je m'accroche à Zoe d'un bras, et j'enfouis l'autre main dans la poche de mon manteau léopard pour la garder au chaud. Nous titubons légèrement sur nos hauts talons en avançant sur le trottoir craquelé. Du haut de ses *Manolo,* Zoe atteint presque le mètre quatre-vingt-quinze, et elle glousse quand elle trébuche et se tord à moitié la cheville.

J'imagine aussitôt une déchirure au tendon d'Achille ou un métatarse fracturé, et je m'écrie :

— Fais attention, merde !

— Tout va bien, affirme-t-elle. En fait, je suis en super forme.

— Tu es saoule, oui.

Zoe écarte son pouce et son index d'un centimètre.

— Juste un tout petit peu, répond-elle en imitant la voix traînante d'un ivrogne.

Elle a quand même bu près d'une bouteille de vin à mon appartement.

À l'approche de l'adresse donnée par Jacob, je sens le trottoir vibrer sous les notes d'une basse.

— Ça va être d'enfer ! ulule Zoe à l'intention des réverbères.

Le bâtiment a des allures de vieille usine, du genre où naguère on produisait des pneus, ou des réfrigérateurs. Une large porte de garage glisse, et une femme passe la tête à l'extérieur pour nous accueillir. Elle tient à la main un gobelet qui semble rempli d'une sorte de cocktail vert fluo.

— Eh, les filles ! Prenez un peu de peinture ! crie-t-elle pour couvrir la musique.

Zoe et moi échangeons un regard d'incompréhension.

— Elle a bien dit de prendre un peu de peinture ? dis-je. Et c'est qui, d'ailleurs ?

Zoe hausse les épaules et nous entrons. L'endroit ressemble à une ancienne aire de chargement, avec un sol en ciment et des murs ternes aux parpaings couverts de graffitis. À l'intérieur, la musique est encore plus assourdissante.

J'arrête un garçon qui passe, une bière moussue à la main.

— Eh, tu as vu Jacob Cohen ?

— Qui ? répond-il en criant comme moi.

— Jacob Cohen !

— Euh, connais pas. Mais regarde, on a Girl Talk ! Là-bas !

Il désigne un garçon un peu dépenaillé, mais plutôt mignon, en tee-shirt délavé et jean de haute couture, aux platines sur une passerelle en contreplaqué dominant le reste de la salle.

Je scrute les lieux à la recherche de Jacob. Des posters de vieux concerts de rock décorent les murs, et le sol est jonché de canettes de bière vides. Les salles d'eau pour lesquelles on fait déjà la queue sont séparées par un drap et une grande planche en contreplaqué. Un couple se pelote sans retenue près d'une grande poubelle, et un garçon arborant un tee-shirt Nirvana propulse des ronds de fumée vers le plafond.

— Où est-ce que je dépose mon manteau ? Cet endroit n'a pas de gouvernante ? me crie Zoe.

Elle me décoche aussitôt un coup de coude dans les côtes pour prouver qu'elle plaisante.

Nous avançons vers le centre du loft, là où une foule compacte se trémousse en rythme. Ils me semblent étranges, comme venus d'un autre monde et, pendant une seconde, je ne comprends pas pourquoi.

— Qu'est-ce qu'ils portent ? me hurle Zoe à l'oreille.

En regardant avec plus d'attention, je me rends compte qu'ils sont couverts de couleurs fluorescentes. Ils ont en main des seaux et des gobelets emplis de peinture dont ils s'aspergent les uns les autres. Le liquide coloré coule le long de leurs bras qu'il pare de jaune brillant et de vert vif. J'aperçois une fille en sous-vêtements et éclaboussures couleur chartreuse.

— C'est quoi, ce cirque ? beugle Zoe.

— Une forme d'expression créative, je suppose. Comme si Jackson Pollock avait pris un peu trop d'acides avant de donner sa soirée d'anniversaire dans un atelier désaffecté…

Zoe braque l'index sur la table des boissons, laquelle disparaît sous des bouteilles en plastique géantes de vodka et de gin.

— C'est très bien, tout ça, mais où est la Ketel One ?

— Essaie de ne pas être trop snob, juste pendant quelque temps !

Je vais nous servir deux gobelets de vodka bon marché allongée d'un soda aux bulles anémiques.

— Regarde, ils ont des quartiers de citron, au moins.

Nous laissons nos manteaux sur un tas de vêtements dans un coin et nous nous accrochons à nos consommations. Je ne trouve pas très bon goût à la mienne, c'est pourquoi je la bois rapidement. Dans ma tête, une petite voix m'avertit que je paierai pour ça demain, mais je m'en fiche.

— Pas question que j'aille là-dedans, crie Zoe en montrant la masse de danseurs peinturlurés. Ma robe vient de chez *Barneys*.

Quand Girl Talk mixe *Single Ladies (Put a Ring on It)* de Beyoncé avec le *Don't Stop* des Brazilian Girls, la foule saute et pousse des cris de joie dans une ola compacte et rythmée. La musique est si forte que je jurerais la sentir dans mes os et, presque involontairement, je me mets à sautiller suivant le tempo. Le plus drôle, c'est que je suis gênée de danser dans ces circonstances. J'ignore comment agir en personne normale. J'ai l'habitude que tout soit chorégraphié pour moi, sans aucune improvisation ou liberté. Certaines danseuses de ma connaissance sont très à l'aise dans ce genre de soirée, mais personnellement, je bute sur ma timidité et mon impression d'être bizarre.

Zoe paraît toujours hautaine et légèrement sur les nerfs, et elle secoue la tête quand je la tire par la main. J'hésite une seconde, puis je saisis une bouteille de peinture et en asperge les danseurs. Ils l'étalent sur leurs voisins avec la paume de leurs mains, et le liquide brillant coule entre leurs doigts et sur leurs bras.

Alors que je les regarde qui se contorsionnent et bondissent sur place, il me vient à l'esprit que j'ai mis tout l'East River entre le Manhattan Ballet et moi. La constatation est grisante.

Un moment, je repense à tous mes camarades de classe à Weston, Massachusetts, des ados qui ont passé ces quatre dernières années dans des fêtes semblables, à draguer et à rire alors que je suais sang et eau dans les répétitions et que je me consacrais corps et âme à la danse. Je ne rattraperai certainement pas le temps perdu en une seule nuit, mais je peux au moins m'amuser avec tout le monde.

Je me débarrasse de mes bottines et je me fraie un chemin jusqu'au centre de la foule. Plus j'en approche et plus je reçois de peinture: orange, verte, bleue, violette. Mon jean *James* ne sera plus jamais le même et, par chance, je ne porte qu'un débardeur en guise de chemisier. J'ai des traînées sur les bras, des taches sur le ventre, et je prends rapidement l'aspect d'un arc-en-ciel en désordre. Je fais signe à Zoe adossée contre le mur avec sa vodka, mais elle secoue la tête. *Pas question*, articule-t-elle.

Je lui crie:

— Oh, relax! C'est ton anniversaire!

Et je cours jusqu'à elle, la prends par la main et l'entraîne dans la masse humaine multicolore. Je lui lance une grimace espiègle:

— Ce n'est pas comme si tu ne pouvais pas t'offrir une autre robe comme celle-là!

— Oh, ça va, tu as gagné! crie-t-elle en réponse, et elle sourit.

Elle saisit une bouteille de peinture jaune et la fait gicler sur ma poitrine. Je riposte par un gobelet de rose. Et nous nous mettons à danser follement, sans retenue, couvertes que nous sommes de peinture. Il n'y a rien de gracieux dans notre façon de faire. Les gens me marchent sur les pieds et me bousculent. Une fille trébuche et s'étale dans une flaque verte. Je ne compte pas les mesures, je ne me soucie pas du pas suivant: je me lance à corps perdu dans la danse. Mon cœur bat la chamade, et ma cage thoracique vibre sous les assauts de la basse.

De la foule surgit un garçon très beau, à la peau sombre, dont les dreadlocks atteignent presque la taille. Il ne porte qu'un caleçon et un tee-shirt gris éclaboussé de couleurs. Ses pas le font rebondir jusqu'à Zoe. Il lui touche le bras, et elle virevolte.

— Oh, salut ! D'où tu sors ? crie-t-elle en découvrant avec envie son torse musclé.

Pour toute réponse, il l'attire à lui.

Je tapote une de ses énormes épaules. Je ne veux pas hurler, mais il n'y a pas d'autre manière de me faire entendre :

— Excuse-moi. Salut, euh, tu connais Jacob Cohen ?

Dreadlocks acquiesce.

— Ouais, vous l'avez raté de, quoi, vingt minutes ? répond-il d'une voix tonitruante.

Puis il se retourne vers Zoe qui affiche la même expression que si elle venait de recevoir un cadeau vraiment fantastique.

— Joyeux anniversaire à moi ! s'égosille-t-elle avec un sourire sauvage. Putain de joyeux anniversaire à moi ! C'est la fête !

Elle lève les bras et la peinture tombe sur nous en pluie, nous rendant multicolores et indiscernables des autres.

Dreadlocks se met à mugir en chœur avec elle.

— Vive les piétons ! hurle Zoe.

Le lendemain matin, je m'éveille avec le pire mal de crâne de mon existence. J'envisage de sauter le cours de la compagnie pour passer une heure de plus à dormir, mais je sais que je ne devrais pas, et je me tire hors du lit. Je mets des lunettes de soleil et, chez le traiteur, le serveur me prépare un café de la taille de ma tête juste pour que je puisse aller au théâtre. Mes oreilles bourdonnent encore et par moments je me sens étourdie, sans parler d'une vague nausée qui menace. Pendant les exercices à la barre, je crains d'être malade, et je me précipite dans le couloir pour boire un peu d'eau. Alors que je reviens à l'atelier, je vois M. Edmunds qui me regarde fixement. C'est la première fois depuis des semaines qu'il remarque ma présence.

— Tu vas nous montrer, dit-il avec un petit mouvement sec des doigts. Toi.

Mon cœur se serre. Il sait parfaitement bien que je ne connais pas l'enchaînement puisque je viens d'arriver. Il arque un sourcil et fait signe au pianiste. La musique commence, une simple étude de Chopin. Je reste là, les yeux baissés, et j'essaie de me faire aussi petite que possible. Je sens tous les regards posés sur moi. Après un moment, la musique s'interrompt assez peu élégamment.

— Qu'est-ce qui ne va pas ? demande M. Edmunds.

— Je ne connais pas l'enchaînement, dis-je dans un souffle.

Derrière moi quelqu'un toussote, et j'entends un ricanement étouffé. J'aimerais être une bouffée de fumée pour me dissiper dans l'atmosphère.

— *Moi*, je la connais.

La voix est plus que familière, bien sûr. Je me tourne et je vois Zoe qui s'avance, un sourire plein de déférence plaqué sur les lèvres.

— Excellent, dit M. Edmunds en reportant son attention sur elle.

Humiliée, je rentre dans le rang.

Humiliée et furieuse. Je voudrais que Zoe soit capable de se contenir, juste pour une fois, et qu'elle évite de jouer les lèche-bottes. Et comment peut-elle se sentir aussi bien après toute cette vodka, je ne me l'explique pas. Je sais seulement que mon impulsion première du matin était la bonne : j'aurais dû rester au fond de mon lit.

Parce que la journée se poursuit, et les choses deviennent encore pires.

L'après-midi, pendant la répétition finale de *Mélodie d'orage,* Otto frappe dans ses mains et arrête tout. La musique cesse, et tout le monde s'écarte de son passage quand il marche droit sur moi.

— Qu'est-ce que c'est que ça ? dit-il, et il lance ses bras dans l'air autour de lui pour imiter un brisé volé.

Je sens que tous m'observent, et j'ai les joues brûlantes de honte. Je lui montre le pas une fois de plus. C'est un des plus difficiles du petit allégro.

Ce qu'il voit n'a pas l'air de lui plaire.

— Quel est le problème, avec toi ? Croise-les !

Je saute de nouveau, et je croise les chevilles en l'air autant que je le peux.

— Encore ! ordonne Otto.

Je recommence, mais il fronce les sourcils.

— Encore.

Cette fois, la fatigue envahit mes jambes, et je trébuche.

— Encore ! s'écrie-t-il.

Il ne me regarde même plus. Il m'a tourné le dos et il s'éloigne. Je n'arrive pas à respirer correctement, et je sens les larmes qui menacent, malgré mes efforts pour les refouler.

— *Encore.*

Une dizaine d'autres membres du corps de ballet me regardent me démener. Ils ne me quittent pas des yeux. Otto finit par faire volte-face alors que je suis à bout de souffle.

— Depuis le début !

L'ordre s'adresse à nous tous. Les autres grognent à l'unisson et reprennent leur position initiale. Nous étions aux trois quarts de la répétition et maintenant, à cause de moi, nous devons tout recommencer.

— Et merde, marmonne quelqu'un.

Mes poumons aspirent désespérément l'air, et mes mollets me semblent près de la déchirure. Mais mon corps n'est pas aussi atteint que mon ego. Je me mords la lèvre inférieure pour contenir les larmes. Une d'elles s'échappe quand même, et je l'essuie avec ma manche avant que quelqu'un la voie.

XXII

— OTTO NE ME regardait même pas. Il n'arrêtait pas de répéter « encore », mais il continuait à me tourner le dos.

— C'est un sadique, répond Bea en inclinant son béret avec précision. C'est évident.

J'acquiesce.

— C'est comme s'il éprouvait le besoin de briser les gens pour les rendre plus obéissants.

Bea s'esclaffe.

— C'est tout à fait ça ! Il ne veut pas d'esprits libres en vadrouille dans le théâtre. Trop difficiles à contrôler. Tu sais que l'année dernière, il a dit à Mai qu'elle était grosse ? Mai ! Cette fille est une brindille !

— C'est un grand malade, dis-je, mais je secoue la tête. Je ne voulais pas aborder le sujet. Faisons plutôt comme si nous étions des gens normaux. De quoi parlent les gens normaux ?

Bea survole du regard l'amphithéâtre de l'université où je l'ai amenée. Il se remplit lentement d'étudiants.

— Je ne sais pas. De films ? De devoirs à rendre ? De leurs dernières sorties ?

— Oui, peut-être qu'ils parlent de tout le bon temps qu'ils prennent, dis-je en souriant. Mais nous aussi, nous prenons du bon temps, pas vrai ?

Dans le but de me racheter après les excès de la soirée peinture – et pour enquêter un peu plus sur la vie mystérieuse des piétons, autre action qu'Otto réprouverait –, j'ai persuadé Bea de m'accompagner à une lecture de poésie pendant notre soirée de relâche. Je suis même allée jusqu'à mettre une robe bleu marine à manches courtes, avec des bas et ma deuxième paire de bottines préférée. (La première ressemble maintenant à une œuvre de Jackson Pollock, bien que je m'en sois débarrassée avant de plonger dans la mêlée multicolore des danseurs.)

Je le reconnais, je voulais aussi avoir un aperçu de la vie d'étudiant de Jacob. Avec peut-être l'espoir ténu de le rencontrer par hasard.

— Du bon temps ? Je n'en suis pas encore sûre, lâche Bea, ce qui me pousse à lui donner une petite bourrade. Bon, d'accord. On prend du bon temps. Promets-moi seulement qu'on partira si un des poèmes parle d'accident de voiture ou de fluides corporels.

— Entendu, je sais que tu es très émotive !

Bea se trémousse un instant sur son siège et resserre son écharpe autour de son cou. Comme moi, elle ne se sent probablement pas très à son aise, et un peu nerveuse. J'observe les étudiants autour de nous comme je le ferais d'une espèce animale inconnue.

— Elle m'a donné un C, dit quelqu'un. Elle a dit que je n'avais pas suffisamment articulé en système sémiotique la théorie du logocentrisme de Derrida et sa relation avec la théorie de la conscience de Lacan.

— Quelle poisse, répond son amie. Mais tout ce sujet structuralisme/déconstruction/poststructuralisme, c'est vraiment dur. Je veux dire, déjà que j'ai du mal à me souvenir de ce qu'est le signifiant et ce qu'est le signifié…

Je n'ai pas la moindre idée de ce qu'elles racontent. Il n'empêche, je pourrais être une de ces filles, non ? Peut-être même ici : l'université de New York est l'*Alma Mater* de mon père.

— Tu as déjà pensé à ce que ce serait, une vie d'étudiante ? dis-je à Bea.

Elle fronce les sourcils et son front se plisse.

— Hein ?

— Tu sais bien, comme de retourner en cours…

Juste au moment où elle va me répondre, une femme à l'air très professoral et vêtue d'un ample caftan rouge monte sur l'estrade et se racle la gorge avant de prendre la parole :

— Soyez les bienvenus au dixième exposé estudiantin annuel pour la maîtrise en arts de cette université.

Bea se tourne immédiatement vers moi, sans attendre la suite.

— Tu m'as amenée à une lecture de poésie par des étudiants ? murmure-t-elle. Je croyais que nous verrions un poète célèbre, ou quelque chose de ce genre…

— Désolée, dis-je alors que la première lectrice se lève à l'avant de la pièce. Les choix sont restreints, le lundi soir. C'était ça ou les comiques amateurs au *Dew Drop Inn*.

En réalité, je n'ai pas cherché très loin dans la liste d'événements publiée par le *Village Voice*. J'ai juste vu qu'il y avait quelque chose à l'université, et j'ai décidé que c'était là que nous devions aller. Parce que, peut-être, nous pourrions y croiser Jacob. Mais juste peut-être.

J'écris dans mon carnet : *Signifié ? Signifiant ? Derrida ?*

— Tu prends des notes ? me demande Bea. Tu sais, je ne crois pas qu'ils feront une interro orale.

— Non, mais j'aime être préparée. L'inspiration poétique frappera peut-être.

Dans mon carnet, j'ai inscrit une phrase de Rimbaud (nous l'avons étudié pendant ma dernière année à l'École des Arts) : *« J'ai tendu des cordes de clocher à clocher ; des guirlandes de fenêtre à fenêtre ; des chaînes d'or d'étoile à étoile, et je danse.* » Je n'en saisis pas la signification exacte, mais j'ai toujours aimé l'image de la danse qui existe dans le monde et pas uniquement dans un théâtre sombre.

Pour le contraste, mon journal contient aussi une phrase extraite du film *Les Chaussons rouges*. « *Le chagrin passera, crois-moi.* » dit le directeur impitoyable au plus doué de ses danseurs, dont le cœur vient d'être brisé. « *La vie est tellement insignifiante. Et à partir de maintenant, tu danseras comme personne avant toi.* »

Quelle est la citation la plus appropriée à la danse, celle de Rimbaud ou la réflexion tirée des *Chaussons rouges* ? Difficile à dire.

Les lectures terminées, je me tourne vers Bea et je me rends compte qu'elle s'est assoupie. Avant de la réveiller, je pense à Jacob, peut-être en train d'étudier dans la bibliothèque, à cinq cents mètres de là. Rentrée chez moi, je lui envoie un mail.

> Salut Jacob. Comment ça se passe pour toi ? Je t'ai appelé il y a quelque temps, mais je ne t'ai pas laissé de message parce qu'Otto me forçait à avaler une boisson à base de citron et de poivre de Cayenne qui, d'après lui, allait transformer mon métabolisme. La saison d'hiver tire à sa fin et j'ai été complètement frustrée à cause des rôles qu'on m'a donnés. Bref, je me demandais si tu n'aurais pas envie qu'on sorte ensemble un de ces soirs. Je suis toujours libre le lundi. Oh, et le dimanche soir aussi. J'allais à la gym après la matinée, mais je suis beaucoup moins assidue.

J'HÉSITE UN LONG moment sur la signature : *Bises, Hannah ? Bises, H ? À plus, HW ?* Finalement, je ne signe pas. J'envoie simplement le message, en croisant les doigts.

***

UNE DEMI-HEURE AVANT le début de la représentation, j'ai déjà fini de me maquiller. Mon chignon est impeccable, piqué d'une fleur en soie. Mais je porte encore mon survêt et un tee-shirt ample.

Je prends l'ascenseur pour rejoindre l'entrée des artistes, au niveau de la rue. Arden, l'agent de sécurité, me lance un sourire. Une chance que Frank ne soit pas de service ce soir. Il ne laisse même pas entrer les livreurs, alors pour ce qui est de laisser passer des invités en coulisse…

— Salut, Arden, dis-je en lui rendant son sourire.

Elle relève le nez du magazine de sudoku dans lequel elle s'était replongée et repousse les tresses tombées sur ses épaules.

— Salut, ma petite Hannah.

— Euh, pas de problème si mon ami vient dans les coulisses un moment ?

Je désigne Jacob qui est assis sur le banc près de son bureau en attendant d'être autorisé à passer. Il me fait un petit signe de la main.

Arden l'observe un moment, et l'ombre d'un sourire plane sur ses lèvres.

— Il a l'air comme il faut, décrète-t-elle après un moment. Pas de problème.

J'appelle Jacob d'un geste, et il me rejoint. Arrivé devant moi, il me dévisage comme s'il n'était pas sûr de mon identité.

— Salut, miss Chignon, fait-il en continuant de m'examiner. Eh bien, tu t'es vraiment tartinée de maquillage…

Il lève une main et effleure mes cils du bout des doigts. Je bats des paupières comme une coquette.

— Ils sont faux.

Il rit.

— Je me disais bien qu'ils paraissaient plus longs que d'habitude.

Alors que nous gravissons l'escalier qui mène au niveau de la scène, il me prend la main.

— Je suis un peu nerveux, avoue-t-il dans un murmure.

Je lui souris.

— *Tu* es nerveux ? Ce n'est pourtant pas toi qui vas te produire devant le public !

— C'est vrai. Mais admets que je fais un peu tache, dit-il en désignant ses baskets et son jean. J'aurais bien mis mon body pour venir, mais il est chez le teinturier.

J'enserre ses doigts avec les miens. Je suis ravie de le revoir, même si ma timidité m'empêche de le montrer. Et sa seule présence me fait voir les choses sous un angle plus positif, y compris les répétitions horribles que j'ai endurées.

— Bon, je ne suis pas censée faire ça, mais tu assisteras au spectacle depuis les coulisses.

Son expression devient soucieuse.

— Je ne veux pas te créer des problèmes…

— Et tu ne m'en créeras pas. Reste simplement en dehors du chemin des gens. Et ne fais pas de bruit.

Je me rends compte que j'ai parlé avec une certaine sécheresse, et je lui souris aussitôt en donnant une petite pression à sa main.

— Tout ira bien. Si quelqu'un t'ennuie, dis que tu es mon frère.

Il me décoche un regard peu convaincu.

— Dans ce cas, on ferait peut-être mieux de ne pas se tenir par la main, non ?

— Personne ne te prêtera attention. Mais n'oublie pas d'éteindre ton portable.

Il sort son téléphone de sa poche et le règle sur « vibreur ».

Nous passons par l'arrière de la scène pour éviter Christine qui jacasse dans son casque, cherchant à résoudre un problème de décor.

En coulisse, Adriana étire ses membres presque squelettiques sur la barre, Julie répète son solo, ses yeux sombres brillant de concentration, et Daisy met ses chaussons près de la boîte à colophane. Yeux écarquillés, Jacob découvre toutes ces activités. J'aimerais rester avec lui, mais il faut absolument que je m'habille. Je le place donc près de la scène, entre le rideau de velours noir et l'échafaudage supportant l'éclairage.

J'enfile mes chaussons, je les couds et je me hâte d'aller au Foyer pour passer mon costume. Je suis très nerveuse pendant que Laura m'aide à entrer dans ma robe de mousseline couleur chair.

— Qu'est-ce que tu as, ce soir ? me demande-t-elle. Ça fait des jours que tu erres comme une âme en peine, et d'un coup, tu es aussi agitée qu'un pois sauteur du Mexique !

— J'ai bu trop de café.

Je reviens au plus vite en coulisse et j'y trouve Jacob qui regarde avec la plus grande attention Julie répétant son pas de deux avec Sam. Je me glisse derrière lui et lui tapote l'épaule. Il sursaute et se retourne vivement, l'air paniqué. Quand il me reconnaît, il se détend et sourit.

— Ouf… souffle-t-il. J'ai cru que j'étais découvert.

— Eh non, ce n'est que moi !

— Tu es…

Il s'interrompt et recule d'un pas pour me contempler.

— Hannah Ward, vous êtes splendide, reprend-il avant de se pencher vers moi pour murmurer : J'aimerais bien t'embrasser, mais je ne crois pas que ton gloss serait du meilleur effet sur mes lèvres.

Sous ma couche de maquillage, je me sens rougir.

— En place ! lance Christine qui frappe des mains.

— Il faut que j'y aille.

Je souris à Jacob, puis je cours me placer entre Daisy et Adriana pour notre entrée.

— *Merde*, dis-je dans un murmure à Daisy, et je lui donne une petite tape sur le postérieur.

L'éclairage baisse, l'orchestre s'accorde. Les cordes entament l'ouverture. Je lisse mon costume de la main tout en guettant le lever de rideau.

— C'est lui, hein ? me glisse Daisy avec un sourire complice.

Je jette un regard en direction des coulisses qui sont plongées dans une obscurité presque totale, mais quand l'éclairage inonde la scène, je distingue son profil derrière l'échafaudage.

— Oui.

— *Merde*, chuchote-t-elle en me lançant un clin d'œil.

C'est le lever de rideau, et l'air frais de la salle envahit la scène comme une bourrasque. Je suis consciente du regard de Jacob posé sur moi, mais cela ne me distrait pas : au contraire, sa présence me rend plus sûre de moi. J'effectue un piqué, arabesque, un tombé en direction des coulisses, et un assemblé soutenu à l'opposé de Daisy. Un coup d'œil rapide me permet d'apercevoir Jacob qui sourit.

Quand les violons entament le début de l'adage, nous effectuons des pas de bourrée et nous nous disposons en demi-cercle autour de Julie qui exécute son premier solo. Nous enchaînons sauts, pas chassés, jetés, et nous mettons un genou à terre quand Sam entre pour le pas de deux. Ensuite, nous nous détournons et regagnons les coulisses en pas de bourrée.

Je reprends mon souffle et avale une gorgée d'eau. Je dispose de quelques instants avant mon retour sur scène, et j'en profite pour rejoindre Jacob. L'expression de son visage est celle de l'émerveillement.

Je touche légèrement son épaule.

— Alors, tu en penses quoi ?

— C'est le truc le plus cool que j'aie jamais vu, murmure-t-il. J'adore être ici. J'ai presque l'impression de me trouver sur scène avec vous.

Je souris et je tamponne mon front avec un mouchoir en papier pour essuyer les gouttes de sueur.

— J'aurais dû te faire monter dans les cintres. De là-haut, la vue est encore meilleure.

— Les quoi ?

De l'index, je lui montre l'endroit où Harry est assis.

— Là-haut. Peut-être la prochaine fois. Il faut que j'y aille. À toute !

Je repars au trot, et je sens qu'il me suit du regard. J'aime savoir qu'il est là, et je veux l'impressionner.

Je rentre pour la coda avec Emma et Daisy, et je me donne à fond tandis que la musique atteint un crescendo avant le final. Mes poumons me semblent sur le point d'exploser, mais je termine sans le moindre faux pas.

Quelques instants plus tard, pendant les saluts, je risque un regard vers Jacob. Il applaudit avec un tel enthousiasme que je crains une réaction hystérique de Christine. Le rideau tombe et je retourne auprès de lui. Je suis à bout de souffle et pourtant pleine d'énergie. Il tend les bras comme pour que je m'y blottisse, mais je ne le fais pas : je suis en sueur.

— Tu es incroyable, Hannah, me dit-il.

— Bah, ça n'a rien d'extraordinaire.

Je suis tellement heureuse qu'il ait vu une prestation réussie. Avec ce qui m'est arrivé ces derniers temps, je n'étais pas sûre d'en être capable.

— Ne sois pas aussi modeste.

— C'est un ballet sympa. Il y en a d'autres qui me plaisent moins, dis-je en me penchant. Oups, il faut que je retire ces chaussons…

— Ils te font mal ?

Je me redresse et le regarde droit dans les yeux.

— *Tout* me fait mal.

Il me prend par le bras alors que je me dirige vers le Foyer.

— Laisse-moi t'offrir un verre. Je veux porter un toast à tes prouesses.

La formule me fait rire.

— Arrête les flatteries, tu veux bien ?

— La flatterie implique le manque de sincérité, et je suis totalement sincère quand j'avoue avoir été bluffé.

— Suffit ! Si j'accepte de boire un verre, tu t'engages à ne plus parler comme ça, d'accord ? C'est gênant.

— Marché conclu.

Il attend à l'extérieur du théâtre pendant que je prends une douche et que je me change. Il me sermonne parce que je sors avec les cheveux encore mouillés, et il passe un bras protecteur autour de mes épaules quand nous remontons Broadway dans la froideur de la nuit.

Notre destination est le *Kelly's Pub*, une sorte de bouge, mais cet établissement est tout proche et ils ne demandent pas votre carte d'identité. Nous nous installons au comptoir, sur des tabourets. Je suis soulagée de constater qu'aucun autre membre de la compagnie n'est là. Non pas que je veuille garder secrets mes rapports avec Jacob, mais je ne tiens pas à être interrogée demain pendant le cours, ce qui ne manquerait pas d'arriver si, par exemple, Jonathan se trouvait dans la salle. Je commande un verre de merlot, Jacob une bière. Nous pivotons sur nos tabourets et nos genoux se touchent.

— C'était vraiment très cool de te voir dans ton élément, déclare-t-il. Je m'imaginais bien ce que tu faisais, mais là c'est à un tout autre niveau. Tu es une professionnelle accomplie.

Je lui donne un petit coup de coude.

— Tu avais promis de ne plus parler de ça.

— Tu rougis, remarque-t-il avec un petit sourire. D'accord. De quoi veux-tu parler, alors ?

Je me creuse la tête pour trouver un sujet approprié. Le problème, c'est que je suis tellement fatiguée que mon cerveau a du mal à fonctionner. Et je finis par avouer :

— Absolument aucune idée.

Il prend le relais :

— Eh bien, moi j'ai joué dans ce nouvel endroit, la semaine dernière. Le *Satyricon*. Tu en as déjà entendu parler ? Non ? Incroyable ! Bref, il y avait ce type complètement ivre qui essayait de chanter en même temps que moi. Au début, j'ai tenté de me mettre au diapason avec lui, mais j'ai vite renoncé parce qu'il chantait horriblement faux. Après un bout de temps, il s'est endormi et les videurs l'ont mis dans un taxi. Voilà. Je viens de te révéler une petite anecdote de ma vie. À ton tour, maintenant.

Il pivote sur son tabouret pour se mettre face au comptoir. Je veux l'imiter, et je manque de renverser mon verre de vin.

— Ça me rappelle un peu ce qui nous est arrivés l'année dernière, dis-je. Un type est monté sur scène pendant l'entracte, et il a cherché l'ouverture du rideau pour passer en coulisse. On a dû retarder la suite du spectacle, Christine a appelé les flics, tout ça. J'étais en train de faire mes étirements quand ils sont passés avec lui, menottes aux poignets.

Jacob m'observe par-dessus le bord de son verre.

— Vous devez avoir un tas de fans un peu bizarres, non ?

Je pense à Matt, aux ballons et aux repas fins qu'il m'a fait livrer. J'ai envie de répondre que *tous* les fans un peu bizarres ne sont pas *forcément* désagréables.

— J'ai lu l'histoire de cette ballerine du dix-huitième siècle ; on raconte que ses admirateurs faisaient cuire ses chaussons et les mangeaient, avec des pâtes par exemple.

— C'est une blague ?

Je lève la main.

— Parole de scout.

— Franchement, c'est vraiment dégoûtant.

Je ne peux m'empêcher de rire.

— D'accord avec toi ! Même avec du pesto, ça ne pourrait pas avoir bon goût.

Jacob rit lui aussi, puis il me fait signe de me rapprocher.

— Tu étais absolument magnifique, ce soir, murmure-t-il.

Je sens son souffle sur ma joue, et un frisson me parcourt l'échine. Je réponds sur le même ton :

— Merci.

Il se redresse et prend ma main dans la sienne.

— Et puisque tu m'as fait connaître quelque chose de nouveau pour moi, je crois qu'après-demain ce sera à mon tour de te rendre la pareille. Ce n'est que justice. Et comme après-demain c'est lundi, tu ne peux pas invoquer l'excuse des répétitions.

Deux semaines plus tôt, j'aurais eu mes cours de Pilates et de yoga, et j'aurais refusé. Mais ce soir, c'est différent.

— Où vas-tu m'emmener ?

— Dans un endroit que tu n'as jamais réellement vu jusqu'à maintenant.

Il lève son verre et le fait tinter contre le mien.

XXIV

— Qu'est-ce que nous fichons ici ?

Je voûte les épaules sous mon manteau de laine alors que le vent tourbillonne autour de nous.

Jacob et moi nous trouvons au milieu de Times Square, un endroit qu'en temps normal j'évite à tout prix, et nous faisons la queue dans une file de touristes : des pères en blousons frappés du logo des Packers de Green Bay, des mères en manteaux longs épais, des enfants d'âges divers arborant des casquettes et portant des sacs de souvenirs bon marché.

— Tous ces gens ont l'air de débarquer du Kansas…

(Tous sauf, bien sûr, moi et Jacob qui affiche une classe nonchalante avec son vieux caban bleu marine, son pantalon en velours côtelé et sa casquette tricotée.)

— En fait, les Packers de Green Bay, c'est une équipe du Wisconsin, explique-t-il. Et tu n'as peut-être pas remarqué les Françaises qui sont juste derrière nous, et cette famille de Japonais.

Je ne prends même pas la peine de me retourner.

— N'empêche. Nous, nous *vivons* ici. Alors qu'est-ce que nous fabriquons avec ces touristes ?

— J'ai pensé t'embarquer dans une visite guidée de la ville, répond-il avec un sourire, et il passe un bras autour de mes épaules. Tu comprends, vu que tu sembles vraiment vivre dans ce théâtre.

À cet instant, un bus à impériale rouge se gare le long du trottoir. Ses portes s'ouvrent avec un chuintement, et la ligne des touristes avance.

— Attends, tu veux me faire faire une visite guidée ? dis-je, incrédule. Et c'est ce que je suis censée n'avoir encore jamais vu, New York depuis un autobus Red Apple ?

Il hausse les épaules.

— Quelle meilleure façon de voir notre ville que depuis l'étage supérieur d'un monstre cracheur de monoxyde de carbone ? Et il y a un guide qui te récite tout un tas d'anecdotes sur New York.

Il m'entraîne à sa suite, et nous montons sur le toit du bus.

Assez peu enthousiasmée, je me laisse choir sur un siège près du bord. Jacob se cale à côté de moi.

— On peut faire des haltes et reprendre un autre bus ensuite, mais comme on n'a pas trop de temps, je me suis dit que ce serait mieux d'effectuer toute la visite d'une traite. J'ai apporté de quoi grignoter.

De son sac, il sort deux bouteilles de San Pellegrino, deux clémentines et une tablette de chocolat noir géante.

— Ah, dans ces conditions…

Je suis déjà de meilleure humeur. Je prends un carré de chocolat.

Notre guide se racle la gorge, tapote son micro et nous adresse un grand sourire.

— Bienvenue à bord, tout le monde, bienvenue ! Je suis très heureux de vous voir ! Nous nous trouvons au cœur même de la ville qui ne dort jamais ! Times Square ! Times Square s'est appelé Longacre Square jusqu'en 1904, quand le *New York Times* a installé son quartier général ici ! Auparavant, c'était un quartier de théâtres et de *bordels* !

Je grimace.

— Pourquoi est-il aussi excité par ce qu'il raconte ?

— À mon avis, c'est dans son contrat, répond Jacob qui pèle une clémentine et m'en tend un quartier.

— À l'époque de la Première Guerre mondiale, Times Square était le premier quartier de la nation en termes de concentration de théâtres, mais cinquante ans plus tard, il était redevenu celui des prostituées et des sex-shops ! claironne l'homme. Sordide !

Je coule un regard dubitatif à Jacob tandis que le bus démarre et se mêle au flot des taxis, camionnettes de livraison et voitures qui se dirigent vers le sud sur la 7e Avenue.

— Tu tiens vraiment à ce que je l'écoute ?

— En fait, j'avais plutôt l'intention de te régaler de mes commentaires personnels. Qu'est-ce que tu en penses ? ajoute-t-il en inclinant légèrement la tête.

Je suis intriguée, mais j'acquiesce.

— Si tu ne te montres pas aussi survolté que ce type…

— Entendu, pas de points d'exclamation. Donc, nous sommes maintenant au coin de la 7e et de la 38e, là où j'ai failli tomber dans les pommes : j'avais bu trop de bières Singha dans un des clubs de karaoké de Koreatown, après une interprétation vraiment incroyable de *Sweet Child of Mine*. À un bloc à l'est et un peu plus au nord, il y a Bryant Park. Durant un été, j'y ai vu *Le Lauréat* en compagnie d'une fille dont je croyais être amoureux.

Nous ralentissons à un feu, et je me tourne vers lui.

— Et qu'est-elle devenue ?

Une fois encore, j'imagine une jolie brune au regard sensuel.

— Je lui ai offert des cours de poterie pour son anniversaire, et elle m'a trompé avec le prof. Sven, je crois qu'il s'appelait.

— Oh, ça, c'est dur…

Il hoche la tête, l'air triste.

— Ouais. Mais ne t'inquiète pas, je ne vais pas te parler uniquement de mes petits déboires personnels pendant tout le circuit. Tiens, tu savais que Broadway est une des rues les plus longues au monde ? Elle commence dans le bas de Manhattan et ne finit qu'à Albany qui se trouve à 240 kilomètres plus au nord.

— Vraiment ?

— Vraiment. Et l'Empire State Building fait 381 mètres de haut, sans compter l'antenne et le paratonnerre.

Il désigne vaguement une direction. Je m'efforce de paraître très sérieuse et intéressée.

— C'est fascinant.

Nous avons quitté les enseignes au néon de Times Square et nous sommes entrés dans le no man's land qui s'étend entre le centre et les quartiers périphériques : grands immeubles de bureaux aux façades vitrées, épiceries et trottoirs envahis par la foule des piétons. Jacob pose le bras sur le sommet de mon siège.

— Et nous passons à présent devant la très jolie Penn Station, qui est la gare la plus fréquentée de toute l'Amérique du Nord. Un millier de personnes y embarquent chaque minute et demie.

— Je commence à me sentir comme une de tes élèves, lui dis-je. Peut-être que je devrais prendre des notes, en cas d'interro surprise...

Il sourit.

— Revenons au circuit personnel, alors. Une fois, je me suis fait draguer dans les toilettes de Penn Station par un travesti de deux mètres. Il – ou elle, d'ailleurs – était très séduisant, mais j'ai quand même refusé ses avances. Et je crois pouvoir te faire une confidence : le *Sbarro* sur le quai 7 sert la plus mauvaise pizza de toute la planète.

Le vent file autour des immeubles, et je me blottis contre Jacob pendant que le bus continue en ronronnant vers le centre-ville. Le guide pontifie à propos du Chelsea Hotel, à un bloc et demi plus à l'ouest, tandis que Jacob me désigne les bars du voisinage où il a joué.

— Eh, regarde, lui dis-je soudain. *Loehmann's*. C'est là que j'ai acheté une robe fourreau *Marc Jacobs* avec quatre-vingts pour cent de réduction. Bea a fait tomber tout un présentoir de lunettes de soleil parce qu'elle n'a pas pu résister à l'envie de faire une démonstration au patron.

Jacob sourit.

— Tu vois ? Toi aussi tu pourrais faire guide.

Il reprend ses anecdotes, et j'apprends que son ami Damian a organisé un flash mob au coin de la 12e Rue. Je découvre que Greenwich Village était à l'origine un marécage, et que la zone sous le Washington Square Park a été un cimetière pour indigents.

— Donc il y a dans les vingt mille cadavres sous tes pieds quand tu sirotes ton café au lait tout en regardant les chiens folâtrer dans l'herbe, commente Jacob. Chouette, non ?

Je frissonne et je resserre mon écharpe autour de mon cou.

— Oui, très. Je suis gelée. Quand est-ce que le printemps arrive ?

Il repasse le bras autour de moi.

— Mon appartement n'est pas très loin d'ici. On pourrait y aller à pied. On descend ?

J'accepte. J'ai le nez qui commence à couler. Jacob me tend sa manche pour que je m'essuie, ce qui est un peu dégoûtant mais aussi, peut-être, le geste le plus gentil qu'un garçon ait jamais eu envers moi. (Je n'en profite pas, et je m'essuie sur ma propre manche.)

Nous descendons dans Christopher Street, juste au moment où le guide décrit à tous les touristes du Kansas et du Wisconsin l'histoire du *Stonewall Inn* et les trois jours d'émeute qui ont marqué les débuts du mouvement pour les droits civiques des homosexuels.

Jacob remercie le guide et lui glisse un billet de cinq dollars. L'autre effleure son couvre-chef d'un doigt et poursuit son monologue.

Jacob prend ma main et nous partons vers l'est, en nous frayant un chemin dans la foule des gens qui font leurs courses.

Comme c'est étrange et agréable de marcher dans la rue avec ma main dans celle de quelqu'un d'autre. Je n'arrive pas à croire que j'ai vécu presque deux décennies sur cette terre sans jamais avoir connu cette expérience. Les gens qui nous croisent doivent penser que nous sommes en couple. Et je ne sais pas, mais d'un coup peut-être que c'est vrai.

Sur la 5e Rue, entre les Avenues A et B, nous arrivons devant un immeuble en briques étroit, d'aspect un peu délabré, avec des graffiti sur les marches en béton qui mènent à la porte d'entrée.

— Home, sweet home, déclame Jacob. J'habite au troisième.

Je le suis dans l'escalier, en ménageant ma cheville gauche qui m'inquiète depuis la bourrée exténuante dans *La Recluse*. L'entrée sent la cuisine chinoise et les pieds.

— Ce n'est pas un palace, prévient Jacob en ouvrant la porte d'un appartement aux pièces en enfilade. Mais le loyer est correct. En fait, c'est mon oncle qui l'a loué au début, mais il ne vient plus à New York. Il reste à peindre dans son cottage de North Shore.

Bien que petit, l'endroit est accueillant. À la différence du mien, son appartement montre des signes réels d'occupation : des posters et des photos décorent les murs, le bout de canapé est envahi par des livres, des papiers et des mugs contenant encore du café froid posés sur des boîtiers de CD. Deux guitares occupent un coin. Ce n'est pas exactement en désordre. Simplement habité.

Jacob prend mon manteau et le suspend dans une penderie déjà pleine à craquer.

— Bon, étape suivante : le repas. Je sais plus ou moins cuisiner une dizaine de trucs différents. Surtout à base de pâtes, parce que c'est à peu près tout ce que je mange. Je peux faire des penne arrabiata, des spaghetti aglio e olio, des puttanesca. Et une soupe aux nouilles, si ça compte comme pâtes...

Je l'interromps :

— Des pâtes au pesto. Tu aimes tellement, tu dois bien faire du pesto, non ?

— En règle générale, je me contente d'ouvrir un pot, avoue-t-il. Mais je concocte moi-même ma sauce arrabiata. Intéressée ? C'est très relevé.

— Ça a l'air super.

Je le suis dans la petite cuisine et il m'observe de derrière le comptoir. Il prend une grande poêle à frire dans une main, un torchon dans l'autre, et il mime l'action de laver.

— Tu remarqueras, je m'assure que mes poêles sont dépourvues de tout revêtement pétrochimique.

Je m'accoude sur une pile de numéros de *Rolling Stone*, sur le comptoir.

— Il paraît pourtant que les produits pétrochimiques sont l'origan des temps modernes.

Il sourit.

— Tu es tellement en avance sur ton temps.

Pendant un moment je le regarde s'affairer dans la cuisine, et puis je vais examiner sa collection de CD et ses étagères de livres. Je ne fouine pas : je cherche seulement à mieux connaître ses goûts. Il semble apprécier un romancier japonais du nom d'Oé, et il possède une vingtaine d'albums de Neil Young.

Je me laisse tomber sur le canapé et je prends un vieux numéro du *New Yorker*. Mais je ne le lis pas. Je reste là, les yeux clos.

— Une Bud light en échange de tes pensées, dit Jacob.

Il contourne le comptoir et me tend une bouteille de bière. Il a revêtu un tablier sur lequel est écrit *Kiss the Chef*.

— Je sais que tu préfères le vin, mais j'ai oublié de passer au magasin, tout à l'heure.

Je bois une petite gorgée, et je grimace un peu. Je ne suis pas très portée sur la bière. En plus, il n'est que deux heures de l'après-midi. Je contemple mes pieds décolorés et parsemés de cloques, et je remue les orteils. Ces orteils sur lesquels je danse chaque jour.

Jacob s'assied à mes côtés, et je ramène mes pieds sous moi. Il a un peu de sauce sur la joue.

— Alors… tes pensées ?

— Eh bien, en dépit de mon scepticisme, je dois avouer que la balade en bus était très sympa. C'est agréable de savoir que cette ville ne se réduit pas au Manhattan Ballet. Tu as quelque chose, là.

Je pointe le doigt sur sa joue qu'il essuie avec un coin de son tablier.

— Merci. Et maintenant arme-toi de courage, parce que ça risque de te chambouler… le monde ne se réduit pas à la ville de New York.

Il écarquille les yeux et simule une explosion avec ses mains. Je feins la stupeur.

— Attends, qu'est-ce que tu racontes ? Tu veux dire que nous ne tomberons pas de la planète si nous marchons plus bas que le quartier des finances ?

Il secoue la tête au ralenti, avec une expression de gravité extrême.

— C'est dingue, hein ? Ce qui me fait penser… J'ai trouvé un endroit où on loue des kayaks à l'heure. Ça pourrait être sympa de découvrir la ville depuis l'Hudson, non ?

— *È fantastico*, dis-je après une courte hésitation.

Il semble surpris.

— Je suis impressionné ! Tu as pris des leçons ?

Je l'admets avec un petit sourire :

— Oui, un peu. J'ai acheté une appli pour mon iPhone la semaine dernière. Je veux être capable de tenir mon rang quand nous irons enfin voir un film de Fellini.

— Je… whaou… C'est vraiment super.

Je le regarde au fond des yeux.

— Je t'envie d'avoir le temps d'explorer tant de choses différentes… (Je réprime un rire.) Oh, et je sais aussi dire « Il a un grand chapeau » et « Où est la plage ? ».

Une lueur passe dans ses yeux bleus, et il me décoche le plus grand sourire que j'aie jamais vu.

Et puis son expression redevient plus sérieuse, et il me dévisage comme il ne l'a encore jamais fait. Il se penche vers moi, et la seconde suivante ses lèvres touchent les miennes, avec douceur mais insistance. Comme si elle appartenait à quelqu'un d'autre, ma main s'élève et trouve le chemin de la peau tiède de sa nuque, sous les cheveux. Ses bras se referment sur moi, et j'ai l'impression de me diluer en lui.

Après un temps, il s'écarte de moi, et replace une mèche de mes cheveux derrière une oreille.

— Est-ce que j'ai mentionné le fait que tu me plaisais ? demande-t-il.

Je hoche la tête. À l'extérieur, l'alarme d'une voiture se déclenche, puis une autre. Le radiateur de Jacob siffle et cogne à mesure que la chaleur monte.

— Je crois que ce serait bien si je te plaisais aussi, ajoute-t-il. C'est le cas ?

Et je hoche la tête de nouveau. C'est comme le premier soir où je l'ai rencontré, quand j'étais incapable d'articuler un mot. Il se penche en avant et m'embrasse une fois encore. De la cuisine me parvient une odeur de brûlé, mais je n'en dis rien. Je me renverse sur le canapé et il s'incline sur moi. Je sens le poids de son corps sur le mien. Nous gardons les yeux clos. Nous nous noyons l'un dans l'autre.

— Tu sais, je… commence-t-il, sa bouche sur ma gorge.

— Arrête de parler, dis-je dans un murmure.

Et je l'attire à moi pour un long baiser.

XXV

LE LENDEMAIN MATIN, Bea arrive chez moi avec deux cafés et une barquette en plastique contenant de la salade de fruits frais achetée à l'épicerie du coin. Je me frotte les yeux en la laissant entrer : il n'est pas encore neuf heures.

Elle répartit les fruits dans deux bols et prend des fourchettes dans la cuisine. Sa tignasse rousse s'échappe en vagues de sous son béret noir.

— J'ai traîné avec Max Gruner, hier, annonce-t-elle.

Je pousse un petit cri d'excitation : Max est un autre membre du corps de ballet. Il est très mignon, malgré un petit problème d'acné au niveau du menton, et c'est un danseur incroyable. J'ai même entendu Otto dire qu'il était prometteur, ce qui, chez Otto, est un très grand compliment.

— Raconte-moi tout.

Mais il faut que je m'assoie dans un fauteuil. Je ne suis rentrée qu'à deux heures du matin passées, et ensuite je n'ai pas pu fermer l'œil.

Bea soupire.

— J'étais vraiment nerveuse, et lui aussi. Tout le temps, j'ai trouvé que la moindre chose était bizarre et gênante. Par exemple, il y a eu des moments de longs silences, et puis nous nous mettions à parler en même temps.

— Attends, commence par le commencement. Qui a proposé à l'autre de sortir ?

— C'est moi. Je lui ai demandé s'il voulait aller au ciné avec moi.

J'applaudis.

— Un bon point pour toi !

— C'est ce que j'ai cru. Je lui ai posé la question dimanche, après la matinée. J'avais encore mon maquillage, alors j'ai fait comme si j'étais une autre. Une fille plus courageuse.

— Comme Zoe ?

Bea éclate de rire.

— J'ai dit plus courageuse, pas plus allumeuse.

— Bon, je me fiche de ce que tu dis. Je suis fière de toi. Il fallait oser.

Elle pique un morceau d'ananas avec sa fourchette.

— Je ne veux pas être la dernière personne sur Terre à ne jamais avoir eu de petit ami.

— Premièrement, tout le monde s'en fiche, et deuxièmement, tu n'es pas seule. Regarde dans le corps de ballet : Jordan n'est jamais sorti avec une fille.

— Il est totalement bizarre, lui. D'abord, il se déplace sur un gyropode. Alors merci de ne pas me comparer à lui.

Je lui souris.

— Tu as raison. Toutes mes excuses.

Bea met le morceau d'ananas dans sa bouche, mâche un instant, et soupire encore.

— Je crois que je me demande à quoi ça sert.

— À quoi sert quoi ?

Elle me regarde comme si j'étais légèrement attardée.

— D'essayer d'être avec quelqu'un quand c'est tellement plus simple d'être seule, explique-t-elle.

— Bea, tu n'es pas obligée d'avoir un petit ami ! Tu fais ce que tu veux.

Je souffle sur mon café avant d'en boire une gorgée. Il est fort, mais pas assez.

— Oui, je sais, reconnaît-elle avec un soupir de plus. Et toi et Jacob, ça se passe comment ?

— Super. Enfin, ce serait super s'il n'y avait pas ça.

D'un mouvement ample du bras, j'englobe la pièce.

— Ton appart ?

C'est maintenant à mon tour de lui lancer ce regard qui signifie : *Tu es bouchée ou quoi ?*

— Non. Ma vie. La compagnie. Le monde du ballet. Comme tu l'as dit, ça complique les choses.

Elle se lève et passe dans la cuisine.

— Tu n'as pas de verres propres ? demande-t-elle. Ah si, ils sont là.

J'entends le robinet couler quand elle se verse un verre d'eau.

— Oui, c'est difficile pour tout le monde, reprend-elle. Mais nous le savions quand nous avons signé, quand nous avions, quoi, neuf ans…

— C'est vrai, Bea, mais en dix ans les gens changent. Je ne suis plus aujourd'hui celle que j'étais il y a quelques années.

— Ah, encore heureux ! Nous étions tellement nunuches !

— Tu te souviens, nous rêvions d'être des *buissons* du décor, rien que pour nous retrouver sur scène avec la compagnie !

Elle revient auprès de moi en grimaçant.

— Bon, d'accord, nous avons grandi, et maintenant nous comprenons et nous apprécions mieux ce que nous faisons.

— Oui, bien sûr, mais…

— Tu es juste un peu crevée, coupe-t-elle avec assurance. D'ici une semaine tu te sentiras mieux. Ça vient par vagues, ces trucs-là.

J'espère sincèrement qu'elle a raison.

Ses jolis yeux bleus me dévisagent. Je n'arrive pas à décrypter son expression. Finalement elle me demande :

— Tu vas manger ton ananas ?

Je pousse mon bol vers elle.

— Il est à toi.

— Merci. Et maintenant, va te préparer. Le cours débute dans une heure.

CE MATIN, RIEN n'est facile. Le manque de sommeil se combine à la fatigue accumulée pendant des semaines de danse ininterrompue, et lors de la deuxième répétition de la journée, je commence à me sentir vidée. Or j'ai encore trois heures de répétitions, et ensuite *Une pièce nocturne, Concerto en do* et *Prévoyance* à danser ce soir avant de pouvoir m'accorder un repas digne de ce nom et un bain.

— On se redresse, Hannah ! aboie Annabelle Hayes. On croirait que tu balaies le sol !

Docilement, je contracte les abdominaux et m'efforce de rester alerte, mais mon dos est douloureux et mes cuisses n'ont plus de force, à tel point qu'il m'est presque impossible de déplacer mes jambes. Mes muscles exténués me donnent l'impression que quelqu'un m'a frappé dans les jambes aussi violemment que possible, et le moindre contact est une souffrance.

Annabelle frappe dans ses mains pour annoncer la pause.

— Tout va bien ? me demande-t-elle. Tu es malade ?

Je secoue la tête. Depuis le plus jeune âge, on nous apprend à ne jamais parler en cours ou pendant les répétitions, à part si c'est absolument nécessaire, et surtout à ne *jamais* se plaindre. Si bien que je ne lui avouerai jamais que je suis harassée, que mes chaussons sont morts et que mes cuisses ne fonctionnent plus.

— Depuis le début, alors, ordonne-t-elle, sourcils froncés.

Les filles laissent échapper des grognements, et Zoe me lance un regard irrité.

Le pianiste reprend, et je ne peux rien faire d'autre que me ressaisir et ignorer ma souffrance.

Quand je n'étais encore qu'une toute jeune danseuse, je m'en souviens, il y avait des jours où se retourner dans le lit était douloureux, ou même respirer, ou faire quoi que ce soit d'autre que rester étendue immobile sur le sol. À l'époque, je puisais une forme de satisfaction dans ces épreuves, parce que je savais que j'étais vivante et que mon inconfort était le produit de quelque chose de grand.

J'aimerais pouvoir éprouver de nouveau ce sentiment.

Ce soir-là, avant la représentation, j'étale une épaisse couche de maquillage et j'ajoute à plusieurs reprises de la poudre. Tout mon visage est blanc, et je me fais l'impression d'être un fantôme.

Je décide d'acheter un Coca light au distributeur avant d'aller prendre un peu l'air, et c'est pourquoi je laisse le fard à paupières, les eye-liners, les faux cils et le rouge à lèvres pour plus tard. Je gravis en hâte l'escalier et je glisse mes pièces de vingt-cinq cents dans la fente de la machine. Pendant que j'attends mon soda, j'aperçois Otto et Mai à l'autre bout du couloir. Les joues habituellement pâles de Mai sont roses et sa petite poitrine se soulève et s'abaisse sur un rythme précipité. Elle doit sortir de répétition. Otto agite les mains avec animation et semble presque sourire pendant qu'il parle. Mai l'écoute, acquiesce, répond. Je ne peux pas entendre ce qu'ils se disent, mais je n'en ai pas vraiment besoin : il est évident qu'ils sont engagés dans une conversation bien réelle. J'ignorais que quelqu'un faisait cela avec Otto. D'après ma propre expérience, il aboie quelque chose, un ordre ou une réprimande, et tout le monde fait ce qu'il exige.

Mon Coca light tombe dans le réceptacle de l'appareil avec un bruit métallique assourdissant. Je tressaille, et Otto tourne la tête dans ma direction.

Son visage reste inexpressif pendant une fraction de seconde, avant de refléter ce que je pense être du dédain, peut-être même du dégoût.

Un léger frisson me parcourt le dos, et je me demande s'il me regarde de cette façon parce que je n'ai pas terminé de me maquiller ou parce qu'il n'a pas oublié la répétition durant laquelle j'ai été incapable d'effectuer le brisé. Je lui adresse un faible sourire, mais il continue de me toiser comme si ma présence était parfaitement déplacée dans ce couloir, ou dans ce théâtre, ou sur cette planète.

Pendant les secondes atroces qui suivent, toutes les pensées les plus sombres et les plus déloyales que j'ai pu avoir tourbillonnent dans ma tête. Quand j'ai souhaité qu'ils mettent enfin un terme à mon supplice. Quand j'ai rêvé qu'Otto voulait me couper les seins. Je serre la canette de soda contre moi comme s'il s'agissait d'un bouclier.

Après ce qui semble une éternité, Otto regarde ailleurs. Je baisse la tête et j'ordonne à mes jambes de bouger. Et je m'enfuis vers le refuge que constitue le vestiaire.

Plus tard ce même soir, je suis presque en retard pour mon entrée dans le ballet de Jason Pite. Mais lorsque j'arrive sur scène, je me sens étrangement détendue, presque détachée. Je bondis haut dans l'air et je lance mes jambes pour un rond de jambe. Pendant que j'évolue, mon esprit est clair, serein. Chacune de mes respirations est plus facile, et j'entends la musique comme si elle venait de très, très loin.

Je danse ainsi, dans une sorte de rêve éveillé, jusqu'à ce que l'orchestre attaque le final et égrène les dernières notes.

J'imagine que c'est ce qu'on ressent quand on n'en a plus rien à faire.

Annabelle Hayes est campée sous le signe lumineux de la sortie, dont l'éclat rouge allume des reflets sur la couronne de sa chevelure. Elle a croisé ses bras minces, et elle ressemble à un moineau. Elle me fait signe, ouvre la bouche et articule quelque chose, mais je suis encore trop loin pour l'entendre.

— Pardon ? dis-je en m'approchant.

Dans un réflexe inconscient, je touche mon chignon et j'ajuste mon costume.

Annabelle me regarde en clignant des yeux.

— C'était beaucoup mieux, Hannah, lâche-t-elle.

Je bredouille un « Merci » presque inaudible, qu'elle accepte d'un hochement de tête. Je ne me rappelle pas la dernière fois où elle a eu un mot gentil pour moi. C'est très curieux : aujourd'hui elle m'a harcelée pendant toute la répétition, et maintenant elle me complimente.

Je retourne au Foyer où tout le monde se prépare pour le dernier ballet. Nous y participons tous.

— Comment ça s'est passé, avec Pite ? me demande Bea.

Avant de répondre, je prends ma bouteille d'eau et en bois la moitié en ce qui me semble n'être que deux gorgées.

— Bien, apparemment. J'ai même eu un compliment d'Annabelle, va savoir pour quelle raison.

La tête brune de Daisy apparaît derrière l'épaule de Bea.

— Impossible !

Zoe vient d'arriver, encore un peu essoufflée de sa prestation.

— Un compliment ? raille-t-elle. J'aimerais bien savoir ce qui lui est passé par la tête.

Je vide ma bouteille avant de vérifier mon maquillage dans le miroir. Il faut que je retouche mes lèvres et que je me fasse un chignon bas.

— Je ne sais pas, pour une fois j'étais totalement détendue. Comme si je me libérais.

Le doute arque un des sourcils de Zoe.

— Si ça marche pour toi… mais son ballet n'a rien d'un vrai ballet, tu sais. Enfin quoi, toutes ces roulades sur le sol ! Beurk.

— Je suis sûre que tu as été super, Hannah ! me lance Bea.

Zoe grommelle quelque chose et se détourne. Et je ne peux m'empêcher de sourire.

Mais de retour à mon appartement, mon humeur change une fois encore. J'ai rempli la baignoire, ajouté des sels d'Epsom et un peu d'huile essentielle de lavande, et je m'y suis plongée. Je me laisse aller et je ferme les yeux pour ne pas voir la peinture turquoise hideuse sur les murs. Dans l'eau tiède, je sens ma colonne vertébrale qui s'étire, et une partie de la tension qui déserte mes quadriceps. Je fredonne une mélodie que ma mère avait l'habitude de me chanter.

Les sels d'Epsom émettent un petit sifflement en se dissolvant, et je m'enfonce un peu plus dans l'eau.

Le téléphone sonne, mais je ne réponds pas.

J'ai placé une de mes plus anciennes paires de chaussons sur l'étagère de la salle de bains, pour pouvoir les contempler. Le cuir en est craquelé et décoloré, et ce qui était à l'origine un joli rose ne ressemble plus à rien. Mais je ne les ai pas jetés, parce qu'ils me remémorent qui j'étais quand je suis tombée amoureuse de la danse. J'avais neuf ans, et je prenais des cours trois fois par semaine à la Boston Ballet School.

Un jour, alors que je travaillais les battements tendus à la barre, j'ai commencé à m'imaginer en robot, et j'ai dansé avec des mouvements très nets, très précis. Je ne sais d'où m'est venue cette idée. Je sais seulement qu'en dansant, je visualisais un robot et je m'efforçais de faire exactement les mêmes mouvements que lui. Mes bras étaient en aluminium, mon torse en acier. Dans mes déplacements, je prétendais fendre l'air comme la lame d'un couteau.

Le professeur a interrompu le cours, et elle a pointé sur moi son index à la longueur impossible. J'ai senti mes joues s'empourprer – j'allais avoir des problèmes, pas de doute. Mais c'est alors qu'elle s'est retournée vers toutes les autres élèves.

— Regardez bien Hannah, leur a-t-elle dit. Je veux que vous fassiez *exactement comme elle*.

Je n'en croyais pas mes oreilles. Après ce jour, mon professeur m'a accordé une attention toute particulière, et l'année suivante, le directeur artistique du Boston Ballet a proposé de me donner des cours individuels. C'était inédit : le directeur d'une compagnie majeure prenant le temps d'enseigner à une gamine de dix ans des variations tirées de *Gisèle* et de *Raymonda*.

Quand je les ai exhumés de leur boîte, les chaussons étaient imprégnés du parfum du sachet de copeaux de cèdre que j'avais placé là. Ils m'ont paru minuscules.

Qu'est-il advenu de cette fillette qui ne rêvait que de danse ? J'aimerais pouvoir lui parler, aujourd'hui. Je ne sais pas si elle me conseillerait de ne pas perdre espoir. Parce qu'un unique compliment d'Annabelle ne peut pas effacer la frustration qui a grandi en moi. Il s'en faut de beaucoup.

Je m'assois dans la baignoire et je baisse les yeux pour examiner mes seins. Ils ont à peu près la taille qu'ils ont toujours eue, c'est-à-dire qu'ils sont plus gros que ce qu'Otto souhaiterait.

— Ce n'est pas votre faute.

Et je me replonge un peu plus profondément dans mon bain.

XXVI

— Vous êtes au courant ? s'exclame Zoe qui essaie de paraître calme alors qu'elle est manifestement hors d'elle. Eliza et Olivia ont été promues solistes. Solistes !

Elle coince un chausson neuf dans la porte pour le casser, ce qui est aussi une bonne manière d'exprimer sa frustration.

— Quoi ? Tu es sérieuse, là ?

J'ai pratiquement crié, en oubliant l'espace d'un instant que je devrais me réjouir pour elles. Ce sont des filles comme moi, qui se sont elles aussi échinées dans un état de frustration que toutes nous pensions perpétuel. C'est une nouvelle énorme et, pour Eliza et Olivia, l'accomplissement d'une vie entière.

— Juste comme ça, en un claquement de doigts ? dis-je. Mais Olivia n'a pas eu de solo depuis des mois.

— En fait, si, corrige Bea.

Je ne l'écoute pas. Je suis sous le choc, comme tout le monde dans la pièce. Daisy ramasse une poignée de pièces de vingt-cinq cents et s'éclipse. Zoe se brosse les cheveux à grands gestes furieux pendant un moment, avant de sortir pour fumer une cigarette.

— Enfin, c'est super pour elles, vraiment, dis-je, et j'essaie de m'en convaincre.

Je ferme mon casier et je le rouvre aussitôt avec des gestes saccadés.

— C'est super, oui, insiste Bea.

Olivia et Eliza passent la tête par la porte entrebâillée de nos loges. Le petit visage de lutin d'Olivia rayonne de plaisir, mais si Eliza sourit, elle semble aussi assez perplexe.

— Je n'arrive pas à le croire, répète-t-elle dans un murmure. Je croyais que j'allais rester dans le corps de ballet pour l'éternité. Je n'arrive pas à le croire.

Et moi non plus, d'une certaine façon. Ensemble, nous étions les cygnes dans *Le Lac des cygnes*, et les Flocons de Neige dans *Casse-noisette*, et voilà qu'elles obtiennent la reconnaissance que chacune d'entre nous mérite.

— Félicitations, les filles, dis-je en essayant de paraître sincère. C'est incroyable.

— Et vous n'allez plus faire la danse des flocons ! s'écrie Bea. Vous en avez, de la chance !

Mais elle aussi donne l'impression de forcer la note.

Eliza et Olivia sourient, nous remercient et acceptent de rapides embrassades. Puis elles repartent dans le couloir en direction de leur propre vestiaire.

Je suis contente pour elles, mais je suis aussi très déçue pour moi-même. Bea et moi nous rasseyons à nos places respectives, le temps de digérer la nouvelle, toutes deux perdues dans nos pensées. Après un moment, je ne peux plus tenir. Je ramasse toutes mes brosses de maquillage et je les emporte dans la salle d'eau. Une par une, je les lave contre ma paume avec un peu de savon.

— Honnêtement, dis-je en haussant le ton pour couvrir le bruit de l'eau qui coule, comment Olivia s'est-elle débrouillée pour se faire remarquer ? Elle ne sort pas vraiment du lot.

L'eau vire au rose, au brun, au pourpre.

— Ouais, elle est assez fade, approuve Bea.

Je dépose délicatement les brosses sur plusieurs feuilles de papier essuie-mains et je rapporte le tout à ma place.

— Mais elle est constante, lâche Bea en inspectant ses ongles. Elle est toujours là.

— Et pour Eliza ? dis-je pendant que j'essore chaque brosse dans une serviette en papier avant de la disposer devant moi.

— Bah, elle a eu des rôles de demi-soliste et de soliste de temps à autre depuis des années, remarque Bea.

— C'est grâce à sa nouvelle coiffure, avec cette teinte plus blonde qu'elle doit à Oscar Blandi. Ça et le fait qu'elle s'est mise à sortir avec Sam, affirme Zoe qui vient d'arriver et qui empeste la fumée de cigarette.

— Tu es d'un cynisme... remarque Bea en essayant de décoller l'étiquette sur sa bouteille d'eau.

— Je préfère me voir comme quelqu'un de réaliste, rétorque Zoe.

Elle fait la moue devant le miroir, tourne le visage d'un côté, puis de l'autre, s'observe.

Leni entre, tout sourire, son matelas de yoga roulé sous le bras.

— Eh, les filles ! lance-t-elle, et elle poursuit un ton plus bas : Oh… Je vois que vous avez entendu les dernières nouvelles.

— C'est si évident que ça ? dis-je en réponse.

Je regarde Bea qui dévisse et revisse la capsule de sa bouteille, encore et encore, comme dans une transe. Zoe elle-même semble abattue.

D'une torsion brusque du poignet, Leni déroule son tapis sur le sol, et très vite elle se retrouve en équilibre sur les mains, une jambe tendue derrière elle et l'autre reposant sur ses bras pliés.

— Position latérale de la corneille, grogne-t-elle avant qu'on ait pu lui poser la question. Rien de tel pour se clarifier l'esprit qu'une inversion partielle. À part une inversion complète, bien sûr.

Daisy entre à son tour dans le vestiaire, et elle laisse tomber sur le sol un paquet de Cheetos. Ses yeux sont un peu gonflés et rougis. Elle a passé le vieux tee-shirt des Mets de Caleb sur son body.

— Je ne peux pas le croire ! Olivia ? Qu'est-ce qu'elle a fait pour mériter une promotion ?

Zoe braque sur elle le vert étincelant de ses yeux.

— Pourquoi ? Tu penses que c'est *toi* qui aurais dû l'avoir ? Laisse-moi juste te rappeler que nous nous cassions toutes les reins ici alors que tu portais encore des couches. Alors ne nous joue pas la fille autorisée à se vexer. Tu n'as que seize ans.

— Peuh ! C'est évident, tu es jalouse parce qu'Otto m'a remarquée. Et je te signale que j'aurai dix-sept ans dans deux mois, et que Mai a été promue quand elle avait dix-sept ans ! réplique Daisy avec fougue, en tapant le sol de son petit pied.

Leni abandonne sa posture sur le matelas.

— Chérie, tu pourrais baisser le ton ? Mes chakras sont tous troublés.

— Je me contrefiche de tes chakras ! s'écrie Daisy, et elle agite le poing dans l'air.

Leni pose sur elle un regard soucieux, puis elle affiche un beau et large sourire. Daisy a une grimace de mauvaise humeur, mais elle ne tarde pas à rire sous cape, et l'instant suivant elle rejette la tête en arrière et laisse échapper un son curieux, à demi étouffé. Je ne saurais dire si elle rit ou si elle pleure. Un mélange des deux, probablement.

Après quelques secondes, elle se calme et reprend sa respiration.

— Je ne peux pas croire que j'ai mangé tous ces Cheetos ! s'exclame-t-elle. Il va falloir que je saute le repas du soir pendant quatre jours !

— Coupe-toi plutôt un bras, lui suggère Zoe. Tu perdras trois kilos et demi, facile.

Elle réprime mal une hilarité moqueuse, et je soupire en silence.

Daisy se met à marcher de long en large dans la pièce.

— Ou peut-être que je devrais me remettre au régime South Beach ?

Bea elle-même rit, à présent, tandis que Daisy continue de soliloquer sur le jeûne, les régimes, comment brûler les graisses. Daisy nous regarde enfin, constate que nous rions toutes, et se met à rire elle aussi.

— Oh, écoutez-moi parler ! gémit-elle. Une vraie dingue ! Dites-moi donc de la fermer !

Leni elle-même rit à gorge déployée.

Je survole la pièce du regard, et je vois les bodys et les collants accrochés à sécher un peu partout, les photos des faux pas esthétiques de célébrités, les casiers qui débordent, le visage de mes amies. Il y a quelque chose d'étonnant à être capable de rire ensemble de la sorte alors que nous sommes toutes si horriblement déçues et frustrées. L'humour que nous trouvons à la situation nous rassemble.

Mais pour être tout à fait honnête, ce n'est pas seulement que je ressens une soudaine vague d'affection pour ces personnes avec qui j'ai grandi et sué chaque jour. Je m'en rends compte, si Eliza et Olivia ont été promues, cela signifie qu'il y a de l'espoir pour moi aussi, comme pour toutes les filles plus âgées qu'elles. Après tout, Annabelle vient juste de me dire que je m'améliorais. Il suffit que je me décide à me concentrer. Et à donner de nouveau tout ce que j'ai pour la danse.

Le toit du théâtre est un endroit crasseux balayé par le vent. Les mains enfoncées dans les poches, je me rends dans le coin qui surplombe la place, là où les garçons viennent en griller une. Il y a là une unique chaise pliante à côté d'un seau empli de sable et décoré de la mention *Jetez vos mégots ici*. Mais le toit est jonché des restes de Camel et de Marlboro. Si Otto montait ici, il piquerait une crise. « *Quoi* ? hurlerait-il. C'est *comme ça* que vous traitez le toit qui est sur vos têtes ? »

Je m'assois sur la chaise et je pose les pieds sur le rebord du seau. Le vent forcit, et je remarque quelques flocons qui tombent lentement. Je lève un regard surpris vers le ciel, car il neige rarement en mars. Je visse un peu plus mon couvre-chef sur ma tête et j'observe les flocons qui fondent sur le toit goudronné.

J'abaisse et je relève mes pieds, une fois, deux fois. Je lève ma jambe droite et je tourne la cuisse vers l'extérieur. Je lève la gauche aussi, et je sens mon centre de gravité changer tandis que je me balance sur mes mains en empoignant le métal froid du siège. Je sens le tremblement de mes bras qui soutiennent tout le poids de mon corps. Puis je quitte le siège et je vais jusqu'au bord du toit. La neige tombe en silence, avec plus de régularité.

Je m'imagine en attente dans les coulisses, à écouter les violons et le violoncelle malgré le bruit de la circulation en contrebas. J'effectue un piqué tourné pour revenir en cinquième position, suivi d'un mouvement de bascule en arrière, et je contemple le ciel un instant. Les flocons de neige viennent mourir sur mes joues. Je repars dans une glissade et un balancé au ralenti, puis une arabesque, un pas chassé, un jeté. Je continue de danser et la froidure de l'air disparaît. Autour de moi les flocons tourbillonnent, comme s'ils dansaient, eux aussi.

J'entends un craquement quand la porte s'ouvre. Jonathan s'immobilise sur le seuil, une cigarette pas encore allumée à la bouche. Ses cheveux brun clair tombent sur ses yeux, et il aurait besoin de se raser. Ses yeux bleus s'agrandissent en découvrant la scène.

— Qu'est-ce que tu fabriques, chérie ? dit-il en s'avançant sur le toit.

Je m'arrête net, horrifiée d'avoir été surprise dans cette situation. J'ai le souffle court et léger. Je me penche en avant en prenant appui des deux mains sur les genoux. Je me rends compte que je dois paraître bizarre, seule sur ce toit, à danser en collants, basket et manteau d'hiver.

— À quoi ça ressemblait ? dis-je.

— Aux *Métamorphoses*. Et c'était drôlement bien.

Je ne peux m'empêcher de sourire.

— Merci.

— Une cancérette ? propose-t-il en tendant son paquet vers moi.

— Non, merci.

— Comme tu veux.

Je passe à côté de lui au moment où il allume sa cigarette.

— Tu as vraiment de l'allure quand tu exécutes ce jeté, dit-il.

Je le salue d'un geste de la main. De l'autre côté de la lourde porte en fer, la cage d'escalier baigne dans une pénombre chaleureuse. Je redescends rapidement dans le vestiaire. La répétition commence dans vingt minutes.

Mon corps frémit de fatigue. Je pense à l'adage des *Métamorphoses* et au mouvement pour cordes dans la *Suite n° 1* de Tchaïkovski. Je me dis que se produire sur scène peut donner le grand frisson. L'idée de dire adieu à tout cela me semble soudain terrifiante, horrible.

Et cette constatation m'emplit d'un intense sentiment de soulagement. Je murmure :

— Je suis chez moi, je suis chez moi...

Je tombe sur Leni alors que je me rends à la répétition. Elle m'ouvre la porte et nous entrons dans la salle.

— Tu sais, lui dis-je, je crois que c'est une bonne chose. Ces promotions. Est-ce que je suis folle ? Parce que je me sens pleine d'espoir, d'une certaine façon.

Elle acquiesce lentement.

— *Immer wenn du meinst es geht nicht mehr, kommt von irgendwo ein Lichtlein her,* répond-elle.

— Ce qui signifie ?

— C'est quand tu penses que tu ne peux plus continuer qu'une petite lumière apparaît, explique-t-elle, et elle me présente un sac empli de choses vertes. Des chips au chou frisé ? C'est plein de bons éléments phytochimiques.

Je secoue la tête en souriant. J'ai réellement l'impression qu'une petite lumière est apparue.

Quand Jacob me téléphone, ce soir-là, je me précipite pour lui annoncer les dernières nouvelles. Mais je suspends mon geste juste avant de décrocher. Je vois son image comme sur un écran : son visage souriant, avec derrière lui un bus Big Apple. Je compte trois sonneries, quatre, cinq. *Concentre-toi, Hannah, concentre-toi.* Je ne prends pas l'appel, et le répondeur se déclenche.

XXVII

Bien sûr, je ne suis pas la seule à trouver une source de motivation dans les dernières promotions. En plus de commencer un nouveau régime, Daisy a fait l'achat d'une garde-robe entière pour travailler. Elle ressemble à un modèle sorti des pages du catalogue spécialisé *Danskin*.

— Ce n'est pas possible, elle doit être désespérée, marmonne Zoe en fouillant dans son sac.

Je ne peux qu'approuver à voix basse :

— Oui, si cette tactique marchait, nous serions tous en Lycra fluo.

Mais Daisy ne nous prête pas attention. Elle se pavane dans la pièce. Ses cheveux noirs ondulés brillent grâce à un traitement récent.

— D'après le Dr Shapiro, les couleurs peuvent réellement affecter votre humeur et la vision que vous avez de la vie, vous savez, déclare-t-elle.

— Ouais, et ce jaune est vraiment fait pour les solistes, ironise Zoe.

— Quoi ?

— Oh, rien. Je disais simplement que j'adore la nuance de jaune de ton body.

L'instinct de compétition ne s'est pas réveillé que chez Daisy. Zoe s'est remise à danser à côté de moi, et de temps à autre elle me lance des regards de défi. Moitié en plaisantant, moitié sérieusement.

Seules Bea et Leni me semblent n'avoir pas changé. Comme l'a formulé Daisy : « Elles possèdent un équilibre émotionnel plus grand », ce qui est manifestement une phrase reprise au Dr Shapiro.

— Je suis *la ballerine près de l'eau*[2], lâche Leni.

Je me tourne vers elle.

— Toi et tes citations étrangères. Qu'est-ce que ça veut dire ?

— C'est du français. Ça évoque une danseuse plus âgée, à qui on assigne une position en arrière-plan. Dans le temps, c'était près d'une fontaine.

— Je ne saisis pas.

Elle hausse les épaules.

— Je suis comme un élément du décor. Mais je pense qu'Otto me gardera. Je crois qu'il m'aime bien, autant qu'il est capable d'aimer bien quelqu'un. Mais je n'aurai jamais de promotion.

Et pour ce que j'en sais, elle a raison. Peut-être est-elle simplement une danseuse compétente à qui il manque (ou qui estime ne pas avoir) cette qualité ineffable qui pourrait faire d'elle une star. Bea pense la même chose d'elle-même, mais au moins elle a l'atout de la jeunesse.

---

[2] En français dans le texte (NdT).

***

— TU CROIS QUE nous allons avoir le beau gosse, aujourd'hui ? dis-je dans un murmure à Bea. Taylor ?

Nous avons repris le Bikram. Maintenant que j'ai décidé de me consacrer entièrement au Manhattan Ballet de nouveau, il faut que je supprime toute mollesse en moi, que je sois longiligne et au top pour les prochains ballets en body.

Avec une petite moue, Bea déroule son tapis. Elle s'y étend et ferme les yeux, dans la position d'un cadavre à la morgue. Elle n'avait pas réellement envie de venir. Je me penche vers elle :

— Je te payerai un smoothie, après le cours.

Elle ouvre un seul œil.

— Je vais en commander un énorme, avec tout un tas de suppléments, de la spiruline et ce genre de trucs. Ça va te coûter un max.

Je souris et lui touche le bras de l'index tendu. Elle essaie de réprimer un sourire, et je recommence. Je suis sur le point de nous mettre l'une comme l'autre dans une situation gênante en la chatouillant quand la porte de la salle claque, et nous regardons toutes les deux dans cette direction. Ce n'est pas Taylor, sanglé dans des vêtements qui mettent en relief tous les muscles et les tendons de son corps, mais *Zoe* qui fait son entrée. Elle porte un short de yoga noir et une minuscule brassière de sport pourpre. Elle marche dans notre direction, contourne les autres participants au cours et place son matelas à côté du mien. Elle dispose sa serviette et sa bouteille d'eau en silence, se tourne vers moi et m'adresse un grand sourire.

— Je ne pouvais quand même pas vous laisser acquérir une forme physique de tueuses toutes seules, pas vrai ?

À côté de moi, j'entends Bea redevenue cadavre qui expire lentement. Elle va faire comme si Zoe n'était pas là. Hélas pour moi, je ne peux pas faire de même puisque l'intruse n'est qu'à quelques centimètres.

Quand Taylor fait son apparition, un sourire de magazine aux lèvres, Zoe se penche vers moi et chuchote :

— Bonté divine ! Comme si j'avais besoin d'être encore plus motivée...

Je ne peux que soupirer.

Et, bien entendu, elle obtient son numéro de téléphone. Dès la fin du cours, elle va le voir et lui dit quel professeur *incroyable* et *extraordinaire* il est. Elle ajoute que ses encouragements l'ont vraiment *inspirée* et qu'il l'a aidée à atteindre un nouveau palier dans sa pratique.

Je manque de m'étrangler sur la gorgée d'eau que j'étais en train d'avaler.

— Sa *pratique* ? dis-je à Bea. Elle n'a encore jamais essayé le Bikram.

— Elle n'a aucune retenue, approuve mon amie alors que nous nous dirigeons vers les vestiaires. Rappelle-le-moi la prochaine fois que je me demande comment elle fait pour avoir autant de conquêtes.

— Taylor ne sera jamais son mec attitré. Mais il se peut qu'ils couchent ensemble une fois ou deux.

— Qu'ils sortent ensemble régulièrement ou qu'ils baisent juste un soir, peu importe. Allons plutôt savourer ce smoothie que tu m'as promis.

Je la dévisage, abasourdie.

— Tu viens bien d'employer le mot « baiser » ?

— Je crois bien que oui.

Elle fait de son mieux pour garder une expression neutre, mais je vois un sourire poindre derrière ce masque.

— Je ne t'avais encore jamais entendu employer ce mot.

Elle craque et affiche un large sourire.

— Les gens évoluent.

— Eh bien, n'évolue pas trop, d'accord ? Tu es ma référence.

— Aucun problème, répond-elle en riant.

Je retire ma tenue trempée de sueur et je me glisse sous la douche. L'eau chaude cascade sur moi, et j'ai l'impression de fondre.

— Il faut que je lui envoie un mail, dis-je, presque pour moi-même.

— Quoi ? lance Bea de la douche voisine. Tu vas envoyer un mail à Taylor ? Pour quoi faire ?

— Non, à Jacob. Il m'a téléphoné il y a déjà plusieurs jours, et je ne l'ai pas rappelé.

— Tu ferais bien de t'en occuper, approuve-t-elle. Eh, tu veux bien me passer un peu de shampooing ?

Je ne peux pas convenir d'un rendez-vous avec lui, mais je peux au moins lui écrire pour lui dire que je ne l'oublie pas. Et c'est ce que je fais ce soir-là :

To : jcnyu@yahoo.com
From : hannahbanana@gmail.com

Salut Jacob,
Désolée de ne pas t'avoir rappelé. Ils ont promu des anciennes comme solistes, et ça a rendu tout le

monde un peu dingue. Maintenant, nous pensons toutes que nous sommes les prochaines sur la liste. Je me suis remise au régime strict : Pilates, Bikram, etc. Mon amie Leni dit que je devrais essayer les cours de Gyrotonic, mais je crois que je suis déjà inscrite à assez de cours bizarroïdes comme ça. Bref, j'ai pensé à toi. J'espère que tout va bien.

Hannah

Mais quelques jours passent, et je ne reçois aucune nouvelle de lui.

— PERMETTEZ-MOI SIMPLEMENT DE vous apporter de quoi déjeuner, plaide Matt. Je n'ai rien à faire aujourd'hui.

J'ai coincé le combiné du téléphone entre mon épaule et ma joue pendant que je mets une paire neuve de chaussons à pointe.

— Vous êtes bien sûr de ne pas avoir à prendre un avion pour Paris, ou quelque chose de ce genre ? Il n'y a pas un jet qui doit vous emmener à Gstaad ?

— Très drôle. En fait, je suis ici pour un certain temps. Au moins jusqu'au gala du Met Opera.

— Ah...

— Comment va, pour vous ? demande-t-il.

— Je suis très occupée. J'ai même failli ne pas répondre à votre appel.

— Mais vous avez vu que c'était moi. Donc vous vous êtes sentie obligée de le faire.

— En réalité j'ai eu une seconde d'absence.

— Vous êtes vraiment très bien, ces derniers temps. Vos sauts sont fantastiques.

J'avais oublié qu'il se trouve souvent dans le public, assis à côté de son père, le magnat des banques efflanqué, avec ses cheveux gris. Même si je n'ai pas eu de contact avec lui depuis quelque temps, Matt sait où je suis et ce que je fais.

— Merci. Je fais de mon mieux.

— Alors, que voulez-vous que je vous apporte ?

— Je ne dispose même pas d'une heure. Ça ne vaut pas le coup que vous preniez cette peine.

Sa voix se fait plus basse quand il répond :

— Et si vous me laissiez être juge de ce qui vaut ou pas que je prenne la peine de faire ? dit-il, et il rit. Non, sérieusement : vous savez comment c'est. Je vous propose quelque chose, vous protestez, je persiste, et vous finissez par céder. Alors, que souhaitez-vous pour le déjeuner ?

Comme j'aimerais que cette offre émane de Jacob… mais jamais il ne se montrerait aussi insistant.

Je retrouve mes séparateurs d'orteils sous ma chaise.

— Thon, pain de seigle, et une pomme.

— Quelle variété de pomme ? demande-t-il.

— Vous êtes sérieux ?

— Oui.

Je réfléchis un moment.

— Une Fuji.

— Fuji. C'est noté.

Et quand je le rencontre à l'extérieur du théâtre, je suis étonnée d'être contente de le revoir. Il est toujours aussi sûr de lui, et je connais peu de gens qui possèdent cette aptitude. Par ailleurs, il est absolument craquant. Comme dirait Zoe, il incite à la fugue.

Nous nous asseyons sur la margelle de la fontaine et Matt sirote son café pendant que je mange mon sandwich. Nous formons un couple atypique : il a l'air d'être en chemin pour son bureau, avec son costume gris bien taillé et ses chaussures impeccablement cirées, alors que je suis vêtue d'un pantalon de survêtement *Adidas* emprunté à Jonathan et chaussée de mes baskets *Tretorn* les plus miteuses.

Un groupe d'adolescents passe devant nous et, bien que je ne les aperçoive que du coin de l'œil, je reconnais des élèves de la MBA. Les filles marchent avec les pieds en dedans, et leurs collants remontés découvrent leurs chevilles. Les garçons sont aussi minces et en jambes que des poulains. À n'en pas douter, ils sortent tout juste de l'École des Arts Appliqués où ils ont somnolé ou griffonné pendant les cours, les filles dessinant des ballerines dans la marge de leurs polycopiés, les garçons gribouillant le nom de groupes à la mode – Blink-182, Maroon 5, ou d'autres – au dos de leur cahier.

Leur pauvre professeur essayait peut-être de les initier à Shakespeare, mais ils avaient la tête pleine des enchaînements appris en cours le matin même. Une des filles se conditionnait pour ne rien manger pendant tout l'après-midi, pendant qu'une autre s'imaginait revenant saluer sur scène pour un rappel, face à un public extatique, après sa prestation. J'ai été l'une d'elles. Je sais comment ça se passe.

Matt me pousse doucement du coude.

— Eh, vous étiez où ?

Je souris.

— Désolée. Je rêvassais.

— Vous dansez quoi, ce soir ?

— Je ne m'en souviens même pas. Vous viendrez ?

— Je dois aller à une soirée.

— Oh.

Pour une raison que je ne m'explique pas, je suis déçue.

— Votre amie, celle qui vous ressemble un peu… dit Matt.

Je lève les yeux au ciel.

— Zoe ?

— Oui, c'est ça. Elle a obtenu un solo, non ?

— Merci de me le rappeler.

Je prends une bouchée de mon sandwich et j'enveloppe le reste dans la serviette en papier.

— Elle est douée, mais pas aussi gracieuse que vous, déclare Matt.

En même temps, il me tapote doucement le genou avec son index.

Je ne sais pourquoi, j'aimerais qu'il cesse de parler d'elle.

— Dites-le donc à Otto…

— Je pourrais le faire. Il doit venir dîner chez mon père lundi prochain.

— Ne lui en glissez pas un mot.

Il éclate de rire.

— Jamais je ne le ferais, mais c'est inutile, de toute façon. Je vois bien que vous êtes beaucoup plus performante et plus détendue. Vous êtes magnifique sur scène, et je ne le dis pas uniquement parce que vous me plaisez beaucoup.

Je le regarde et je m'apprête à lui répondre, mais il lève une main pour m'en empêcher.

— Écoutez, je ne suis qu'un être humain. Et vous êtes une vraie bombe. Mais je n'ai aucune raison de ne pas vous dire la vérité. Un de ces jours, votre talent va être reconnu à sa juste mesure. Je le sais. Je suis simplement plus rapide à déceler ce genre de choses que votre directeur artistique.

Je rougis et, malgré moi, je remarque que je suis fière d'être assise à côté de cet homme incroyablement séduisant qui pense que je suis une «bombe».

Mais l'heure de la prochaine répétition approche. Je me lève et balaie des deux mains les miettes sur mon manteau.

— Eh bien, merci, dis-je. Et je le pense. Pour le sandwich, et pour avoir dit ce que vous avez dit.

— N'oubliez pas votre pomme. Elle est bio.

Il se lève à son tour, se penche vers moi et m'embrasse sur les deux joues.

— À bientôt, Hannah Ward, lance-t-il alors qu'à grands pas il se dirige déjà vers Broadway.

Il hèle un taxi et disparaît de ma vue.

XXVIII

— M. Edmunds ne te fait pas penser à M. Smithers ? dis-je à Bea.

Nous sommes en séance d'essayage pour *L'Éveil*, nous observons M. Edmunds qui suit Otto comme son ombre, et c'est assez étrange. Il porte une chemise ample et un jean serré (la tenue habituelle d'Otto), et dès qu'Otto met les mains sur ses hanches, il l'imite. Lorsqu'Otto croise les bras, M. Edmunds croise les bras, comme si leurs postures respectives étaient chorégraphiées. C'est hilarant.

Bea réprime un gloussement et s'écarte de moi en exécutant un piqué.

— Absolument, me glisse-t-elle.

Plus tard, alors que je ramasse ma bouteille d'eau et mon sac, M. Edmunds vient me voir. Il a la mine sévère et, un instant, la panique m'envahit : se peut-il qu'il ait entendu mon commentaire ?

— Je vois bien que vous travaillez beaucoup plus dur, dit-il sans préambule. Vous êtes plus assurée.

Vous êtes sur la bonne voie, Ward, mais vous *devez* rester concentrée.

— Merci.

J'ai répondu dans une sorte de couinement étouffé. Je suis heureuse du compliment, mais M. Edmunds m'a toujours rendue nerveuse.

En chemin pour notre vestiaire, je pense au fait que mon corps me donne vraiment l'impression d'atteindre ses limites. Dans les films sur les athlètes, il y a toujours une séquence constituée d'un montage dans lequel on voit le personnage principal se mettre en forme au rythme d'une musique inspirée. Le temps qui s'écoule y est présenté de façon fluide, et l'héroïne passe sans à-coup de l'état de lourdaude à celui de championne affûtée. Sa sueur luit, ses muscles se durcissent, elle est héroïque dans ses efforts. Chaque angle choisi par la caméra est flatteur.

Eh bien, dans la vie réelle, ce n'est pas ça. J'aimerais que le temps s'accélère quand j'endurcis mon corps et ma détermination. Mais ça n'arrive pas. C'est encore et toujours des séances interminables d'un travail éreintant.

Dans les rares moments de libre que j'ai entre les répétitions, mes exercices de gymnastique, les cours de Pilates et de Gyrotonic, j'essaie de tenir mon journal intime. Voilà ce que j'y ai écrit hier: *Beurk. C'est impossible. Aïe. Aïe. Je veux dormir. J'ai mal partout. Ooh…*

Et c'est absolument tout ce que j'ai réussi à dire.

CETTE NUIT, APRÈS une triple représentation en soirée, on sonne en bas de l'immeuble. Je vais appuyer sur le bouton de communication et je me penche très près du petit haut-parleur encastré dans le boîtier, car mon interphone ne fonctionne pas très bien.

— Qui est-ce ?

La voix qui répond est tellement distordue par les crachotements que j'ai du mal à la reconnaître :

— Jacob. Jacob Cohen.

Mon cœur se met à battre plus vite.

— Oh. Salut.

— Tu me laisses monter ?

J'hésite (il est presque minuit), et puis j'appuie mon front contre le chambranle de la porte et je presse le bouton de déverrouillage électrique de l'entrée. J'attends qu'il ait gravi l'escalier et j'ouvre la porte. Il est là, devant moi, les joues rougies, enveloppé du parfum de la nuit.

Je suis en pantalon de survêtement taché de peinture et j'ai mis un tee-shirt à manches longues qui appartenait à mon père, avec le slogan imprimé : *Les vieux architectes ne meurent jamais, ils perdent simplement leur bâti*. Je ne porte pas de chaussettes, ni de soutien-gorge.

— Qu'est-ce que tu fais ? dit-il.

Je sens l'ombre d'un sourire titiller les coins de ma bouche, mais je suis nerveuse. Il n'a jamais répondu à mon dernier mail, et j'en suis venue à penser qu'il avait décidé de couper les ponts. Pourquoi vouloir sortir avec une fille que vous ne pouvez jamais voir ?

— Je peux ? demande-t-il.

Je recule d'un pas et il entre dans le salon. Aussitôt, il plonge la main dans sa poche et en sort une petite boîte qu'il me tend.

— Pour toi. Un cadeau de Hanoukka.

Je le regarde sans trop comprendre, mais je la prends. Elle est étonnamment lourde.

— Hanoukka, c'était il y a quatre mois, tu sais, dis-je.

— Bon, d'accord, alors c'est pour fêter un Joyeux…

Son regard plane sur mon appartement. Le canapé, que je viens manifestement de quitter, avec son nid d'oreillers et de couvertures, le mug de thé fumant sur la table basse…

— Un Joyeux Jour d'Hannah, termine-t-il.

Le sourire que je retenais finit par s'imposer.

— C'est un jour férié ?

— Dans certaines municipalités.

— Curieux, parce que ce n'est pas férié dans la mienne.

Il se débarrasse de sa veste qu'il pose sur le dossier d'une chaise.

— Je sais, tu n'es jamais libre. Inutile d'en parler, Ward, tu me l'as déjà expliqué. Et je tiens à te faire savoir que je suis devenu la risée de mes amis parce que je tiens toujours à toi.

Je reste plantée à côté de la porte ouverte. Dans le couloir, la lumière au plafond clignote.

— Euh, tu ne veux pas voir ce que c'est ? ajoute-t-il en désignant la boîte dans ma main.

Il s'assoit sur le canapé et tapote la place à côté de lui.

Je le rejoins et je soulève le couvercle de la boîte.

Elle contient une figurine en pierre sculptée représentant une danseuse. Mais ce n'est pas une ballerine : son corps est épais et puissant, et elle porte de multiples couches de vêtements, ainsi que des bijoux.

— C'est une danseuse iteso, explique-t-il. Ça vient d'Afrique. Elle symbolise la volonté, la puissance et le bonheur.

Pendant un temps, je reste muette. Je me contente de tourner la statuette dans ma main. Elle est froide, et son poids est agréable. Les pieds de la femme sont invisibles sous ses robes, mais ses mains sont levées au-dessus de sa tête, et son visage affiche une expression épanouie.

— Alors ? fait Jacob. Elle te plaît ?

Je pose la figurine sur la table basse, entre nous.

— J'adore. Merci.

Je la placerai sur une des étagères, juste à côté de l'agate que mon père m'a offerte pour mes dix ans et le moulage en bronze de ma première paire de chaussons de bébé que j'utilise comme serre-livres.

La main de Jacob vient envelopper mon épaule, et je sens une légère traction vers lui à laquelle je résiste, pour une raison que je ne m'explique pas.

— Alors… Comment tu vas ?

— Je suis vannée. La fin de la saison est toujours dure, et maintenant que je cherche à obtenir une promotion, je me donne encore plus.

— Et sinon, quoi de neuf? dit-il sur le ton de la plaisanterie.

— Je sais, je sais, je suis un bourreau de travail depuis toute petite. Pourquoi tu n'as pas répondu à mon mail ?

— Désolé, moi aussi j'ai été très pris. Je voulais le faire, et je remettais toujours à un peu plus tard. Mais j'ai beaucoup pensé à toi.

Sa main passe de mon épaule à mon cou, et son pouce glisse sur ma peau. Il me caresse très doucement, puis ses doigts remontent et se perdent dans mes cheveux. Je me laisse aller, je me pelotonne contre son flanc et j'enfouis mon visage dans sa chemise. Un long soupir m'échappe.

Je sens que je me détends, je me fonds en lui... et c'est alors que la voix d'Annabelle résonne dans ma tête. *La vie d'une danseuse, ce n'est pas de vivre. La vie d'une danseuse, c'est de faire des tendus jusqu'à s'écrouler.* Je me redresse subitement.

— Qu'est-ce qu'il y a ? dit Jacob.

Je ne peux que secouer la tête.

Il me couve d'un regard anxieux, et soudain, il se penche et enserre fermement mon pied dans ses deux mains. Il fait glisser ses pouces sur la voûte plantaire. Je résiste un moment, et puis je cesse de résister. Je pose ma tête sur sa poitrine et je vide mes poumons. Son cœur bat contre ma joue comme un tambour, et je l'imagine qui pompe le sang et l'envoie dans tout son corps.

Après quelques secondes, je relève la tête et je regarde ses lèvres, ses yeux, ses lèvres encore. Les coins de sa bouche s'incurvent sur l'esquisse d'un sourire. Je suis encore plus attirée par lui.

— Je sais que tu es très occupée, mais tu crois que tu aurais le temps de m'embrasser ? demande-t-il.

— Je crois que je pourrai trouver le temps pour ça, oui.

Je ris et je me tends vers lui.

Nos lèvres se touchent, et un fourmillement singulier déferle dans mon corps par vagues successives. Nous basculons sur le canapé, et Jacob se retrouve au-dessus de moi. Je sens le poids de son corps, et jamais je n'ai éprouvé quelque chose de meilleur. Je referme mes bras sur lui tandis qu'il fait passer mon tee-shirt par-dessus ma tête. Sa chemise disparaît à son tour et, très vite, je ne sais plus où mon corps finit et où le sien commence.

C'EST LE SOLEIL qui me réveille, et je relève la tête lentement. Je me rends compte que je me suis endormie sur le canapé, et que la poitrine nue et chaude de Jacob m'a servi d'oreiller. Il dort toujours. Ses cheveux sombres sont emmêlés, et ainsi il est tellement séduisant et vulnérable que je ne peux m'empêcher de sourire. Je dépose un baiser léger sur sa joue, mais il n'ouvre pas les yeux. Je me love de nouveau contre son flanc, je prends son bras et le place autour de moi. Je ne porte que ma culotte en coton et un débardeur trop juste. *Je pourrais m'habituer à me réveiller auprès d'un garçon aussi mignon…*

Après quelques minutes, il bouge et s'étire.

— Salut, beauté, dit-il d'une voix enrouée très sexy, et il laisse courir ses doigts le long de mon bras.

— Salut.

Je me mets en position assise. Jamais je n'ai été aussi peu vêtue en présence d'un homme.

Il me détaille du regard, sourit, et des ridules apparaissent au coin de ses yeux.

— Qu'est-ce que tu as au programme, aujourd'hui ? Tu veux qu'on aille prendre un brunch quelque part, ou autre chose ? Ensuite on pourrait aller se promener dans le parc.

Je tends la main et j'effleure sa joue. *Il a besoin de se raser. Mais il est vraiment craquant comme ça.*

— Tu n'as pas répondu, remarque-t-il.

Il me faut rassembler toute ma force de caractère pour le faire. Je caresse sa poitrine.

— Je ne peux pas. Il faut que je lave toutes mes affaires de danse, j'ai le cours de Pilates à midi, et ensuite je vais à celui de Bikram avec Bea.

Il se rembrunit un peu, mais son expression s'adoucit quand il se dresse sur les coudes.

— D'accord. Et si nous nous retrouvions plus tard pour aller voir *Le crime était presque parfait* ? Il passe au *Paris*, et il paraît que c'est un super film.

Je soupire.

— Désolée. J'aimerais beaucoup, mais je ne peux pas. Il faut que je me repose un peu en prévision de la journée de demain. J'ai deux ballets vraiment difficiles.

Il se lève brusquement et saisit son pantalon. Il l'enfile, boucle sa ceinture et ramasse sa chemise sur le sol.

Je prends un oreiller que je plaque devant moi.

— Qu'est-ce que tu fais ?

— Je me rhabille. J'ai l'air de faire autre chose ?

Sa voix a perdu toute chaleur.

— Qu'est-ce qui ne va pas ?

Il se tourne d'un bloc vers moi.

— Tu sais quoi, Hannah ? Je fais vraiment des efforts, là, mais ma patience a des limites.

Je réagis au quart de tour :

— De quoi tu parles ?

— Tu ne t'arrêtes donc jamais ? Tu es si foutrement rigide…

Il se tient immobile au milieu de la pièce, et il braque sur moi un regard presque dur.

Je me lève en gardant l'oreiller collé contre moi.

— Il s'agit de ma *carrière*, Jacob. Il n'y a rien de plus important pour moi.

— Apparemment, oui.

Il part à la recherche de ses chaussures. Je veux m'expliquer :

— Je t'ai parlé des promotions, et de la façon dont elles ont poussé tout le monde à travailler plus dur…

Il m'interrompt :

— Personne ne t'a jamais dit que tu étais complètement centrée sur ta petite personne ?

J'aperçois ses chaussures sous la table basse, mais je me garde bien de les lui indiquer.

— Parce que je me soucie de ma carrière ? dis-je en haussant le ton.

Il met son manteau, coiffe sa casquette, mais il ne trouve toujours pas ses chaussures.

— Tu n'as de temps pour personne, sauf pour toi-même.

— Tu n'as pas idée à quel point ce que je fais est dur. Mais c'est le prix à payer ! Tu es tout simplement jaloux parce que je réussis comme artiste, alors que *ça ne t'arrivera certainement jamais*.

Dès que ces paroles ont franchi mes lèvres, je les regrette.

Le regard de Jacob s'assombrit, et ses mâchoires se crispent. Il repère enfin ses chaussures et les met.

— Je m'en vais. À plus. Ou pas.

La porte claque derrière lui.

— Jacob ! Jacob !

Mais il dévale déjà l'escalier, comme s'il n'arrivait pas à s'éloigner de moi assez vite.

PRINTEMPS

XXIX

En ce mois d'avril, alors que nous commençons à répéter les spectacles du printemps, il fait toujours frais et gris, ce qui n'est pas de saison. Nous avons eu une coupure d'une semaine que j'ai passée à Weston avec mes parents. Ma mère, à qui j'ai parlé de mes velléités de ne plus manger aucune viande animale, a décidé de se lancer dans des expérimentations culinaires avec le seitan et le tempeh, ce qui a incité mon père à chercher ses clefs de voiture chaque jour, à l'heure du déjeuner. Il se souvenait subitement de « quelque chose au bureau » et filait dans sa Volvo en direction du petit restaurant d'à côté. Quand il rentrait, il sentait les œufs au bacon.

Le soir venu, nous nous alignions sur le canapé pour regarder des vieux films, et je m'efforçais de cacher le fait que je refusais le popcorn beurré. Même si mes parents m'ont interrogée sur ce qui se passait dans la compagnie, je n'ai pas vraiment voulu leur en parler. Et bien qu'ils m'aient manqué durant les mois précédents, une part de moi-même aurait préféré être de retour en ville, à suivre les cours et transpirer pour être dans une forme encore meilleure.

J'ai appelé Bea pour lui exposer mon mal-être :

— Je mourais d'envie de faire une pause, et maintenant que c'est le cas je suis constamment sur les nerfs. Et je te jure, en trois jours mes muscles ont commencé à s'atrophier.

J'ai entendu Bea s'écrouler sur son lit.

— Beurk, ne m'en parle pas. J'ai déjà perdu la forme, et pour la retrouver, c'est l'enfer.

J'ai demandé :

— Alors tu prends des cours ?

— Tu plaisantes ? Je rentre en ville demain, oui. Ces idiotes qui restent sans rien faire pendant toute une semaine ? Ça se voit tout de suite.

J'ai regardé par la fenêtre les arbres qui, dans notre jardin, commençaient tout juste à bourgeonner.

— Peut-être que je devrais changer mon billet de train...

— Bah, fais un peu de gym, de yoga ou ce genre de trucs, et ça ira.

J'ai suivi son conseil et ma mère m'a conduite à Boston chaque jour pour que j'y suive un cours de yoga. (Je n'ai jamais appris à conduire, du fait que j'ai passé la majeure partie de ma vie à Manhattan.) J'ai dormi dans la chambre de mon enfance, avec ses murs jaunes toujours couverts d'images d'Allegra Kent et de Gloria Govrin, et son plafond parsemé d'étoiles luminescentes dans le noir. Mes vieux chaussons à pointe étaient toujours rangés dans une caisse, au fond de ma penderie. Et sur l'étagère la plus haute étaient alignées toutes les peluches que j'aimais tant – mais apparemment pas assez pour les avoir emmenées quand je suis partie.

J'ai imaginé ma mère entrant dans ma chambre pour tendre les couvertures et donner du volume aux oreillers, même si c'était inutile puisque je n'étais plus là. Pour la première fois, je me suis rendu compte combien cela avait dû être dur pour mes parents de laisser partir seule à New York leur fille de quatorze ans. Ils auraient certainement souhaité que je reste avec eux encore un peu. Mais ils savaient aussi que j'étais très motivée, et ambitieuse, et c'est pourquoi ils m'ont accompagnée jusqu'au dortoir de la Manhattan Ballet Academy, à contrecœur c'est sûr, et ils sont repartis.

Jamais je ne pourrai regretter d'avoir quitté la maison. Mais ça n'a pas toujours été simple pour autant.

Et tandis que j'étais étendue sur le lit, je n'ai pas pu m'empêcher de me repasser en boucle l'altercation avec Jacob. J'étais convaincue d'avoir définitivement gâché notre relation.

Je me suis dit qu'il serait mieux sans moi. Il y avait un tas de filles disposant de plus de temps que moi à lui consacrer, et il n'aurait aucun mal à en trouver une, j'en étais certaine.

Quelques jours plus tard, ma mère m'a renvoyée à New York avec une valise pleine d'affaires neuves, des cheveux fraîchement éclaircis (« Otto va adorer », m'a-t-elle murmuré) et un de ses bols en céramique vernissée supposé me porter chance. Je l'ai laissé un temps sur la table basse de mon appartement, puis je l'ai enveloppé dans un linge et placé sous mon lit. S'il devait vraiment me porter chance, alors je ne me sentirais pas frustrée tout au long de mes journées, et Jacob n'aurait pas disparu de ma vie.

Mais j'essaie de ne pas trop penser à lui, ces derniers temps. Nous avons eu trois semaines de répétitions avant l'ouverture de la saison de printemps. Durant cette période, nous apprenons de nouveaux ballets, nous retravaillons ceux qui sont régulièrement au programme de la compagnie et nous pratiquons ceux que nous n'avons pas dansés depuis l'année dernière. Les séances commencent en douceur, car tout le monde revient de vacances et il faut que les corps reprennent leurs habitudes, puis elles s'intensifient progressivement jusqu'au début de la saison. Et bien qu'il n'y ait pas de rajout de dernière minute – ce qui, quand on y pense, est l'événement le plus générateur de stress pendant une saison –, cette phase de préparation n'est pas exempte de tension. Les ballets qu'on nous fait travailler sont ceux que nous interpréterons, de sorte que nous passons beaucoup de temps à nous demander où notre nom apparaîtra sur les tableaux de répétition.

Un soir, après une longue journée consacrée à l'étude des nouveautés, Jonathan m'accroche le bras avec le sien et me raccompagne chez moi en passant par Columbus Avenue.

— Je ne vois quasiment jamais le coucher de soleil, s'étonne-t-il presque. Il fait toujours nuit noire quand nous finissons.

Je lève les yeux vers les nuages effilochés qui se teintent de pourpre. Il dit vrai : quand ai-je vu pour la dernière fois le soleil se coucher sur New York ?

— C'est joli. Nous devrions profiter de ce genre de choses plus souvent.

À côté de moi, Jonathan sautille un instant.

— Je suis surexcité à l'idée de rentrer chez moi à temps pour voir *Models of the Runway.*

— Quel intellectuel tu fais !

— Eh, je n'ai jamais prétendu être une grosse tête, réplique-t-il.

Nous marchons en silence pendant quelques minutes, puis je lâche :

— Je déteste cette période de répétitions.

Il me regarde d'un air surpris.

— Ah bon ? Tu n'aimes pas avoir tes soirées libres ?

— Ça me rend anxieuse, dis-je sur le ton de l'aveu.

— En quoi finir tôt peut te rendre anxieuse ?

— Eh bien… Je ne sais pas quoi faire quand je ne suis pas en représentation.

Il fait la moue et réfléchit à cette confession.

— Ouais, maintenant que tu en parles, je suis impatient de remonter sur scène, moi aussi. Je n'en peux plus de rester à côté de Caleb pendant les répétitions. C'est une vraie andouille.

— C'est étrange… Dès que nos vies deviennent un tout petit peu moins intenses, cette intensité de dingue me manque. Qu'est-ce qui ne va pas chez moi ?

Il me tapote la main d'un geste paternaliste.

— Le Dr Jonathan sait ce qui ne va pas chez vous. Vous êtes simplement ce qu'on appelle une danseuse.

Tenez, prenez ça (Il me tend ses chaussons.) et rappelez-moi demain matin.

— Oh, arrête, dis-je dans un rire.

Je repousse ses chaussons alors que le soleil plonge lentement derrière les immeubles de New York.

XXX

QUAND LA SAISON de printemps débute, je n'ai jamais été aussi en forme. J'ai perdu deux kilos et demi depuis l'hiver. Mes seins sont plus petits et comprimés contre ma cage thoracique (Bernadette m'a confectionné deux autres *sous-vêtements*). Alors où est le problème si je n'ai pas le temps d'admirer les jolis bourgeons roses qui s'ouvrent sur les arbres près de l'Avery Center ? Quelle importance si j'ai cessé de manger du pain, d'ouvrir mes mails et de répondre au téléphone ?

En désespoir de cause, ma mère a appris à envoyer des textos. *Appelle-moi un de ces jours d'accord ?* écrit-elle. *Papa t'embrasse.*

Je réponds simplement : *Débordée. Je vous aime.*

Un matin, alors que je sors de l'ascenseur pour me rendre au vestiaire avant le cours, j'entre presque en collision avec le grand et musclé Roman Fielding. Comme c'est un premier rôle, je ne crois pas avoir échangé un seul mot avec lui. Il baisse les yeux sur moi.

— Désolée, dis-je en m'écartant.

Il se fige, ce qui me pousse à m'immobiliser, moi aussi. Ses yeux sombres aux paupières lourdes scrutent mon visage.

— On ne te voit plus jamais sourire, Hannah.

Et il entre dans l'ascenseur sans un mot de plus.

Tout en me hâtant de rejoindre le vestiaire, je m'émerveille du fait qu'il sache qui je suis et qu'il ait remarqué mon expression faciale. Dans leur grande majorité, les danseurs passent leur temps à s'occuper de ce qui les concerne personnellement, sans jamais s'intéresser aux autres. Après tout, notre tâche principale consiste à surveiller notre propre reflet dans des miroirs pour corriger nos imperfections.

Mais Roman a-t-il raison ? Aurais-je cessé de sourire depuis quelques semaines ?

En guise de test, juste avant d'entrer dans le vestiaire, je rive à mes lèvres un grand sourire que j'espère naturel.

— Salut les filles.

Assise sur sa chaise, Daisy lève les yeux des chaussons qu'elle est en train de coudre et me dévisage.

— Pourquoi tu fais cette tête bizarre ? demande-t-elle.

Peut-être bien que Roman a raison. Mais qui se soucie d'un sourire ? Je vois bien que mes bras sont redevenus fermes et minces. J'imagine sans difficulté « Hannah Ward » inscrit sur la liste du casting, juste en dessous d'un rôle de soliste.

***

Après le cours, je décide de m'attarder un peu pour travailler mes pirouettes. Je n'ai jamais réussi à tourner parfaitement comme il faut, surtout à gauche. L'exercice m'a toujours rendue nerveuse. (Et avoir Luke comme partenaire n'aide pas, car il est toujours à deux doigts de me laisser tomber.)

Tout autour de moi, les autres danseuses bondissent et tournoient comme des toupies, elles répètent des mouvements ou une partie de la chorégraphie des prochains ballets. Luke pratique ses doubles tours, et Julie enchaîne furieusement les fouettés, comme elle le fait après chaque cours. Ses cheveux bouclés volent autour de sa tête. Cette saison, elle espère être choisie pour interpréter la Reine des Cygnes.

Je me concentre sur mon reflet dans la glace et je me positionne en quatrième, le poids du corps reposant en grande partie sur la jambe avant. Je bondis et pivote sur place tout en tournant vivement la tête vers le miroir, *un deux-en bas,* et encore : *un-deux-en bas.* Et encore. Je perds le rythme et laisse échapper un grognement d'exaspération. Quand je tente une pirouette sur la gauche, je vacille maladroitement dès la première rotation. J'étouffe un juron, mais je recommence sur la droite, *un-deux-en bas, un-deux-en bas.*

— Ne te précipite pas, dit une voix.

Et subitement, Zoe se tient juste en face de moi, les joues encore rosies après son grand allégro. Elle me saisit le bras gauche.

— Essaie de le ramener plus vite contre ton torse, indique-t-elle. Tu le laisses en dehors trop longtemps.

Je dois l'admettre, ma première réaction est de lui en vouloir parce qu'elle vient me faire la leçon. Mais quand j'essaie de nouveau, cette fois je colle mon bras contre ma poitrine et je réussis une triple pirouette. Je souris.

— Parfait, dit-elle avec un hochement de tête approbateur.

— Je ne sais pas si c'est parfait, mais je l'ai bien senti. Merci.

Elle sourit en retour.

— C'est clair. Tu veux recommencer ?

— Je ne voudrais pas que ça me porte la poisse…

Pourtant, je fais une nouvelle tentative. Je me répète que ça fait partie de cette séquence de mise en forme inévitable, comme dans les films sur les athlètes, et que tout ce travail supplémentaire va payer.

Très vite j'exécute triple pirouette sur triple pirouette, et mon body ne tarde pas à être trempé de sueur. Avec Zoe, nous regagnons le vestiaire pour nous changer avant la répétition.

Ma place est occupée par un énorme bouquet de tulipes jaunes. Je réprime une exclamation de stupeur.

Je me précipite pour lire la carte, avec l'espoir fou que la surprise vienne de Jacob. Mais non, bien sûr : c'est Matt qui a envoyé les fleurs.

— Rappelle-moi qui est ce Matt, susurre Zoe en regardant par-dessus mon épaule.

— Celui qui est toujours au premier rang et applaudit en criant « Wouhou ! » pendant les saluts. C'est un balletomane compulsif.

— Ça ne me dit rien.

— Celui avec la Patek Philippe ?

Elle se penche et hume les tulipes.

— Oh, c'est lui ? Le chaud lapin qui fait livrer des ballons et des fleurs aux filles ? Il est sorti avec Serena et Olivia, l'année dernière.

Je ne réagis pas. Je vois bien qu'elle essaie de me provoquer.

— C'est ce que Daisy raconte.

Zoe plisse les yeux pour mieux étudier la carte.

— « On se souvient d'une atmosphère parce que des jeunes filles y ont souri » lit-elle, et elle pose sur moi un regard perplexe. Qu'est-ce que ça peut bien vouloir dire ?

Je lui prends la carte de la main.

— Aucune idée. D'après ce qu'il a écrit là, c'est une citation de Proust.

— Qui ?

— Un écrivain français. Matt est francophile, aussi.

Zoe a une petite grimace mutine.

— Un homme aux passions multiples… J'aime bien ça.

— Il te plairait sûrement.

Elle me touche du bout du pied.

— Vous sortez ensemble ?

Je soupire et entreprends de m'extirper de mon collant humide.

— C'est compliqué.

— Il a aussi écrit que ces fleurs vont de pair avec un cadeau qui arrivera plus tard, remarque-t-elle.

— Oui, et j'ignore ce qu'il entend par là.

Elle me pousse un peu plus fort avec son pied.

— Oh, regarde-toi ! Dix-neuf ans sans jamais avoir embrassé, et d'un coup deux mâles te courent après en même temps. Tu es quasiment comme moi, maintenant.

Je me contente d'un haussement d'épaules, tout en pensant : *Je n'ai rien en commun avec toi.*

Je parviens enfin à ôter mon collant, et fouille dans mon casier pour en trouver un autre.

— Je ne crois pas que Jacob me « coure après », en ce moment.

— Parce que tu l'as encore envoyé balader.

— Pff… Nous nous sommes disputés. C'est déjà assez difficile d'arriver à la fin de la journée ici sans fondre en larmes ou récolter une déchirure musculaire. Je ne sais pas comment faire pour sortir avec un garçon en plus de ça. Je trouve même incroyable que certaines des danseuses les plus anciennes soient mariées. Comment trouvent-elles le temps et l'énergie ?

Zoe s'assoit sur sa chaise et passe une main dans la masse blonde de ses cheveux.

— Elles ont épousé des danseurs, évidemment !

— Et toi, comment tu t'y prends pour sortir avec des garçons et continuer ta carrière ?

— On a toutes le temps, c'est juste une question de priorités. Si tu as *vraiment* envie de voir Jacob, tu le feras.

Elle ôte l'embout d'un tube de rouge à lèvres *Chanel* et considère la couleur du bâtonnet d'un air pensif avant d'en marquer le dos de sa main d'un trait.

— Avec toi, ça a l'air tellement facile... dis-je dans un demi-grognement.

Elle hausse les épaules et applique le rouge à lèvres en surveillant l'opération dans le miroir.

— Tu veux bien me maquiller les paupières en dégradé comme tu te le fais des fois ? Ça ira super bien avec cette couleur.

Je soupire.

— Bon, d'accord.

Elle bat des mains pour montrer son contentement avant de disposer soigneusement devant elle toute la gamme de fards à paupières NARS.

— Ferme les yeux, lui dis-je, et elle s'exécute.

Je me place face à elle, à califourchon sur une chaise, et je me penche si près que nos visages se touchent presque. Zoe reste immobile. Je tamponne ses paupières de l'index avec une poudre lavande.

— Eh, Han ? souffle-t-elle.

— Oui ?

— Tu te rappelles, quand on allait fouiller la coiffeuse de ma mère pour essayer son maquillage ?

Je souris au souvenir de la magnifique coiffeuse de Dolly, avec son miroir et sa collection de flacons de parfum et de foulards en soie. J'étale en douceur une nuance de pourpre sur le coin extérieur des paupières de Zoe.

— Et quand tu as voulu essayer ses bottes *Dior* léopard et que tu n'arrivais plus à les retirer pendant, je ne sais pas, au moins trois quarts d'heure ?

L'hilarité la fait tressauter sur sa chaise.

— Oh oui, elles étaient tellement serrées...

— Et tu t'es mise à paniquer parce que nous avons cru que ma mère arrivait dans le couloir, mais c'était seulement Gladys !

— Et toi, tu as failli mouiller ta culotte tellement tu riais ! Bon, tiens-toi tranquille, ou je vais tout rater !

Elle fait de son mieux pour se contrôler. J'applique un peu de fard brillant avec une brosse, et je me redresse pour admirer mon œuvre.

— Voilà. Tu peux ouvrir les yeux.

Elle pivote pour se regarder dans le miroir, en tournant le visage un peu plus à droite, puis un peu plus à gauche.

— J'adore, décrète-t-elle.

— Tu es superbe, dis-je, et c'est vrai.

Elle sourit.

— Merci. C'est exactement ce qu'il me fallait. Une séance de maquillage juste avant d'aller ruiner tous tes efforts avec la répétition. Tu veux que je te rende la pareille rapido, juste pour le plaisir ?

En guise de réponse, je me laisse tomber sur la chaise en face de mon miroir. J'écarquille les yeux et je gonfle les joues au maximum.

— Mais qu'est-ce que tu fabriques ? s'exclame Zoe.

— C'est mon expression de chimpanzé. Mon nouveau visage.

Elle pointe son eye-liner sur moi.

— Promets-moi de ne jamais refaire ça. Plus jamais !

XXXI

En coulisse règnent des ténèbres presque totales, si l'on excepte les rais d'un rose divin qui filtrent depuis la scène. Je m'échauffe à la barre avant de m'habiller pour le ballet. Le pianiste joue du Debussy sur un piano à queue laqué dans le coin avant du plateau, et j'aperçois Julie qui passe dans une succession de piqués très dynamiques. Son corps projette des ombres étirées sur le sol. Quand elle sort de scène un bref moment, elle se penche et pose les mains sur ses genoux, la respiration lourde. Puis elle avale en hâte une gorgée d'eau, réajuste sa tenue et revient sur scène pour la coda. Dès qu'elle entre dans la lumière des projecteurs, de simple femme elle devient ballerine.

J'arrête mes exercices à la barre et je me place derrière une perche pour observer. Dans le même temps, j'agrippe un montant métallique et j'effectue des pliés et des relevés pour que les muscles de mes jambes ne refroidissent pas. Julie est fascinante. Elle semble dévorer l'espace quand elle passe d'un côté à l'autre de la scène en seulement trois piqués. Après quelques minutes, je retourne à la barre et je continue mon échauffement, mais de temps à autre, je jette un coup d'œil à Julie.

Le ballet se termine et le public applaudit à tout rompre. Certains spectateurs crient et l'appellent, et je crois reconnaître le « Wouhou ! » familier de Matt. Mais il se peut que je me trompe : il s'agit peut-être d'un autre balletomane.

Je suis assise sur le sol pour mes exercices de Gyrotonic et de Pilates quand Julie quitte la scène après avoir salué. Elle s'écroule auprès de moi, s'étend sur le dos, jambes écartées. Elle est en nage et a le souffle court. Des boucles s'échappent de son chignon. Et c'est la personne qui m'a fait monter les larmes aux yeux il y a quelques instants… Elle roule sur le côté et s'assoit, le dos voûté. Sa sueur a formé une petite flaque sur le sol.

— Eh bien, en voilà un spectacle vraiment exceptionnel, plaisante-t-elle.

— Tu as été fantastique.

— Alors c'est que tu ne m'as pas entendue jurer tout le long, répond-elle avec un grand sourire, les yeux pétillant d'humour.

Je secoue la tête.

— Tant mieux, dit-elle, parce que ça aurait enlevé un peu de sa magie à l'ensemble.

Je souris.

— J'imagine que oui.

Otto apparaît et nous domine de toute sa taille dans la lumière chiche.

— Un mot ? fait-il à l'adresse de Julie.

Elle se redresse en grognant et il l'aide à se remettre sur pieds. Avant qu'ils partent, il se tourne vers moi et me gratifie d'un très léger hochement de tête.

Mon cœur s'emballe tandis que je les regarde se fondre dans les ombres. C'était presque *amical*, ou je me trompe ?

Plus tard, pendant que j'enfile mon costume, j'essaie de me préparer mentalement au ballet à venir. Le quatrième mouvement comprend une succession ininterrompue de sauts propres à me donner des crampes aux jambes, et j'ai toujours du mal à respirer durant ce passage. Rien que d'y penser, j'ai déjà l'impression de manquer d'air. C'est vraiment un spectacle exceptionnel, comme dirait Julie.

N'y pense pas, fais-le. Je trotte dans le couloir pour rejoindre les coulisses.

En temps normal, je ne consulte pas l'affichage du casting avant de me produire sur scène, mais ce soir, sans trop savoir pourquoi, je déroge à la règle. Immobile sous la petite lumière bleue, je plisse les yeux en scrutant la liste à la recherche de mon nom. Et quand je le trouve, je réprime à grand-peine une exclamation de surprise. Je suis choisie pour le premier rôle de *Rubis* ! C'est la deuxième partie des *Joyaux*, un de mes ballets préférés.

Je retiens mon souffle, puis j'exhale longuement, de façon contrôlée. C'est le genre de rôle pour lequel j'ai travaillé si dur, le genre de rôle qui, si je le danse bien, peut attirer l'attention sur moi. Ce qui signifierait l'obtention d'autres grands rôles et, au final, une promotion.

Ma situation serait-elle en train de se débloquer, enfin ?

La réponse est oui, c'est possible. Mais je ne suis pas la seule sélectionnée.

Juste sous mon nom en est inscrit un autre : Zoe Mortimer. Elle aussi va répéter ce rôle, mais une seule d'entre nous l'interprétera.

Après la fin des ballets, Zoe, Daisy, Bea et moi ainsi que le reste du corps de ballet nous dépouillons de nos costumes dans le Foyer avec des gestes las, puis enfilons nos pulls. Nous avons encore la respiration lourde quand nous prenons d'assaut l'ascenseur, en nous pressant les unes contre les autres avant la fermeture des portes. Comme d'habitude, nous discutons des faux pas et des diverses erreurs commises, des filles qui n'étaient pas dans l'alignement. « Emma était en retard pour son entrée », murmure quelqu'un. « J'ai dansé comme une vache, ce soir », se plaint une autre voix.

L'adrénaline court toujours dans nos veines, quand bien même nous n'avons pas eu de répit depuis douze heures.

En haut, Zoe ouvre la porte d'un coup de pied, et le battant claque contre le mur. Les gonds ont besoin d'être réparés, une fois de plus : ils s'abîment très vite parce que nous refermons toujours la porte sur nos chaussons à pointe pour les casser.

Je lance mes jambières vers mon casier et je les vois retomber sur le sol. Ma première réaction est de les ramasser, mais à la seule idée de me pencher, j'hésite. Avant même la représentation, mes quadriceps étaient déjà hors service. Je laisse donc mes jambières là où elles ont atterri et vais m'écrouler sur ma chaise, face au miroir, pour libérer mes pieds endoloris des chaussons. Je peux sentir le sang qui bat dans mes oignons. J'observe une goutte de sueur qui coule sur ma joue tandis que ma poitrine se soulève et s'abaisse.

Daisy s'effondre sur la moquette, ses chaussons toujours aux pieds. Elle tend les jambes en l'air et les appuie contre le mur.

— C'était horrible, soupire-t-elle. Je suis vraiment gênée.

J'ai plutôt trouvé que nous étions bien à l'unisson, mais je n'ai pas envie d'en parler. Je suis trop excitée par la perspective d'interpréter *Rubis*.

Bea enjambe prudemment Daisy pour atteindre sa place.

— Retire tes chaussons, Daze. J'ai mal aux pieds rien qu'en te regardant.

Les narines de Daisy palpitent tandis qu'elle contemple le plafond. Enfin, elle roule sur le côté, s'accroupit et glisse une paire de ciseaux dans chaque point attachant les rubans de ses chaussons à ses chevilles. Les bandes de satin rose sont libérées et s'affaissent en tortillons sur le sol. Elle dégage avec précaution ses talons, puis elle reprend sa position, jambes dressées contre le mur.

— C'est mieux, comme ça ? demande-t-elle.

Zoe revient des douches enveloppée dans une serviette de bain couleur pêche, et ses tongs claquent sur le sol. Le maquillage sombre transforme ses yeux en deux puits ténébreux.

— Alors, il paraît qu'on va travailler *Rubis* toutes les deux, Han, lance-t-elle comme si elle venait de lire l'affichage du casting.

Je lui adresse un sourire neutre.

— Mouais. Toi et moi, ensemble de nouveau.

Daisy se met en position assise et s'appuie sur ses coudes.

— Pff ! Et moi qui suis toujours reléguée au fond du corps de ballet. C'est vraiment injuste.

Zoe se laisse tomber sur sa chaise.

— Oh, va donc manger un Twinkie…

— Sois gentille, pour une fois, Z, dis-je.

Au moment où Zoe se penche en avant pour allumer, je défais le postiche de cheveux blonds en acrylique entortillé autour de ma queue de cheval courte et je l'accroche aux cages métalliques qui protègent les ampoules de mon miroir.

— Eh, attention ! Tu vas brûler mes cheveux !

Je retire aussitôt le postiche.

Mais Zoe ne s'excuse pas. Elle se glisse dans des collants noirs et passe une robe fourreau léopard qui vaut certainement un mois de salaire.

J'ôte mes faux cils un à un ainsi que la colle qui les maintenait en place. Celle-ci se détache en petites boulettes noires que je roule entre mes doigts avant de les expédier d'une pichenette dans la poubelle. Bon nombre d'entre elles finissent dans le casier de Zoe, ce qui me fait sourire. Intérieurement.

XXXII

QUELQUES JOURS PLUS tard, à la fin de la pause d'une heure que nous avons pour déjeuner – et que je passe dehors afin de profiter un peu du soleil printanier –, je trouve un sac en papier rouge vif placé à côté de l'entrée des artistes. Un mot y est accroché, qui porte mon nom. Je regarde autour de moi, comme si j'allais apercevoir la personne qui l'a laissé là, mais je suis seule.

Si mon protecteur de père était présent, il me conseillerait de ne pas y toucher : « Tu es à New York. Qui sait ce qu'il contient ? » Ma mère, en revanche, penserait aussitôt au cadeau d'un admirateur. Elle a toujours été la romantique de la famille.

Le sac contient un paquet enveloppé dans du papier kraft, très léger, et je regagne en hâte le vestiaire pour l'ouvrir. Je suis impatiente de déchirer l'emballage pour en avoir le cœur net, mais je m'oblige à lire le mot qui l'accompagne. *On se voit au Met samedi prochain à 20h. Soirée de gala à l'opéra – M*

Un frisson d'excitation m'électrise. Matt veut m'emmener au gala de l'opéra ! En sa qualité de balletomane confirmé, il doit savoir que je serai libre. Ce soir-là, il y a un programme spécial sans les corps de ballet. Comme d'habitude, il part du principe que je vais accepter son invitation. (Mais, après tout, quand ai-je déjà refusé une de ses propositions ? Pas depuis le soir où nous avons fait connaissance, quand je n'ai pas voulu aller à la réception chez Chloë Sevigny.) Un seul hic : le cours supplémentaire de gym que je comptais prendre.

Je déchire le papier. En dessous, je découvre une boîte couleur crème frappée d'un *Zac Posen* à la calligraphie sobre mais élégante. J'ôte le couvercle, j'écarte des couches de papier très fin et j'ai un hoquet de stupéfaction en voyant du jaune. Je soulève la chose : une robe sans bretelles couleur bouton d'or, dans une matière incroyable qui glisse comme l'air entre mes doigts.

Ce n'est pas possible. Pour moi ?

Je me déshabille très vite et je passe la robe. C'est un fourreau digne d'une princesse, qui descend jusqu'au sol. La coupe en est sublime, et parfaite pour moi.

À cet instant précis, la porte s'ouvre brusquement sur des rires qui cessent instantanément.

— Qu'est-ce que tu portes ? couine Zoe en se précipitant vers moi. Où as-tu eu ça ? Ne me dis pas que tu l'as achetée avec ta paie de misère !

Elle effleure le tissu d'un geste plein de révérence.

Daisy s'approche elle aussi pour examiner mon présent.

— La vache… souffle-t-elle.

Zoe s'assoit lourdement sur sa chaise.

— Certaines personnes te diraient que tu ressembles à une banane, attifée comme ça, mais pas moi. Ça te va bien. Sérieux, *où* as-tu eu cette robe ?

Je lui ferais bien remarquer qu'elle a quand même sous-entendu que je ressemblais à une banane, mais je me regarde dans le miroir et je sais qu'elle se trompe. Je suis superbe.

— C'est un cadeau, dis-je, et je pivote pour admirer le dos nu en V, dont la pointe s'arrête entre mes reins.

— Le balletomane ! lâche Zoe. Parce que je sais que ton étudiant ne peut pas t'offrir du *Zac Posen*. Explique-moi un peu pour quelle raison il t'a offert cette robe.

— Pour que je la porte lors du gala de l'opéra du Met.

Je n'arrive pas à supprimer les accents d'étonnement dans ma voix. Ou de fierté : je ne peux pas m'empêcher de me sentir fière d'avoir reçu un présent aussi extravagant.

Zoe pousse un petit cri rageur et abat son poing sur le comptoir.

— Je veux y aller !

— Débrouille-toi pour qu'une de tes conquêtes t'y emmène, dis-je.

— Je ne sors avec personne, en ce moment, Hannah Banana.

— Ah, tu vois ? Tu penses vraiment que je ressemble à une banane.

— Non, c'est faux, rétorque-t-elle avec un sourire narquois.

Daisy lui donne une petite bourrade à l'épaule.

— Tu sais très bien qu'Hannah est magnifique.

— Bien sûr, elle est magnifique. Magnifique… et bien mûre.

— Je suis sérieuse, là, dis-je. Je vais te tuer.

Elle éclate de rire.

— Ça va, ça va, j'arrête. Désolée.

Je fais passer la robe par-dessus ma tête et je la dépose précautionneusement sur le dossier de ma chaise. Zoe me tend mon body.

— Si tu as besoin de chaussures… me glisse-t-elle d'un ton radouci.

— Merci.

Elle sourit.

— De rien.

— D'après le Dr Shapiro, le jaune symbolise l'optimisme et le bonheur, pépie Daisy.

— Ah ouais ? dis-je. J'espère qu'elle a raison.

XXXIII

Une semaine plus tard, les tulipes sont en fleur sur les terre-pleins de Broadway, et je suis prête pour un samedi soir sans précédent. Tout en enfilant la robe *Zac Posen* outrageusement splendide pour le gala du Metropolitan Opera, je fais le vœu de me conduire en bonne petite danseuse de ballet. J'affronte mon reflet dans le miroir de ma chambre. *Je serai rentrée pour minuit. Et demain j'irai au cours de gym, comme prévu.*

Les yeux de Matt s'agrandissent quand il me voit traverser la place pour le rejoindre.

— Vous êtes à tomber, déclare-t-il.

Il porte un smoking et a plaqué ses cheveux en arrière. Je dois admettre que lui aussi a fière allure.

Je ne dis rien immédiatement. Je me cantonne à un sourire et le laisse me prendre la main. J'ai emprunté une paire d'escarpins à Zoe : des *Louboutin* à lanières qui me font gagner sept centimètres.

— Nous entrons ? propose-t-il avant de me faire franchir les grandes portes vitrées qui mènent dans le hall aux dorures magnifiques.

Des femmes en toilettes à plumes ou robes longues moirées sous des étoles de fourrure semblent flotter en gravissant l'escalier courbe. À leur cou et leurs oreilles, des diamants scintillent.

Je me tourne vers lui avant que nous n'allions plus loin :

— Merci. Merci pour la robe.

Il m'effleure le bras du bout des doigts.

— C'est moi qui devrais vous remercier pour votre beauté.

Même s'il est situé près du théâtre, je ne me suis jamais rendue à l'opéra, parce que nos représentations se déroulent aux mêmes horaires. Et lorsque nous nous installons sur nos sièges tendus de velours rouge, que le rideau se lève et que commence le spectacle, je comprends que j'ai raté quelque chose d'intense. La scène est très joliment décorée, comme une œuvre d'art en mouvement, et la *musique*… Je n'ai jamais rien entendu de tel.

— Eh bien ? me murmure Matt, et sa main légère frôle ma cuisse. Que pensez-vous de *Don Giovanni* ?

Je ne réponds rien. Je suis fascinée par les costumes et les décors, rendue muette par tant de beauté.

Je croyais que le Manhattan Ballet était prestigieux, mais avec l'opéra c'est tout autre chose. Les chanteurs poussent leurs voix à des hauteurs incroyables, dans des trilles stupéfiants. On dirait que leur voix est leur corps, et qu'ils le font danser. Les femmes crispent les mains sur leur poitrine comme pour empêcher leur cœur battant d'en jaillir.

Une ou deux fois, je m'entends hoqueter devant une nouvelle prouesse vocale. Matt a un sourire indulgent. Il doit trouver ma naïveté charmante.

— Impressionnant, n'est-ce pas? demande-t-il quand le rideau se referme pour l'entracte.

J'acquiesce avec enthousiasme.

— C'est incroyable.

Il fait doucement rouler le tissu de ma robe entre deux doigts.

— Venez, je veux vous présenter des amis: Charles, Will et Madison. Je les ai connus à Trinity.

— Oh, bien sûr.

Je me lève et je vacille un peu sur mes hauts talons. Je n'avais pas imaginé rencontrer des gens ce soir, mais je suis curieuse de faire leur connaissance.

Matt place ma main au creux de son bras replié et me conduit à la mezzanine qu'occupent des tables à nappes de lin blanc, avec des décorations centrales débordant de pivoines fuchsia. Au-dessus de nos têtes est suspendu un lustre en cristal géant, si brillant et scintillant qu'on dirait un diamant en pleine explosion. En contrebas, les autres amateurs d'opéra sont vêtus de smokings et de robes de soirée. Tous semblent riches, tous sont impeccables.

Peut-être que c'est comme ça, un bal de promo, me dis-je. Et je ris en me rendant compte qu'il y a rarement autant de gens âgés en manteaux de fourrure dans un bal de promo.

— Qu'y a-t-il de si drôle, miss Ward ? demande Matt tandis que nous marchons.

Je rougis un peu.

— Oh, rien. Ne faites pas attention.

Il me guide vers une des plus grandes tables, où sont installés deux hommes d'environ vingt ans et une jeune femme. Celui aux cheveux sombres se lève à mon approche, et le blond au nœud papillon légèrement de travers l'imite aussitôt. Je coule un regard interrogateur à Matt, qui leur sourit. Ces trois-là pourraient presque être frères : ils sont tous grands, sveltes et halés, et ils ont le même sourire éblouissant et plein d'assurance.

Le blond ouvre de grands yeux quand nous arrivons à leur table.

— Félicitations, Matt ! s'exclame-t-il en me dévisageant.

Il incline le buste et me fait un baisemain, affichant une expression espiègle.

— Will, se présente-t-il.

— Bonsoir. Moi, c'est Hannah.

Je retire ma main, et c'est au tour du brun de la prendre, pour simplement la serrer. Son sourire est plus chaleureux.

— Je vous prie d'excuser Will, dit-il. Émotionnellement il est resté *très* jeune. Charles.

— Enchantée, dis-je, me sentant déjà un peu plus à l'aise.

Matt tire une chaise pour moi, et je m'assois. Une bouteille de champagne est placée dans un seau en argent sur ma droite.

De l'autre côté de la table, la blonde platine vêtue d'une robe courte noire pailletée me considère froidement. Elle se renverse au fond de son siège et balance une jambe à un rythme régulier.

— Tu ne me présentes pas ? s'étonne-t-elle en haussant un sourcil.

Matt s'exécute docilement :

— Madison, voici Hannah.

Elle tend un bras gauche trop maigre et me serre mollement la main.

— C'est un plaisir, dit-elle avec un petit rictus.

Il est évident qu'elle n'en pense rien. Je sens qu'elle observe ma robe avant de se tourner vers Will et de lui murmurer quelque chose. Elle est sur son trente et un, et elle arbore un collier de rubis somptueux. Je me demande si sa mère l'a prénommée Madison à cause de l'avenue.

Des serveurs en gants blancs nous apportent de petites salades avec des feuilles découpées et des pétales rose vif de fleurs comestibles.

Charles pousse Matt du coude et déclare, la bouche pleine :

— Vous devriez venir à Ibiza, la semaine prochaine, les gars.

— Oh oui, on s'est ennuyés sans toi, à Noël, ajoute Will en roulant les yeux. J'ai sauté la soirée de Georges et je suis rentré en jet plus tôt que prévu.

Madison masse la cuisse de Will et glousse. Matt se tourne vers moi :

— Vous voulez aller à Ibiza ? me propose-t-il avant de siroter un peu de champagne.

— On est en plein milieu de la saison ! Vous savez bien que je ne peux pas m'absenter, dis-je en les regardant tous successivement. Comment faites-vous pour avoir autant de vacances dans votre travail ?

Matt s'esclaffe.

— Charles est perpétuellement en vacances.

L'intéressé pointe sa fourchette sur lui.

— Tu peux parler.

— Je travaille, réplique Matt qui s'attaque à sa salade.

— Ouais, pour *papa*, souligne Charles. Lequel te laisse prendre des semaines de congé pour que tu enrichisses ton palmarès de voyages.

— Bah, qu'est-ce que je peux répondre à ça ? Le népotisme a ses avantages.

Je pousse la salade dans mon assiette. Curieusement, je n'ai pas faim. Être attablée avec ces gens ressemble à une sorte d'expérimentation sociale. J'apprends comment les riches réussissent à se défaire de toute responsabilité.

— Et vous, vous faites quoi, Will ? dis-je.

Il porte sa coupe de champagne à ses lèvres et me sourit par-dessus le rebord.

— Je suis entre deux boulots. J'ai été dans la banque pendant quelque temps, mais ça n'était pas très amusant. Avec Madison, nous allons peut-être créer une ligne de bagages, pas vrai, Mad ? Elle les dessinera, et moi je taperai mes amis pour obtenir les fonds nécessaires.

L'ébauche d'une grimace passe sur le visage de la jeune femme.

— Des *sacs à main*, Will. Pas des bagages.

Will balaie la réflexion d'un geste de la main.

mienne. Ce n'est pas la véritable raison de ma préférence pour le ballet.

Et il expose les similitudes qu'il décèle entre ces deux expressions artistiques. De leur côté, Charles, Will et Madison discutent d'un ami commun parti en cure de désintoxication. Je laisse mon esprit battre la campagne.

La voix de Matt me rappelle au présent :

— Comment trouvez-vous l'entrée ?

Je baisse les yeux sur l'assiette devant moi.

— Super. J'adore les coquilles Saint-Jacques.

Je n'avais même pas remarqué qu'on nous avait servi le plat suivant. Je pique une noix avec ma fourchette, mais au lieu de la mettre dans ma bouche je bois une gorgée d'eau, en regrettant de ne pas être ici en compagnie de Jacob.

L'OPÉRA FINI, NOUS rejoignons la foule rutilante qui se déverse dans la nuit. Je me dirige vers la rue quand Matt me saisit le bras et m'arrête.

— Hannah, dit-il à mi-voix, vous êtes d'une élégance rare, et mes amis ne sont que des Néandertaliens.

J'approuve de la tête. Pour lui, c'est sans doute ce qui se rapproche le plus d'une excuse. Je trouve qu'il a aussi un certain côté homme de Néandertal, mais je ne le lui avouerai pas.

Il place sa main sous mon menton et relève doucement mon visage. Il se penche, et ses lèvres cent fois plus chaudes que l'air nocturne rencontrent les miennes.

Je suis très consciente de mon hésitation, mais sa bouche et sa langue se font insistantes. Il me presse contre le mur, et ses mains s'enfouissent dans ma chevelure. Il m'embrasse longuement. L'étourdissement que j'éprouve est probablement dû au champagne. Ou pas. Peut-être que c'est l'effet de ce baiser, à la fois passionné et étrangement mesuré. Le baiser d'un expert en la matière.

Après une minute, je le repousse.

— Je ne veux pas de ça.

Mais il m'enserre dans ses bras et m'attire contre sa poitrine.

— Si, tu le veux. Viens chez moi, murmure-t-il dans mes cheveux. C'est juste de l'autre côté du parc.

Et si j'étais Zoe, j'accepterais. Sortir avec un mécène du ballet ? Otto lui-même ne pourrait qu'approuver. Il regarderait Matt et verrait le symbole du dollar encore plus qu'actuellement.

— Je ne peux pas, dis-je.

— Pourquoi donc ?

Parce que je n'en ai pas envie. Mais je refuse de me montrer aussi brutale :

— J'ai une matinée demain.

— Oh, mais qu'est-ce qu'une nuit ? fait-il remarquer. Allez, viens. De mon appartement on a une vue imprenable sur le parc.

Je recule d'un pas et baisse les yeux sur la superbe robe qu'il a achetée.

— Je ne crois pas que ça marche pour moi.

Quand je relève la tête, Matt arbore une expression de surprise totale.

— Qu'est-ce que tu veux dire ?

Je pourrais lui fournir une centaine d'excuses en rapport avec ma carrière et tout le reste, mais je décide d'être honnête avec lui :

— Il y a quelqu'un d'autre.

Je n'en ai pourtant aucune certitude. De ce que je sais, Jacob a tiré un trait définitif sur notre relation. Je fais un autre pas en arrière et j'ajoute :

— Mais merci pour la soirée. Merci beaucoup.

Puis je tourne les talons et je presse le pas pour rejoindre la rue et ce taxi qui semble n'attendre que moi. Je m'y engouffre et, sur le vinyle de la banquette, je me détends enfin, soulagée d'être seule.

XXXIV

— Commençons par le solo, décide Otto.

Le pianiste range ses partitions, et ses lunettes glissent sur l'arête de son nez. Ses chaussons à pointe claquant sur le sol, Zoe s'avance d'un pas vif au centre de la scène et adopte sa position de départ. Je me tiens un peu trop près d'elle, sur sa droite. Nous travaillons *Rubis* depuis déjà deux semaines, et c'est seulement aujourd'hui que nous effectuons notre première répétition générale.

— Et…

Otto fait signe au pianiste.

Je replie les orteils dans mes chaussons, et je sens l'énergie qui s'échappe par le bout de mes doigts. Après avoir exhalé, j'entame une arabesque. Je pousse mon bassin en avant et je vide un peu plus mes poumons avant le mouvement de jambe. Je vacille très légèrement sur le pivot mais je me reprends aussitôt pour les piqués. Bien que du coin de l'œil je voie Zoe se rapprocher, je me force à m'imaginer seule. Je me concentre sur l'exécution de mouvements amples qui s'écoulent l'un dans l'autre. Otto est assis juste en face de moi, mais j'ignore son regard attentif. Tout ça n'est pas pour lui.

À mesure que la musique accélère, ma poitrine se contracte et j'inspire délibérément par le nez, à petits coups. Surmonter l'appréhension de la fatigue est toujours un exercice difficile, et une bataille autant mentale que physique.

Bien entendu, dans la dernière partie je n'arrive presque plus à respirer, et je commence à faire l'expérience de la sensation familière de suffocation. Je me répète *c'est temporaire, c'est temporaire…* mais j'ai l'impression de me noyer. Quand j'entame la dernière série de rotations, je me ferme à toute pensée et je ne me préoccupe que de mes déplacements. Quand on réfléchit trop, on va droit à la faute. *N'y pense pas, fais-le.*

Je flotte jusqu'à la dernière posture dans laquelle je me fige. À côté de moi, Zoe halète.

— Bon, dit Otto calmement.

Et il s'éloigne.

Zoe se tourne vers moi.

— Tu m'as eu l'air d'hésiter un peu du genou pendant la double pirouette. Tu as un problème de tendon ?

Elle arbore une expression inquiète qui ne peut être que feinte.

— Tout va bien, dis-je, alors qu'en réalité mon tendon me cause un réel souci.

— J'espère pour toi. Parce que ces pirouettes constituent une part vraiment importante du solo, et je n'imagine pas qu'Otto confierait le rôle à quelqu'un qui a ce genre de faiblesse.

— Bah, ça t'arrangerait bien, non ?

J'ai parlé d'un ton posé et, pendant une seconde, elle paraît déstabilisée. Puis elle sourit, découvrant de petites dents parfaitement alignées. Le résultat de dix mille dollars de soins orthodontiques.

— Oh, allez, Hannah. Tu sais bien que je serais contente pour toi si tu décrochais le rôle.

— Je n'en doute pas.

Je me penche pour ramasser mon pull et mes jambières. Pas plus qu'elle je ne pense ce que je viens d'affirmer.

Nous regagnons le vestiaire en silence, et ensuite elle ressort pour aller fumer une cigarette sur le toit. Je m'assois devant le miroir et je me prends la tête dans les mains.

L'effort physique est déjà assez dur. Pourquoi faut-il que la compétition aggrave encore la situation ?

Après la répétition, je descends voir la kiné. Son local, coincé entre les distributeurs automatiques et la blanchisserie, est aussi charmant et spacieux qu'une mini-buanderie. Des planches anatomiques vieillies décorent les murs en parpaing avec deux grands miroirs aux coins ornés d'autocollants représentant des dinosaures. Le mobilier se résume à deux tables de massage et des étagères en contreplaqué. Celle du bas est occupée par des boîtes d'Advil, des sparadraps, des poches à glace et des bandes Velpeau. Celles du dessus par des béquilles et un bottillon.

— Salut, Hannah ! Comment va ? J'ai presque terminé, là.

Frannie, la kinésithérapeute, me décoche un large sourire tout en enfonçant son coude dans le mollet d'Adriana.

— Salut, dis-je.

Pendant que j'attends mon tour, j'étudie le planning, qui divise la journée en tranches de dix minutes pour des massages, des remises en forme, etc. Je repère le nom de Daisy quelques cases plus bas que le mien. Elle s'est plainte de l'épaule gauche, récemment. Les feuilles de rendez-vous sont affichées chaque matin, et elles se remplissent très vite.

J'observe Frannie se servir du poids de la partie supérieure de son corps pour pétrir le muscle d'Adriana. Celle-ci pousse un soupir qui est certainement dû autant au plaisir qu'à la souffrance. Un moment plus tard, la kinésithérapeute lui tapote le pied, et Adriana descend lentement de la table.

— Ce ne serait pas bien si je faisais un peu d'ultrasons ? demande Adriana en étalant une noix de gelée bleue sur son pied.

— Fais comme tu le sens, ma chérie. Tu sais comment ça marche ?

— Je suis devenue une vraie pro, depuis le temps.

Adriana allume la machine et passe une poignée métallique sur la gelée en décrivant de petits cercles sur ses métatarses. Les ondes se propagent profondément dans les tissus en créant une chaleur douce et, espérons pour elle, curative.

Je grimpe sur la table.

— Bon, qu'est-ce que je peux pour toi ? demande Frannie, et un sourire éclaire son visage aux traits doux.

— J'ai trop sollicité le tendon du jarret, une fois encore.

J'essaie de paraître nonchalante, mais j'entends les accents de panique dans ma voix.

— Oh, ma chérie… Et tu passes ce soir ?

Elle me fait signe de m'étendre à plat-ventre.

— Deux ballets d'affilée.

Elle a un petit soupir compréhensif pendant que je place mon visage dans l'appuie-tête qui presse mes joues et mon front.

— Il faut que tu utilises ta magie, dis-je dans le trou facial.

— Je ne sais pas comment vous faites, les filles, dit-elle en pesant sur ma jambe des deux mains.

Ce n'est pas ce qu'on peut appeler un massage décontractant, mais elle se fait du souci pour moi et elle souhaite que je me sente mieux, je le sais. Je ferme les yeux et j'imagine que ses mains sont celles de ma mère, que ses palpations m'assurent que tout ira bien.

Après un certain temps, elle tapote doucement mon pied et j'extrais mon visage de l'appuie-tête. J'ai une marque rose en travers du front.

— Pourquoi tu ne reviendrais pas avant la représentation de ce soir pour un peu de traitement par la chaleur et les micro-courants ? me propose-t-elle.

— D'accord. Merci.

Je rassemble mes affaires, mais je n'ai pas envie de partir. Il est tellement rare qu'on prenne soin de moi dans ce monde que le moindre moment d'attention me semble incroyablement précieux.

Je me dirige vers les coulisses pour mon premier ballet de la soirée quand Harry m'intercepte. L'air un peu embarrassé, il me tend une enveloppe.

— C'est un mot de Mattie, explique-t-il. Elle est restée debout tard hier pour l'écrire, mais elle a refusé de me le montrer. C'est un peu tard pour une carte de la Saint-Valentin, mais Dieu sait que cette petite ne suit que son propre calendrier.

— Il faut que je fasse un peu de barre, dis-je sans vraiment le regarder, ni l'enveloppe que je prends. Je l'ouvrirai quand j'aurai fini.

— Bien sûr, bien sûr, aucun problème.

Il hoche la tête et me fait signe de poursuivre mon chemin.

Mais alors que j'étire mes mollets sur la barre, je me demande si je ne l'ai pas vexé. Je n'aurais pas pu m'arrêter trente secondes, le temps de lire le message de sa fille ?

— Tu es au courant, pour BaryshniMoss ? me demande Jonathan.

— Quoi ?

Je m'incline sur ma jambe et je sens les muscles s'allonger. Je me rends alors compte que ce n'est pas à moi qu'il s'adresse, mais à Daisy, assise à ses pieds comme la disciple d'un gourou.

— Paraît que Kate Moss suit des cours de danse classique, explique Jonathan. Elle et Baryshnikov devraient tourner ensemble dans un film sur la danse.

Il s'est penché pour toucher ses orteils, et il prononce ces derniers mots comme s'il parlait à ses genoux.

— Impossible, déclare Daisy, péremptoire.

Jonathan se redresse et secoue la tête en se signant.

— Elle croit qu'elle peut faire des pointes parce qu'elle a l'habitude de marcher sur des talons de vingt centimètres. Eh bien, bonne chance, Kate ! C'est tout ce que j'ai à dire.

Daisy approuve sans retenue :

— Absolument ! Mais Baryshnikov... Je l'adorais dans *Sex and the City*.

Je ravale un commentaire moqueur. C'est donc à ça qu'elle pense quand on évoque Mikhail Baryshnikov : Carrie Bradshaw ? Elle est encore plus jeune d'esprit que je le pensais...

Jonathan grimace.

— Je sais. Un vieux renard aux tempes argentées.

Et bien qu'il participe au prochain ballet, il détale pour aller propager ailleurs la nouvelle concernant Kate Moss.

Concentre-toi, Hannah. Concentre toi.

Christine passe en marmonnant dans son casque. Nos regards se croisent.

— Costume, Hannah ? lâche-t-elle en me faisant signe de me hâter. Tu es dans *Courage*, non ? C'est dans dix minutes.

— J'y vais.

En me dirigeant vers le Foyer, j'ouvre l'enveloppe de Mattie.

Chère Hannah,

Je t'en pris, JE T'EN PRIS viens à mon école de ballet la semaine prochaine, le 3 mais. C'est la journée avec les portes ouvertes. Il y aura baucoup de danse !!!!!!

Bises, ton amie Matilda

PS : Je trouve que tu es la meilleure danseuse de la companie.

C'est très mignon, y compris les fautes. Je range le mot avec mes affaires. Plus tard, je le coincerai dans le cadre de mon miroir, au vestiaire. Puis je passe le tutu rose que Laura me présente.

XXXV

QUELQUES JOURS PLUS tard, durant le cours de M. Edmunds, pendant un des adages notoirement ennuyeux de la mélodie *My Favorite Things*, j'observe d'un regard un peu absent le premier groupe de danseurs qui effectue une promenade en arabesques quand Mai semble décider de s'asseoir au centre de la salle après une pirouette tout à fait disgracieuse. Au début, Bea ricane : nous pensons qu'il s'agit d'une énième illustration du manque de sérieux de Mai. Mais elle s'affaisse d'un coup, sa tête heurte le sol et elle reste inerte. La panique nous gagne alors. Le pianiste cesse de jouer, et M. Edmunds se précipite vers elle.

Instinctivement, nous venons tous nous masser autour d'elle, mais Roman nous crie de nous écarter.

— Laissez-lui de l'air ! s'exclame-t-il en faisant de grands gestes avec les bras comme pour nous repousser. Allez !

Je recule sans quitter Mai des yeux. Elle paraît d'une fragilité impossible, avec ses cheveux si noirs et sa peau d'un blanc extrême. Gisant ainsi sur le sol, elle ne semble pas plus grande qu'une enfant.

Julie appelle le 911 sur son portable tout en faisant les cent pas dans la pièce à longues enjambées nerveuses. M. Edmunds ordonne à un des garçons de transporter Mai au cabinet de la kinésithérapeute, et une foule de danseurs suit, murmurant avec inquiétude. Avant de m'en rendre compte, je me retrouve seule dans la salle, plantée là, bêtement, face à mon reflet dans le miroir.

Qu'est-ce qui s'est passé ?

Je me sens moi-même étourdie. Je vais m'asseoir au piano. Tout en égrenant doucement quelques notes, je me demande si Mai a déjà repris conscience. Sinon, cela signifie-t-il qu'il lui est arrivé quelque chose de grave ? Je guette l'ululement croissant de sirènes remontant Broadway, même si je sais que je ne pourrais pas les entendre depuis la forteresse qu'est ce bâtiment.

Je perçois des voix dans le couloir, et je sors pour voir qui est là. Il n'y a qu'Emma et Luke, qui tournent vers moi des visages graves. Ils m'apprennent que Roman a porté Mai jusqu'à un taxi, pour l'emmener à l'hôpital.

Quand je retourne au vestiaire, tout le monde y échafaude des théories sur ce qui est arrivé.

— Elle est sous-alimentée, c'est évident, affirme Zoe en prenant une barre protéinée dans son sac. Il paraît qu'elle ne mange que du bouillon de poule et des épinards. C'est à se demander où elle trouve toute l'énergie qu'elle dépense sur scène.

— Olivia m'a dit que Mai n'aime pas du tout manger, ajoute Daisy. Elle pense que c'est surfait.

Je ne peux m'empêcher de remarquer que mes amies semblent de bonne humeur.

Plus je les écoute faire des hypothèses sur la cause du malaise de Mai et plus je suis exaspérée. Peut-être parce que j'ai faim, moi aussi (oh, les glucides me manquent tellement !), mais plus probablement parce que je me fais du souci pour elle.

— Elle a vraiment quelque chose de sérieux, les filles, dis-je.

Elles me regardent d'un air interdit.

— C'est évident, Hannah, finit par dire Zoe avant de mordre dans une poire.

Je m'assois sur ma chaise et bois un peu d'eau. Je pense à toutes les autres filles du Manhattan Ballet qui se sont esquintées. L'année dernière, on a diagnostiqué un problème thyroïdien à Lila, une danseuse de deuxième année, et une des solistes a développé une maladie du sang après avoir suivi pendant trop longtemps un régime trop strict. C'était similaire à l'hémophilie, nous avait précisé Daisy (qui bien entendu était au courant de tous les détails), et la pauvre allait devoir suivre un traitement jusqu'à la fin de ses jours.

Je sais qu'un certain degré de souffrance est nécessaire dans l'art. Si danser dans un ballet était facile, tout le monde pourrait le faire, et on n'aurait pas besoin du Manhattan Ballet ou de n'importe quelle autre compagnie.

Pourtant, j'ai l'impression que quelqu'un m'a saisie par les épaules et m'a secouée violemment.

Quelques jours plus tard, Mai revient au théâtre pour assister aux répétitions et voir Otto. On apprend alors qu'elle souffre d'un sérieux problème à la thyroïde, elle aussi, et le traitement qu'elle prend a gonflé son visage au point qu'elle est à peine reconnaissable. Ses cheveux noirs ont perdu leur éclat.

Alors que je la regarde boire à petites gorgées délicates dans son mug de thé, je me prends à me demander si je fais réellement ce qui convient de ma vie.

XXXVI

Lundi soir, je me rends au studio de danse de Mattie, dans le Lower East Side. Il est situé à la limite de Chinatown. De l'autre côté de la rue s'étend un parc aux allées pavées bordées de quelques arbres, le tout entouré de poteaux reliés par des chaînes. Des vieux y jouent aux échecs sur des tables en ciment. Ils sont engoncés dans des vestes défraîchies et coiffés de couvre-chefs aux couleurs passées, alors qu'il fait plus de vingt degrés. Je croise des gens qui portent des sacs orange typiques des épiceries de Chinatown. L'air vibre de multiples paroles, et peu sont prononcées en anglais.

Je pourrais probablement compter sur les doigts d'une main les fois où je me suis aventurée aussi loin au sud, et je réalise que Jacob avait raison. Je ne vis pas dans cette ville.

L'entrée du studio est surmontée d'une bannière qui clame « Journée portes ouvertes » en grosses lettres pourpres. Les portes sont effectivement grandes ouvertes, et les gens entrent en flot régulier. Je me sens un peu nerveuse, pas à ma place : je ne suis ni la mère d'une élève ni sa sœur aînée. Je regrette de ne pas être venue avec Bea, mais elle se remet d'un rhume.

Le studio est un endroit chaleureux et accueillant, bien qu'un peu miteux. Au bout du couloir, une double porte donne sur une petite salle. À une extrémité se trouve la scène, avec ses rideaux en velours (cadeau d'un vieux cinéma, dixit Harry) et plusieurs rangées de sièges pliants. J'en prends un à l'arrière. Pour une raison que je ne cherche pas à m'expliquer, je n'ai pas envie que Harry m'aperçoive. Je veux simplement être assise là, seule et dans l'anonymat.

Des enfants courent un peu partout. Certains sont costumés, d'autres sont venus voir leur frère ou leur sœur. Les cris et les rires se répercutent contre le plafond haut. J'observe un gamin brun potelé qui correspondrait très bien au Paulo de Jacob tel que je me l'imagine : il mange de fins rubans de réglisse, et tout son visage est taché de rouge.

Je me demande ce que fait Jacob, quelles plaisanteries stupides ses élèves lui ont racontées. Je me demande s'il a joué quelque part récemment, et s'il lui arrive de chanter *La Fille en tutu* quand il est sur scène.

Moby Dick est posé sur ma table basse depuis des semaines, à côté de *Frankenstein* et d'une pile de vieux numéros de *People*, mais je ne l'ai toujours pas ouvert.

— Bonsoir tout le monde ! lance une voix à travers un haut-parleur qui crachote un peu. Nous sommes presque prêts à commencer.

Les enfants regagnent leur place à contrecœur, et je consulte mon programme photocopié, qui a été rédigé à la main, sans doute par un des élèves les plus âgés. *Bienvenue à la journée portes ouvertes de printemps de la Delancey Dance Academy – représentation de gala.* L'éclairage baisse, et le rideau se lève.

Mattie participe à la toute première danse. Elle entre en se dandinant au milieu d'une procession d'autres petites filles de son âge. Aucun des costumes ne s'accorde aux autres, et certains ne vont pas aux enfants qui les portent. Bernadette en tomberait de sa chaise, horrifiée.

Elles s'alignent, lèvent les mains au-dessus de leur tête et attendent. En coulisse, quelqu'un met en marche une stéréo, et les premières notes d'une marche composée par Sousa emplissent la salle. Au signal, les fillettes se mettent en mouvement. Elles glissent sur la gauche, puis sur la droite, et une partie d'entre elles s'avance par bonds tandis que les autres restent en arrière et effectuent des pirouettes sur demi-pointes. Elles sont trop jeunes pour les pointes, mais elles en rêvent déjà, certainement. C'est le cas de toutes les jeunes danseuses.

La joie qui se lit sur leurs visages est contagieuse. Je me souviens avoir ressenti la même chose lors de mon tout premier récital, quand j'étais petite. Et même avant, lorsque je dansais dans la cave devant un public composé de peluches.

Mattie est une des danseuses les plus enthousiastes. Ses petites jambes potelées fouettent l'air et enchaînent les sauts, et elle ne se départit jamais d'un grand sourire. À la fin de son numéro, les applaudissements sont assourdissants.

En pensée, j'entends le commentaire de Zoe: *20 sur 20 pour l'implication, mais elle manque totalement de souplesse. Et puis elle est un peu trop ronde.*

Je soupire. Non, Mattie n'est pas une danseuse-née. Mais elle se donne à fond et elle aime visiblement ce qu'elle fait. Pourquoi n'est-ce pas suffisant ?

J'assiste à presque tout le reste du programme, alors que mon estomac proteste bruyamment parce que je n'ai pas dîné. Mattie apparaît dans deux autres danses. Apparemment, c'est une des vedettes de la Delancey Dance Academy.

Hélas, elle pourrait bondir jusqu'à atteindre le plafond, ça ne changerait pas le fait qu'elle est petite et boulotte. Personne ne la verrait en danseuse de ballet. Jamais elle ne serait acceptée à la Manhattan Ballet Academy.

Mais admettons qu'elle finisse par y entrer. Elle passerait chaque instant à se comparer avec les autres filles, celles qui ont ce corps svelte de ballerine, et elle détesterait ses bras trop courts et son torse trop épais. Les professeurs lui conseilleraient de perdre du poids au niveau du ventre et de prier pour que ses membres s'allongent.

Cette enfant joyeuse, lumineuse se sentirait misérable.

Ces pensées m'emplissent d'un sentiment protecteur envers Mattie, et d'une tristesse diffuse pour la fillette que j'ai été.

XXXVII

Zoe et moi devons travailler *Rubis* une fois de plus, mais en situation, à la fin des répétitions. Les coulisses sont vides, à l'exception de quelques barres en acier laissées là au hasard après la soirée de la veille. Sur le devant de la scène, je vois Zoe assise sur la banquette du piano qui agite les mains avec animation. Je laisse mon sac près d'une barre et je me débarrasse de mon pantalon de survêtement et de mon pull. Alors que j'approche de la scène, je m'aperçois que Zoe est engagée dans une conversation assez vive avec Otto.

De quoi parle-t-elle ? Et où trouve-t-elle le cran de s'adresser à lui, surtout de cette façon ?

Notre vieux pianiste entre de l'autre côté des coulisses, un paquet de partitions coincé sous le bras. Il demande poliment à récupérer son siège, remonte ses lunettes et affiche un sourire doucereux. Zoe se lève d'un bon et gesticule théâtralement. Otto répond quelque chose d'inintelligible tandis qu'elle se penche si près de lui que ses lèvres touchent presque son oreille. Puis elle s'éloigne d'un pas sautillant vers le fond de la scène, et me gratifie d'un sourire forcé à peine esquissé. Je simule moi aussi un sourire.

— On recommence depuis le début, les filles, déclare Otto.

Nous exécutons l'ouverture, le solo, la coda et le final côte à côte. Par moments, Zoe se met devant moi, et je réplique en m'approchant un peu trop d'elle. À plusieurs reprises, nous évitons de peu la collision.

Quand on y réfléchit bien, tout est de la faute d'Otto : mais puisqu'il serait improductif de lui en vouloir, j'enrage en silence contre Zoe.

À la fin de la répétition, alors que je ramasse mes affaires, je remarque qu'elle s'attarde sur scène, feignant d'étirer son mollet. Trois secondes plus tard, elle va voir Otto. Elle avance en balançant légèrement des hanches, affichant un sourire presque séducteur.

J'ai très envie de lui passer un savon, mais je n'ai pas l'énergie nécessaire pour le faire.

— HANNAH, VIENS ICI !

Jonathan a presque crié. Il pointe l'index sur la feuille de casting que Sammy vient tout juste de punaiser sur le panneau. Et là, sous le rôle principal de *Rubis*, il y a mon nom. *Mon* nom. Pas celui de Zoe. Mon cœur rate un battement.

— Félicitations, ma chérie, dit Jonathan avec un grand sourire.

— Oh, mon dieu, dis-je dans un murmure.

Je me mords la lèvre inférieure pour endiguer l'excitation qui m'envahit.

— Tu le mérites, Hannah. Je suis super content pour toi !

Il éclate de rire et dépose un baiser sur ma joue. Je balbutie :

— Je n'arrive pas à y croire…

Et j'ai toutes les peines du monde à ne pas hurler de joie.

— Tu vas porter cette superbe petite tenue rouge, ajoute-t-il.

— Ooh, il faut absolument que j'essaie mon nouveau costume !

Je lui dis au revoir d'un geste de la main et je me précipite au sous-sol.

Quand je repousse l'affreux rideau qui tient lieu de porte, Bernadette se lève de sa chaise. Elle fonce vers moi, m'étreint et m'écrase à moitié contre son opulente poitrine.

— Nous sommes très fières de toi, Hannah ! dit-elle.

Carole, l'autre costumière qui est tout aussi gentille que Bernadette, me serre à son tour dans ses bras et me chuchote à l'oreille ses félicitations. Je ne suis pas vraiment surprise que Glenn, la troisième de leur équipe, feigne de ne pas avoir remarqué mon arrivé : elle est à moitié enterrée sous une pile de tulle, et de toute façon, elle est perpétuellement de mauvaise humeur.

Carole prend ma main. La sienne me fait l'effet d'un paquet de brindilles. Elle me mène aux portants chargés de costumes. Elle en prend un qui est rouge, et très court.

— Quelques grandes ballerines l'ont porté avant toi, ma chérie, déclare-t-elle.

J'examine la doublure et je vois *Harlow* tracé au marqueur sur une étiquette cousue à la main. Et juste à côté, une autre où est écrit *Hayes*. Lottie Harlow, la ballerine star d'Otto, et Annabelle Hayes, ma maîtresse de ballet.

— Lottie avait dix-sept ans, et elle était si mince… se souvient Carole, la mine rêveuse.

— Il fallait la voir sur scène, ajoute Bernadette. Elle avait une présence… C'était électrique. Essaie la tenue.

Je me déshabille et enfile avec précaution le costume. Bernadette m'offre sa main pour que je ne trébuche pas.

— Tu es plus grande qu'elles, constate Carole. Mais ça va aller, à mon avis.

Je vais me placer devant le miroir. Ce reflet n'est pas le mien, c'est celui d'une ballerine svelte, élancée. Le costume, une robe en Lycra rouge cerise, s'arrête juste en dessous des hanches. Le bustier est décoré de cristaux brillants couleur rubis, qui cascadent jusqu'au nombril.

— Superbe, murmure Carole.

La tenue est vieille, difficile à nettoyer, et elle continue d'exhaler le parfum de celles qui l'ont portée. Ce n'est pas exactement une odeur corporelle, mais ça n'en est quand même pas très éloigné. En regardant avec plus d'attention, je remarque les endroits où le tissu s'est décoloré sous l'effet de la transpiration, et là où les fausses pierres que l'usure a détachées ont été remplacées par d'autres dont l'éclat ne correspond pas à l'ensemble.

Je ne sais pas si je dois être ravie, intimidée par l'histoire de ce costume, ou me sentir légèrement dégoûtée par son état actuel.

— Tu as maigri ? me demande Bernadette.

— Oui, enfin, je crois.

— Si tu veux mon avis, c'était inutile.

— Mais personne ne te demande ton avis, Bernie, intervient Carole en agitant vers elle un index noueux. Là-haut, au niveau de la rue, ils ont leur propre idée de ce qui convient. Pas vrai, ma chérie ?

J'ai un sourire un peu triste :

— C'est un autre monde…

Je remets mon body et mon collant. Alors que je parcours le couloir en direction de l'ascenseur, je frappe le vide devant moi avec mon poing serré. *Je suis sur la bonne voie !* Plus tard, je téléphonerai à mes parents et ils seront fous de joie. Je suis sûre que mon père va dire à tous ses collègues à quel point il est fier de moi, et ma mère va appeler ma grand-mère en Floride. Ils voudront certainement venir ici pour assister à chaque représentation. Je prends l'ascenseur jusqu'au troisième pour annoncer la nouvelle aux filles.

Quand les portes de la cabine s'ouvrent, j'entends des cris hystériques qui proviennent de l'autre bout du couloir. Mon cœur s'emballe. Je cours dans cette direction. J'ai l'impression que ça vient de notre vestiaire… J'arrive devant la porte, terrifiée à l'idée de ce que je risque de découvrir. Les cris sont encore plus stridents, et j'ai du mal à respirer.

J'ouvre la porte d'un coup. Je m'attends à trouver une cheville cassée, un test de grossesse positif, ou quelqu'un qui gît inconscient sur le sol.

— Qu'est-ce qui se passe ? dis-je d'une voix étranglée.

Au centre de la pièce, Bea, Zoe, Daisy et Leni s'étreignent. J'entends un sanglot.

— Quelqu'un est blessé ?

Leni se tourne vers moi. Les larmes ruissellent sur ses joues.

— Zoe a eu une promotion ! s'écrie-t-elle.

Puis elle se retourne vers les autres, et toutes crient et sautillent sur place en s'agrippant.

Zoe a eu une promotion. Les mots résonnent encore et encore dans ma tête. Le groupe se délite, et Zoe reste seule au milieu, avec son visage gonflé et humide de larmes. Elle ouvre ses bras vers moi.

— Hannah ! s'exclame-t-elle.

Je vais vers elle et je serre dans mes bras la brindille qu'est son corps. Mon cœur bat toujours à un rythme fou. Je la tiens contre moi, et elle referme ses bras autour de mes épaules. Je suis en état de choc.

Et dévastée. Dans un état de confusion impossible à maîtriser.

— Félicitations.

Je l'ai dit dans un murmure. J'ai l'impression d'avoir reçu un coup de pied dans le ventre.

— Merci, répond-elle, et ses larmes mouillent mon cou. Merci du fond du cœur.

Elle se recule et me regarde dans les yeux. Et puis elle se tourne vers le reste de la pièce, lève les bras et pousse un « Aaaaaah ! » de joie.

Je me laisse tomber sur ma chaise et je me tords les mains sur les genoux.

— Les filles ! s'écrie Daisy en désignant l'horloge. On va être en retard pour la répète !

Elle ramasse son sac et tend le sien à Zoe.

— Hannah, bouge-toi !

Mais je ne l'écoute pas. Dans une débauche de mouvements, elles s'en vont toutes. Sauf Bea. Elle s'approche, s'assoit à côté de moi et pose une main sur mon genou.

Je voulais juste lui annoncer qu'on m'avait enfin confié mon premier solo, mais cette nouvelle est maintenant complètement éclipsée par le reste.

— Ça va ? demande Bea.

J'ouvre la bouche pour répondre, mais rien ne sort. J'arrive enfin à articuler :

— Je… je ne sais pas quoi dire.

Je me gratte un ongle, le regard dans le vide. Je revois Zoe faire du charme à Otto de manière éhontée lors de notre répétition de *Rubis*. Est-ce que ça a le moindre rapport avec sa promotion ?

— C'est dingue, hein ? murmure Bea. Elle est soliste, maintenant.

Je hoche la tête. Je suis assise là, comme une idiote, et Bea me tapote gentiment le genou. Après un moment, je relève la tête, je la regarde en face et je lui annonce, d'une toute petite voix :

— J'ai eu le solo de *Rubis*.

Elle sourit.

— Je sais. Les nouvelles vont vite quand Daisy est dans les parages. Félicitations. Je suis vraiment fière de toi.

Je détourne les yeux.

— Merci.

Elle se lève, noue les manches de son pull autour de sa taille.

— Allez, dit-elle, il faut qu'on aille à la répétition.

Je me force à lui sourire.

— Je te rejoins dans une seconde.

Seule dans le vestiaire, je regarde fixement mon reflet dans le miroir. Mais ma vision est trouble. Je ne suis qu'une vague tache blonde.

XXXVIII

Bea ouvre mes placards un à un à la recherche de quelque chose à grignoter, mais ils sont encore plus vides que d'habitude. Je suis affalée sur le canapé, en train de poignarder un dessous de verre avec un crayon. Il est onze heures et demie du soir, et nous sommes à moitié mortes de fatigue suite aux représentations.

— Je n'arrive pas à croire que Zoe ait eu une promotion, dis-je.

— Ah bon ? Elle aurait sacrifié un bras pour l'obtenir.

Bea se met à fouiller les tiroirs, comme si elle espérait trouver quelque chose de succulent parmi les fourchettes et les cuillers.

— Tu n'as pas des chips goût mexicain, ou quelque chose de ce genre ?

Je casse la mine du crayon sur la surface de la table basse.

— Non. Je les ai jetées à la poubelle quand Eliza et Olivia ont eu leur promotion… Je l'ai vue aller le voir, on aurait dit qu'elle s'apprêtait à le violer. Tu crois qu'elle a couché avec Otto ? Parce que, quand même, elle n'est pas meilleure danseuse que moi.

Je jette le crayon sur le sol.

Bea repasse dans le salon et s'écroule sur le canapé à côté de moi.

— Tu as raison, approuve-t-elle. Elle n'est pas meilleure que toi. Mais elle n'a pas eu cet avancement en couchant avec Otto. D'ailleurs, je ne pense pas qu'elle irait jusque-là. Bon, d'accord, elle a pu lui faire du charme. Mais enfin, tu sais combien de filles font leur cirque devant Otto ? Et puis, Zoe draguerait même un banc de jardin public, alors…

Je me mordille la lèvre inférieure sans répondre. Bea pose la main sur mon genou et continue :

— Zoe a eu cette promotion parce qu'elle fait partie des meubles dans le théâtre…

— Mais nous faisons toutes partie des meubles dans le théâtre ! Nous pourrions aussi bien y dormir !

Bea acquiesce, l'air compréhensif.

— Mais Zoe va à toutes les répétitions, même celles qui ne la concernent pas, juste pour travailler. Elle n'a jamais manqué un seul cours de la compagnie. En plus, et c'est peut-être le plus important, elle est prête à renoncer à tout pour devenir soliste. Tu n'as pas remarqué qu'elle avait complètement arrêté de sortir avec des garçons ? Elle est tout à fait d'accord pour sacrifier le reste de sa vie. Et je ne crois pas que ce soit ton cas. Plus maintenant.

Je scrute le joli visage de Bea, avec toutes ses taches de rousseur. Je n'arrive pas à croire qu'elle défende Zoe. Elle, plus que n'importe qui d'autre. Elle qui ne l'apprécie même pas.

— Qu'est-ce que tu racontes ? Je me suis donnée à fond chaque jour ! Je ne vois pas comment je pourrais faire plus !

— Mais tu es partagée, et ça se sent, réplique-t-elle avec douceur.

— Non, c'est faux.

Pourtant, je sens une chaleur monter à mes joues.

Bea se laisse aller contre le dossier du canapé et croise les bras.

— Han, tu sais que je t'aime beaucoup, mais sois au moins honnête avec toi-même, si tu ne l'es pas avec moi. Je sais que tu adores la danse, mais est-ce que tu es vraiment certaine de vouloir obtenir une promotion ?

— Tu rigoles ou quoi ? dis-je en me levant d'un bond pour arpenter nerveusement la pièce. Bien sûr que oui ! Qu'est-ce que tu crois que je cherche depuis toujours ? (Je renverse une pile de vieux magazines, mais ça n'a aucune importance.) Je n'ai pas eu de promotion ! Je n'ai jamais eu de petit ami ! Depuis l'âge de quatorze ans, je ne vois pratiquement jamais mes parents ! Je suis épuisée tout le temps, tous les jours. Qu'est-ce que je devrais faire de plus ?

Je sens des larmes brûlantes couler sur mes joues.

Bea pose sur moi son regard bleu empli d'affection et de chaleur.

— Mais qu'est-ce que tu crois qu'il t'arrivera quand tu auras une promotion, Hannah ? demande-t-elle d'un ton doux. Tu auras encore moins de vie privée qu'avant. Tout deviendra encore plus dur.

Elle se lève et se campe devant moi.

— Le solo de *Rubis* est un truc énorme. Et tu es certainement en bonne voie pour obtenir une promotion. Mais il faut que tu te décides. Ou bien tu as une vie personnelle, ou bien tu te consacres à la danse. Tu ne peux pas avoir les deux.

— Mais je ne veux pas choisir…

Une larme brille au coin de son œil quand elle me répond :

— Pourtant il faut que tu le fasses, Hannah. Tu dois choisir.

Je sens ma gorge se serrer, et j'ai du mal à respirer. Dans un murmure, je réponds :

— Tu as peut-être raison.

— Ça va aller, Hannah. Tout va bien, vraiment.

J'acquiesce en silence. Et je me rends compte que je suis couverte de morve.

Bea s'approche de moi, passe un bras autour de mes épaules et me serre longuement contre elle. Puis elle s'écarte.

— Bon, je ne sais pas pour toi, mais moi je suis affamée. Si on commandait des sushis et une bouteille de rouge ?

Je renifle un bon coup.

— Les prospectus des restaus qui livrent sont dans la cuisine.

Bea me sourit.

— Ah, là je te reconnais.

***

Le lendemain matin, je me rends au vestiaire avant le cours et je vois Daisy, le visage empourpré, qui lance ses affaires partout. Jambières, chaussettes et tee-shirts atterrissent dans tous les coins de la pièce. Une paire de chaussons à pointe manque ma tête de peu et va percuter les parpaings du mur. Daisy jure comme un charretier.

Pour quelle raison ? Caleb a embrassé une autre fille.

Quoique ce ne soit pas exactement une « fille » : elle s'appelle Margaret, elle a vingt-sept ans et c'est une des solistes du Manhattan Ballet. Elle interprète Odette dans *Le Lac des cygnes*, et l'année dernière le *New York Times* l'a qualifiée de « danseuse d'une vigueur fascinante ».

— Je ne peux pas croire qu'il la préfère à moi, gémit Daisy. Tu crois qu'il matait son petit cul depuis tout ce temps ?

— Et moi, je ne me fais toujours pas à l'idée qu'il n'est pas gay, marmonne Zoe.

Je suis désolée pour Daisy, et je veux la prendre dans mes bras pour la consoler, mais elle se dégage brutalement.

— D'après toi, sa mère sait que son fils est un salopard de menteur ? siffle-t-elle. Je vais l'appeler, sa mère, tiens.

— Ne fais pas ça, lui déconseille Bea avec calme depuis le coin de la pièce où elle s'est réfugiée pour éviter les projectiles divers que lance Daisy. Tu ne résoudras rien en racontant ça à d'autres personnes. C'est à Caleb que tu dois parler.

Daisy lève les yeux au ciel avant de me regarder.

— Qui a invité le Dr Je-Sais-Tout ici ? grince-t-elle, et elle ramasse un chausson qu'elle relance aussitôt par terre.

— Elle n'a pas tort, Daze, dis-je.

Elle nous ignore toutes deux et se dirige vers la porte en maugréant.

— Je vais au distributeur, annonce-t-elle. J'ai besoin d'un Coca light et d'un paquet de Fritos.

La porte claque derrière elle, et subitement le silence s'installe dans le vestiaire. Bea quitte son coin et entreprend de ramasser et de plier les affaires de Daisy. Je ne l'avais encore jamais vue plier des vêtements.

— Je suis vraiment embêtée pour elle, confie-t-elle.

J'approuve d'un mouvement de tête, et je me baisse pour aider Bea à rassembler les affaires éparses, souhaitant à Daisy d'être assez forte pour surmonter cette épreuve.

— Elle s'en remettra, affirme Bea, comme si elle lisait dans mes pensées. Mais c'est bizarre, d'une certaine façon, quand on y pense: que ce genre de situation soit nécessaire pour qu'on se souvienne qu'il y a autre chose dans la vie que le ballet.

Et elle a raison, bien sûr. Nous oublions que l'univers ne gravite pas autour de nous et de nos pointes, et que nos déceptions (et nos triomphes) ne découlent pas systématiquement des rôles qu'on nous attribue, ni des caprices d'Otto.

Et du coup, je repense à Jacob.

XXXIX

LUNDI, LE SOLEIL de mai brille enfin, après plusieurs jours pluvieux, et il flotte dans l'air un vrai parfum de printemps. En robe de coton léger et chaussures plates, je vais prendre le métro pour me rendre dans le centre-ville.

J'ai demandé à Jacob si on pouvait se voir après son dernier cours de la journée. Comme je suis en avance, je m'assois sur les marches devant l'université et regarde les étudiants qui sortent, leurs sacs à dos et leurs cartables bourrés de livres, d'ordinateurs portables, de crayons. La plupart sont en jean et tennis. Quelques-uns parlent dans leur portable, d'autres vont en petits groupes, et une poignée tente frénétiquement de poursuivre une lecture tout en se frayant un chemin dans la foule.

La voix de Zoe me revient, faible et légèrement moqueuse : « Ce sont les *piétons* qui font des études, Han. »

Un garçon qui ne doit pas avoir beaucoup plus de seize ans s'assoit sur une marche non loin de moi, allume une cigarette et ouvre un livre aux pages cornées. Amusant : c'est *Frankenstein*. Son programme glisse de l'ouvrage et atterrit contre mon pied. Avant de le lui rendre, j'ai le temps de lire l'intitulé de son cours principal : « Mères, monstres et folles dans la littérature du dix-neuvième siècle ».

Les yeux plissés à cause du soleil, l'expression indéchiffrable, Jacob s'approche.

— Salut, lâche-t-il.

Je me lève.

— Salut.

Suit un silence embarrassé. J'appuie le bout de ma chaussure contre la marche assez fort pour l'érafler.

Il garde les mains enfoncées dans ses poches.

— Bon, dit-il enfin. Alors, tu voulais qu'on prenne un café, c'est ça ?

— Oui. Je voudrais qu'on parle un peu. J'ai besoin d'un point de vue extérieur.

Il prend l'air étonné.

— Alors tu n'es pas venue t'excuser d'être aussi impossible à vivre ? dit-il, mais il tempère sa remarque d'un sourire. Tu veux qu'on aille ailleurs ?

— Je préférerais, oui.

Il me présente son bras replié, et je glisse la main dans le creux de son coude. Ce simple contact m'emplit d'une sensation indescriptible, et je suis partagée entre l'impatience de ce qui va suivre et le désir. J'ai l'impression qu'il est très loin, même s'il se tient tout près de moi. Le soleil brille sur ses cheveux noirs que la brise fait tomber devant ses yeux.

Nous nous dirigeons vers l'ouest. Nous passons devant des boutiques et des cafés, une cordonnerie, des laveries. Les filles ont ressorti leurs robes d'été; elles semblent un peu gênées de dévoiler la blancheur de leurs bras et de leur cou délicat. Chaque épicerie a décoré sa façade avec des fleurs : tulipes, iris, freesias.

Je finis par demander où on va. Ce sont les premiers mots que je prononce depuis que nous nous sommes mis en marche.

— Le fleuve, répond-il simplement.

Il me prend la main quand nous traversons la West Side Highway, mais son geste n'a rien de romantique. Il est plutôt protecteur, comme le réflexe qu'il pourrait avoir avec un de ses élèves pour éviter que celui-ci s'aventure au hasard dans la circulation.

De l'autre côté, nous arrivons directement au bord de l'eau. J'oublie toujours que Manhattan est une île. Tout ici paraît tellement solide et gigantesque… Comment pourrait-il s'agir en fait d'une petite langue de terre coincée entre deux étendues d'eau ? Pour moi, le mot « île » évoque immanquablement des plages de sable fin et des palmiers.

Nous nous asseyons sur un banc. Le soleil se reflète sur le fleuve. Selon l'endroit, l'eau semble brune, ou bleue.

J'ai tellement de choses à lui dire que je ne sais pas par où commencer. La brise siffle doucement autour de nous, quelques mouettes tournoient tranquillement dans l'air.

— Et donc ? dit Jacob.

— Et donc…

Je tripote nerveusement l'ourlet de ma robe. Je suis surprise de ne pas trouver les mots pour m'exprimer. Non qu'il me mette mal à l'aise - c'est même tout le contraire. À côté de lui, je me sens apaisée. Ce sont mes propres réactions que je crains.

— Et donc il s'est passé quelque chose, dis-je enfin. Zoe a été promue soliste…

— Houlà, je vois…

— Oui, et moi j'ai un rôle de premier plan.

— C'est fantastique, Hannah !

— C'est super, oui… Et je finirai sans doute par avoir une promotion, moi aussi… un jour ou l'autre. Mais j'en ai discuté avec Bea, et elle m'a fait comprendre que j'ai une attitude plutôt ambivalente par rapport à tout ça, depuis un bout de temps.

Jacob a l'air un peu dérouté.

— Pourtant, tu m'as donné l'impression de t'impliquer à fond dans ce que tu fais…

— C'est vrai. Enfin, c'était vrai. Mais tu ne comprends pas ? Si j'ai une promotion, ça ne fera qu'aggraver les choses. J'aurai encore moins de temps pour tout le reste. Et je me rends compte qu'il y a un tas d'autres choses que je veux découvrir et vivre. La vérité, c'est que je n'ai plus envie de tout sacrifier pour devenir ballerine.

Jacob hoche lentement la tête.

— Et tu ferais quoi, si tu laissais tomber ?

Ma réponse est un cri du cœur :

— Comment pourrais-je le savoir ? Mais j'ai réfléchi à tout ça, et je me suis souvenue que j'adorais lire, surtout des biographies de femmes célèbres. Helen Keller, Amelia Earhart… Et puis je rêvais d'aller passer un peu de temps en Inde. Mais maintenant ? Je suis le genre de personne qui ne sait même pas faire griller deux toasts avec du fromage.

Je plonge mes yeux dans le bleu des siens.

— Je suis jalouse de tout ce que tu peux découvrir et apprendre. Et c'est ce que je veux. Je veux apprendre l'italien, aussi, mais vraiment, et je veux avoir le temps d'aller admirer des œuvres d'art. Et je veux apprendre à mieux connaître mes parents.

Subitement, les larmes noient mes yeux. Je regarde le fleuve devenu indistinct, et quelques minutes de silence s'étirent entre nous. Les eaux viennent mourir sur la rive en vaguelettes, une mouette passe au-dessus de nos têtes. Je finis par reprendre la parole :

— Mais l'idée de tout laisser tomber me terrifie. Laisser tomber, pour moi, c'est comme entrer dans un programme de protection des témoins, ou ce genre de truc. Je ne verrai plus jamais les gens que je connais, parce que je serai en dehors de leur monde, dans le monde réel. Ce serait comme repartir à zéro… Comme déménager au fin fond du Kansas, ou de l'Idaho, ou… dans le New Jersey.

— Tu sais, le New Jersey c'est juste là-bas, remarque Jacob avec un sourire, en désignant la rive en face de nous. Donc ce n'est quand même pas aussi atroce que tu le penses…

Je ne peux m'empêcher de sourire à mon tour.

Il pose la main sur mon genou, serre légèrement les doigts.

— Mais la danse fera toujours partie de toi. Il y a moyen de danser en dehors de la compagnie où tu es en ce moment, non ?

Je hoche la tête, mais je reste silencieuse un long moment, laissant les larmes couler librement sur mes joues. Je finis par les essuyer d'un revers de manche.

— Viens ici, dit-il à mi-voix en ouvrant les bras, et je me blottis contre lui. Est-ce que je peux t'embrasser, maintenant ?

Mais il n'attend pas ma réponse.

XL

— MESDEMOISELLES, MESDEMOISELLES…

Christine claque des doigts pour attirer notre attention. Elle mâche son chewing-gum avec une telle frénésie qu'on pourrait la croire atteinte d'un tic facial. Apparemment, c'est sa nouvelle façon de combattre le stress inhérent à sa position.

— *Émeraudes* se joue en ce moment. Pour *Rubis*, c'est dans vingt minutes. Qu'est-ce que tu fais, Adriana ? Tu n'es pas concentrée. Reprends-toi !

— Tout va bien, Christine, dit quelqu'un.

— Je l'espère vraiment, soupire-t-elle avant de tourner les talons et de s'éloigner dans le couloir.

Laura me sourit en ajustant sur moi le petit costume rouge incrusté de joyaux. Dans le miroir, je vérifie mon maquillage et mon chignon. Dans un moment, je vais danser *Rubis* pour la première fois devant le public.

— *Merde,* me murmure Laura. Tu vas être époustouflante.

Je souris. Quand on y pense, c'est vraiment quelque chose de magnifique, ce que nous faisons. La compagnie rassemble cent personnes différentes, venues de tous les coins du monde, mais nous croyons tous et toutes à la puissance et à l'importance de notre art. C'est ce qui nous lie, à travers les efforts, malgré l'intensité et la compétition.

Je lance un baiser à Laura avant de me hâter dans le couloir pour rejoindre les coulisses. Harry est là, qui traîne près de l'échafaudage supportant une partie de l'éclairage, et il simule des applaudissements à mon passage. Puis il grimpe dans les cintres, où Bea attend le début du spectacle.

Mes parents sont quelque part dans le public, invisibles à mes yeux. Ils ont refusé de rester dans le Massachusetts alors que leur fille unique allait danser son premier solo. Jacob est venu aussi, avec une brassée de roses tellement énorme qu'il a du mal à la tenir (il a fusillé la surprise en m'envoyant une photo sur mon portable).

Avant le lever de rideau, je me tiens seule au centre de la scène plongée dans l'obscurité, et j'écoute le son de ma respiration. Parfois – et c'est peut-être un de ces moments magiques – l'attente avant le début du spectacle peut se dilater, les secondes semblant s'étirer jusqu'à devenir des minutes, des heures.

Je repense à ce jour où je suis tombée amoureuse de la danse, quand j'avais sept ans, ce jour où je me suis mise à bondir par-dessus des écharpes. Je revois ma mère me conduire à mes cours dans le centre de Boston, et mon père coudre à la main les élastiques de mes premiers chaussons. Il voulait à tout prix qu'ils m'aillent parfaitement.

De l'autre côté du rideau de velours rouge, le chef d'orchestre tapote le bord de son pupitre avec sa baguette, puis il lève les deux bras. Le public fait silence. J'inspire à fond et j'imagine l'air qui emplit mes poumons. J'adresse un hochement de tête à Christine. Les violons égrènent leurs premières notes.

Le rideau se lève. Je sens la lumière qui frappe ma peau. Pour la première fois, je suis seule sur scène, comme j'en ai toujours rêvé. Aucune autre danseuse avec qui partager ce moment : seulement le public invisible. Il y a ce sentiment extraordinaire de liberté, mais je suis prise au dépourvu par l'impression de solitude qui m'étreint.

Je prends une profonde inspiration et m'élance vers le devant de la scène.

Enfants déjà, on nous a mis en garde contre la brièveté des carrières de danseuse. En primaire, mon professeur, Mme Eaton, une femme adorable et d'une minceur extrême, avait l'habitude de nous répéter : « Exécutez chaque pas comme si c'était le dernier. » Nous la regardions fixement, le regard vide. Mais qu'aurions-nous pu comprendre, à l'époque ? Nous avions huit ans et, pour nous, une journée d'école était interminable, et l'enfance nous semblait devoir durer éternellement.

J'ai mis dix ans à saisir ce que Mme Eaton sous-entendait: *Le temps est précieux. Et il s'écoule toujours plus vite.*

Il reste encore quelques semaines avant la fin de la saison, et ensuite ce sera terminé. Complètement. Je rangerai mon casier, je retirerai les photos et les notes coincées dans le cadre de mon miroir. Quand je quitterai le vestiaire, ce sera pour toujours.

Il y a quelques jours, j'ai parcouru d'un pas décidé le couloir qui mène au bureau d'Otto. Je n'ai prêté aucune attention à sa secrétaire – qui m'a dit d'un ton sec qu'il était occupé –, j'ai posé la main sur la poignée de la porte, et je suis entrée.

Je n'étais encore jamais venue dans cette pièce, et jamais je ne l'avais approché sans qu'il m'invite à le faire. Il avait les pieds posés sur un bureau en acajou massif, mais il les a vite reposés à terre et a raccroché son téléphone. Il m'a toisée de ses yeux sombres avec froideur, l'air à peine intrigué.

Il y avait une chaise près de moi, mais j'ai jugé qu'il serait un peu présomptueux de m'y asseoir. D'ailleurs, ce que j'avais à dire n'allait pas prendre très longtemps.

— J'avais toujours rêvé de danser *Rubis*, et je l'ai fait. Jamais je n'ai dansé aussi bien. En fait, j'ai vécu les moments les plus intenses de ma vie.

— Et si tu te maintiens à ce niveau de travail et d'implication…

J'ai levé une main pour l'interrompre.

— Non, ai-je déclaré en secouant la tête. Je ne le veux pas. J'ai déjà fait assez de sacrifices.

J'ai désigné la fenêtre donnant sur la ville, une des rares fenêtres du théâtre.

— Là, dehors, il y a un monde dont j'ignore tout. Je me dois d'en apprendre autant que possible sur lui. Je veux avoir une vie extraordinaire, une vie qui ne soit pas confinée dans les murs d'un seul théâtre.

Otto m'a dévisagée comme s'il ne savait pas qui j'étais, et à cet instant, je me suis rendu compte qu'en effet, il ne le savait pas.

Il ne se souciait donc probablement pas de ce que je comptais faire de ma vie, mais je le lui ai dit quand même :

— Je vais reprendre mes études. Je vais trouver ma place dans ce monde.

J'ai tendu la main, pris la sienne et l'ai serrée avec fermeté.

— Merci pour cette aventure, mais il est temps pour moi d'aller explorer d'autres horizons.

Otto n'a rien répondu. Il a seulement hoché la tête, et l'ombre d'un sourire déconcerté est passée sur ses lèvres.

En repartant dans le couloir, je me suis mise à pleurer. Pas parce que j'étais triste, mais parce que je savais que ma vie ne serait plus jamais la même. J'étais terrifiée. Mais j'étais libre.

Ce matin, j'ai reçu le dossier pour m'inscrire à l'université. Il y a des cours de création littéraire qui me semblent parfaits. En plus du certificat délivré par le lycée et de trois lettres de recommandation, je suis censée ajouter un texte décrivant une expérience qui a fait de moi ce que je suis à présent. Je sais comment il débutera :

Je m'appelle Hannah Ward. Ne dites pas de moi que je suis une ballerine.

ÉPILOGUE : SEMESTRE D'AUTOMNE

— Attends, laisse-moi t'aider, dit Jacob qui tend la main pour me soulager du paquet de papiers dans mes bras. C'est quoi, tout ça, d'ailleurs ?

Je fais passer la bretelle de mon sac sur mon autre épaule et je bois une gorgée de café glacé.

— Des nouvelles. Celles de mon atelier de création littéraire.

Il les feuillette rapidement.

— Et il y en a une de toi là-dedans ?

— Je dois rendre la mienne la semaine prochaine.

— J'espère qu'elle sera centrée sur moi, plaisante-t-il. J'ai toujours rêvé d'apparaître dans une œuvre de fiction.

J'éclate de rire.

— Peut-être que si tu écris une autre chanson sur moi, j'écrirais quelque chose sur toi. Mais comme une nouvelle est quand même plus longue, tu devras certainement faire deux ou trois chansons, pour rétablir l'équilibre.

— *Oh, Hannah était une superbe danseuse, pas une grosse matrone, mais en entrant à l'université c'est devenu une simple piétonne,* chantonne-t-il.

Je lui donne un petit coup de coude.

— Très drôle.

— Attends, ce n'est pas tout…

— Je ne veux pas entendre la suite ! Allons-y, sinon je vais être en retard.

Il prend ma main et nous nous dirigeons vers le sud, vers la limite de Chinatown, près du parc où les personnes âgées jouent aux échecs.

— N'oublie pas, dit-il. *Chez Gene,* ce soir à huit heures, si tu veux voir mon petit concert.

— Je serai là. Je vais demander à Meg si elle veut venir.

— Qui est cette Meg ? demande-t-il, interloqué.

Je lui souris.

— Ma nouvelle amie. On a sympathisé en cours d'histoire de l'art. Je suis sûre qu'elle va te plaire.

Et je pense sans le dire : *Et elle ne fait pas la différence entre un piqué et un pas de bourrée.*

— Super. J'ai hâte de la rencontrer.

Je l'embrasse, puis je traverse la rue en courant pour entrer dans la Delancey Dance Academy.

Dans le cours de Mattie, trente garçons et filles sautillent et s'exclament joyeusement tout en se débarrassant de leurs manteaux, dévoilant des physiques très divers. Une gamine a déjà les membres graciles d'une future ballerine, tandis qu'une autre est aussi trapue et ramassée qu'un ourson. Un garçon démontre son aptitude à effectuer des fentes sous les yeux d'un autre qui mange un Twinkie dans un coin.

Je repense à Leni et son matelas pour les cours de Pilates, et à Daisy commentant avec Zoe le dernier casting pendant qu'une Bea exaspérée lève les yeux au ciel. La semaine dernière, je suis retournée au théâtre, et j'ai aperçu Zoe et Jonathan qui bavardaient en revenant de l'épicerie. Je leur ai fait un signe de la main depuis l'autre côté de la rue, mais je ne crois pas qu'ils m'aient vue. Au-dessus de la tête de Zoe, une douzaine de ballons rouges flottaient.

Après avoir dansé dans le corps de ballet du Manhattan Ballet, tout le reste semble très relatif. Cette expérience rend les passages difficiles de l'existence… sinon plus faciles, du moins plus abordables. Je pense à la compagnie presque chaque jour. Je suis heureuse d'en avoir fait partie, et je suis heureuse de l'avoir quittée.

La beauté est partout, pas seulement dans l'enceinte d'un théâtre.

Les enfants se calment quand je fais mon entrée. Je viens me placer devant eux.

— Mesdemoiselles et messieurs, veuillez vous mettre à la barre et me montrer la première position.

Il y a un moment d'agitation frénétique pendant lequel tous cherchent à trouver une place, puis trente paires d'yeux se braquent sur moi dans l'attente de ce que je vais dire ensuite. C'est un public totalement différent de celui auquel j'étais habituée, et je sens une certaine nervosité me gagner. Mais je me redresse de toute ma taille, et je leur souris.

— Très bien. Maintenant, on respire profondément. Et on danse.

Fin

REMERCIEMENTS

L'ÉCRITURE DE CE roman a été pour moi une expérience cathartique qui m'a emplie d'humilité. Elle a aussi reçu le concours d'une armée de bonnes âmes.

Ce livre n'aurait jamais vu le jour sans les conseils et la patience de ma très chère amie et consœur en écriture, Emily Chenoweth. Je veux remercier mon éditrice, l'incroyable Elizabeth Bewley, qui est venue me chercher pour m'offrir cette chance inédite. Mon agent, Brettne Bloome, a été mon plus fidèle soutien dès le lancement de ce projet.

Merci à mes parents, Fran et Bob, qui m'ont toujours encouragée à rêver en grand et à lutter pour atteindre des objectifs apparemment hors de ma portée. Et une énorme bise à ma jeune sœur Hannah, à qui j'espère ressembler un jour.

Mon partenaire et complice, Josh Charles, a vécu avec moi ce qui est probablement un des plus grands changements que je connaîtrai dans ma vie, pendant que j'écrivais ce livre. Chéri, si nous avons réussi à surmonter cette épreuve, rien ne peut nous arrêter ; ta générosité, ton soutien indéfectible, ta loyauté, ta curiosité et ton talent extraordinaire sont pour moi une source quotidienne d'inspiration.

Certaines des personnes qui ont eu le plus d'influence sur le cours de mon existence ont rarement reçu les remerciements qu'elles méritent pourtant tellement. Par ordre chronologique, ces maîtres de ballet ont eu un impact décisif sur ma carrière de danseuse : Jill Silverman, Kristen Beckwith, Anna-Marie Holmes, Alexandra Bullock, Jacqueline Cronsberg, Sandra Jennings, Gloria Govrin, Patricia McBride, Suzanne Farrell, Susan Pilarre, Kay Mazzo, Suki Schorer, Nancy Bielski et Wilhelm Burmann.

Applaudissements pour les professeurs qui ont influencé ma vision du monde et m'ont donné les outils et l'assurance nécessaires pour mener à bien ce projet : Christian De Matteo, Robert A. Ferguson, Nalini Jones et Erik Gray.

Je suis reconnaissante à Peter Martins et au New York City Ballet de m'avoir permis d'accomplir mon rêve de danser dans une des meilleures compagnies de la planète. J'ai vécu une aventure exceptionnelle, et l'expérience que j'en ai tirée, sur scène comme en coulisse, a façonné la personne que je suis aujourd'hui.

Enfin, j'aimerais saluer les balletomanes acharnés du cinquième rang. Tous les soirs, c'est pour vous que j'ai dansé, les gars.

À PROPOS DE L'AUTEUR

SOPHIE FLACK commence la danse classique à l'âge de sept ans à la Boston Ballet School, et à quinze, reçoit une bourse pour intégrer la School of American Ballet. Elle déménage alors à New York. À dix-sept ans, Sophie rejoint le New York City Ballet en qualité d'apprentie, et devient membre à part entière du corps de ballet l'année suivante. Après avoir dansé avec la compagnie pendant neuf ans dans plus de soixante-dix ballets et lors de tournées internationales, elle quitte le milieu de la danse en 2009.

Elle poursuit actuellement des études d'anglais à l'université de Columbia. *Ballerines* est son premier roman.

Découvrez un extrait de

VENGEANCE

LE PACTE - TOME I

JENNY HAN &
SIOBHAN VIVIAN

Scarlett

Début septembre, c'est la rentrée au lycée de Jar Island. Pour Mary, Lillia et Kat, une nouvelle année scolaire commence.

Mais alors que leurs camarades sont heureux de se retrouver, elles ont la tête ailleurs. Mary ne peut s'empêcher de penser à Reeve, Lillia à Alex et Kat à Rennie.

Blessées par les personnes qui comptaient le plus pour elles, elles n'aspirent qu'à une chose : se venger.

Au hasard d'une rencontre, ces filles qui s'ignoraient jusqu'ici décident d'unir leurs forces pour parvenir à leurs fins. Malheureusement, il suffit parfois d'un petit grain de sable pour que le meilleur des plans vire à la catastrophe…

MARY

Ce matin-là, le paysage est recouvert d'un épais voile blanc. Comme dans l'un de mes cauchemars où je me retrouve piégée, flottant parmi les nuages, avec l'impression que je n'arriverai jamais à me réveiller.

La corne de brume retentit, le brouillard se dissipe brusquement, et j'aperçois Jar Island qui s'étend à l'horizon, comme dans l'un des tableaux de tante Bette.

C'est à ce moment précis que je prends vraiment conscience de l'avoir fait. J'ai osé revenir.

À l'aide d'une solide corde, l'un des employés amarre le ferry au quai. Un autre abaisse la passerelle. La voix du capitaine résonne dans le haut-parleur :

— Bonjour, chers passagers. Bienvenue à Jar Island. Veillez à bien récupérer toutes vos affaires.

J'avais presque oublié à quel point l'île est magnifique. Le soleil s'est levé sur l'eau et illumine tout de ses chatoyants rayons. Mon reflet dans la vitre me contemple : mes yeux sont clairs, mes lèvres entrouvertes, mes cheveux blonds ébouriffés par le vent. Je ne suis plus la même que lorsque j'ai quitté ce lieu, l'année de mes douze ans. Je suis plus âgée, évidemment, mais il y a autre chose. J'ai changé. Lorsque je me regarde maintenant, je vois une fille sûre d'elle. Et peut-être même jolie.

Va-t-il me reconnaître ? Une partie de moi espère que non. Mais l'autre, celle qui a quitté sa famille pour revenir, le souhaite vraiment. Il le faut. Sinon, quel intérêt ?

Sur le pont réservé au fret, les voitures stationnées qui s'apprêtent à débarquer vrombissent. Il y en a bien plus à terre ; celles-là forment une longue file qui s'étend jusqu'à l'entrée du parking et attendent d'embarquer pour retourner sur le continent. Il me reste encore une semaine de vacances. Je m'éloigne de la vitre, lisse ma robe d'été en coton, puis je me dirige jusqu'à ma place pour récupérer mes affaires. Le siège à côté du mien est vide. Je plaque la main en dessous pour effleurer une vieille trace du passé. Ses initiales. RT. Je me souviens du jour où il les a gravées à l'aide de son couteau suisse, juste parce qu'il en avait envie.

Je me demande si les choses ont changé sur l'île. Trouve-t-on toujours les meilleurs muffins à la myrtille au *Milky Morning* ? Le cinéma sur Main Street a-t-il toujours ses fauteuils défoncés en velours vert ? Et les lilas dans notre jardin, ont-ils bien poussé ?

J'ai la sensation étrange d'être une touriste, alors que la famille Zane vit à Jar Island depuis toujours ou presque. Mon arrière-arrière-arrière-grand-père a conçu et bâti la bibliothèque. L'une des tantes de ma mère a été la première femme élue conseillère municipale de Middlebury. La concession de notre famille se situe au beau milieu du cimetière, en plein cœur de l'île, et certaines des stèles y sont si vieilles et si envahies par la mousse qu'on ne peut même plus lire le nom des personnes qui sont enterrées là.

Jar Island abrite quatre petites villes : Thomastown, Middlebury, dont je suis originaire, White Haven et

Canobie Bluffs. Chaque ville dispose de son propre collège, mais tous les élèves se retrouvent ensuite au lycée de Jar Island. L'été, le millier de personnes qui réside sur l'île à l'année est rejoint par des hordes de vacanciers.

Ma mère dit toujours que Jar Island ne change pas. Elle vit en vase clos. Quelque chose laisse à penser que le temps s'y est arrêté. Je crois que c'est ce qui fait son charme et qui incite les gens à y passer leurs vacances. C'est pour cette même raison que quelques irréductibles acceptent d'y résider à l'année malgré les inconvénients, comme ma famille autrefois.

Les habitants de Jar Island apprécient l'absence de supermarchés, de centres commerciaux et de fast-foods. Papa prétend qu'il existe dans les deux cents lois et ordonnances qui interdisent toute construction sur le site. Qu'à cela ne tienne, les gens font leurs courses sur les marchés locaux, passent récupérer leurs médicaments dans les drugstores et dénichent de quoi lire à la plage chez les libraires indépendants.

Une autre particularité est le fait que Jar Island est une vraie île. Elle n'est reliée au continent par aucun pont ou tunnel. En dehors des jets privés qui empruntent l'unique piste de l'aérodrome, absolument tout, personnes comme marchandises, arrive sur l'île et en repart à bord de ce ferry.

Je récupère mes valises et suis le reste des passagers jusqu'à la terre ferme. Le quai débouche tout droit sur le syndicat d'initiative. En face, un homme lave un vieux bus des années quarante sur lequel sont peints les mots « Jar Island Tours ». Juste derrière le pâté de maisons se trouve Main Street, une avenue pittoresque bordée de boutiques de souvenirs et de petits restaurants. Au-dessus d'elle s'élève la grande colline de Middlebury. Même si je dois me couvrir les yeux pour les protéger du soleil, il ne me faut qu'une seconde pour repérer à son sommet le toit rouge à forte pente de ma vieille maison.

Ma mère a grandi dans cette maison avec tante Bette. Autrefois, ma chambre, qui donne sur la mer, était celle de tante Bette. Je me demande si c'est là qu'elle dort, maintenant qu'elle y habite à nouveau.

Je suis la seule nièce de tante Bette ; elle n'a jamais eu d'enfant. Elle n'a jamais su comment se comporter avec eux, alors elle me traitait comme une adulte. J'aimais ça, car j'avais l'impression d'être grande. Lorsqu'elle me demandait mon avis sur ses peintures, elle écoutait vraiment ce que j'avais à dire. Par contre, elle n'a jamais été du genre à s'asseoir par terre pour m'aider à faire un puzzle ou à me proposer de préparer des cookies avec elle. Ça ne m'a jamais manqué. J'avais déjà une mère et un père pour ces choses-là.

J'imagine que ça va être cool de vivre avec tante Bette maintenant que j'ai grandi. Mes parents me traitent encore comme un bébé. Par exemple, mon couvre-feu est toujours fixé à vingt-deux heures, alors que j'ai dix-sept ans. Mais bon, après tout ce qui s'est passé, il est peut-être normal qu'ils se montrent si protecteurs.

Marcher jusqu'à la maison me prend plus longtemps que dans mes souvenirs, peut-être parce que mes valises me ralentissent. De temps à autre, je lève le pouce devant les voitures qui gravissent la colline pour leur faire signe de me prendre en stop. C'est une pratique acceptée sur Jar Island, une façon de s'aider entre voisins. Je n'y ai jamais été autorisée, mais pour la première fois, mon père et ma mère ne guettent pas par-dessus mon épaule. Manque de bol, personne ne s'arrête, mais demain est un autre jour. J'aurai tout le temps de faire du stop et tout ce dont j'ai envie.

Je passe devant mon allée sans même m'en rendre compte et dois revenir sur mes pas. Les arbustes ont beaucoup poussé ; ils sont broussailleux et masquent la maison depuis la route. Je ne suis pas surprise. Le jardinage, c'était le truc de maman, pas celui de tante Bette.

Je tire mes bagages sur les derniers mètres et contemple la maison. C'est une demeure coloniale de trois étages avec un bardage en cèdre gris, des volets blancs aux fenêtres et une cour bordée de pavés. La vieille Volvo défraîchie de tante Bette est garée dans l'allée, protégée par une couverture ornée de minuscules violettes.

Et les lilas. Ils ont poussé encore plus haut que je ne l'aurais cru possible. Même si des tas de fleurs sont tombées au sol, les branches croulent tout de même sous le poids de millions d'autres. Je respire aussi profondément que possible.

Comme c'est bon d'être à la maison.

LILLIA

Nous voici de nouveau fin août. Plus qu'une semaine avant la reprise des cours. La plage est bondée, mais pas autant que le jour de la fête nationale. Je suis allongée sur une grande couverture avec Rennie et Alex. Reeve et PJ jouent au frisbee, et Ashlin et Derek sont partis se baigner. Notre bande est au complet. Nous traînons ensemble depuis le début du lycée. J'ai du mal à croire que nous allons entrer en dernière année.

Le soleil tape si fort que je peux sentir ma peau bronzer sous ses rayons. Je me tortille pour m'enfoncer un peu plus dans le sable. J'adore le soleil. À côté de moi, Alex se repasse de l'écran total sur les épaules.

— Franchement, Alex, lui lance Rennie en levant les yeux de son magazine, tu pourrais apporter ta crème solaire ! Tu as vidé la moitié de mon tube. La prochaine fois, je te laisserai choper un cancer.

— Tu te fous de moi ? lui répond Alex. Tu l'as piqué dans ma cabine. Pas vrai, Lil ?

Je me redresse sur les coudes, puis m'assieds.

— Tu as oublié un coin. Viens-là, tourne-toi.

Je m'accroupis derrière lui et étale un peu de crème solaire sur son épaule. Alex se retourne et me demande :

— Lillia, c'est quoi ton parfum ?

J'éclate de rire.

— Pourquoi ? Tu veux me l'emprunter ?

J'adore titiller Alex Kudjak. Il démarre au quart de tour.

— Non, me rassure-t-il en riant. Je suis juste curieux.

En lui tapant dans le dos, je lui confie :

— C'est un secret.

Pour une fille, c'est important d'avoir une signature olfactive, un parfum grâce auquel tout le monde vous reconnaît, qui fait que lorsque vous traversez les couloirs du lycée, tout le monde se retourne et vous regarde. C'est comme un stimulus, ou quelque chose dans le genre. Chaque fois qu'ils respirent ce parfum, ils l'associent à vous. Le parfum de Lillia, c'est caramel et jacinthe des bois.

Je me rallonge sur le ventre en annonçant :

— J'ai soif. Tu me passes mon Coca, Skud ?

Alex se penche et fouille dans la glacière.

— Il reste seulement de l'eau et de la bière.

Je fronce les sourcils et lève les yeux vers Reeve. Il a un frisbee dans une main et mon Coca dans l'autre.

Je hurle :

— Ree-veuh ! C'était le mien !

— Désolé, s'excuse-t-il, sans avoir l'air désolé le moins du monde.

Il jette le frisbee qui décrit un arc parfait et atterrit près de jolies filles allongées sur des transats. Exactement ce qu'il voulait, j'en suis sûre.

Je regarde Rennie, qui plisse les yeux.

Alex se lève et secoue son short couvert de sable.

— Je vais aller te chercher un autre Coca.

Je prétends que ce n'est pas la peine, mais bien évidemment, c'est faux. J'ai vraiment très soif.

— Je vais te manquer quand je ne serai plus là pour aller te chercher à boire, plaisante-t-il en me souriant.

Alex, Reeve et PJ vont nous abandonner pour une partie de pêche sous-marine demain. Ils seront absents toute la semaine. Les gars ne sont jamais bien loin ; nous les voyons presque tous les jours. Ça va nous faire bizarre de finir l'été sans eux.

Je lui tire la langue.

— Tu ne me manqueras absolument pas !

Alex rejoint Reeve à petites foulées, puis ils se dirigent vers le stand de hot-dogs à l'autre bout de la plage.

Je hurle :

— Merci, Skud !

Il est tellement gentil avec moi.

Je me retourne vers Rennie, qui m'adresse un petit sourire en coin.

— Ce mec ferait n'importe quoi pour toi, Lil.

— Arrête.

— Tu le trouves mignon, oui ou non ? Réponds franchement.

Je n'ai même pas besoin de réfléchir.

— Évidemment qu'il est mignon, mais c'est pas mon genre.

Rennie s'est mis en tête qu'Alex et moi devrions sortir ensemble, et qu'elle sortirait avec Reeve, comme ça nous pourrions passer des soirées et des week-ends tous ensemble. Comme si mes parents allaient me laisser sortir avec des garçons ! Rennie peut bien passer à l'acte avec Reeve et choper une IST si elle le veut, mais Alex et moi, jamais de la vie. Je ne le considère pas comme ça, et c'est pareil pour lui. Nous sommes amis, rien de plus. Rennie me regarde, mais heureusement, elle n'insiste pas. En levant son magazine, elle me demande :

— Et si je me faisais cette coiffure pour le bal des étudiants, tu en penses quoi ?

C'est une photo d'une fille vêtue d'une robe argentée étincelante dont les longs cheveux blonds flottent au vent.

Je lui réponds en riant :

— Ren, le bal des étudiants, c'est en octobre.

— Exactement, plus qu'un mois et demi, confirme-t-elle en agitant sa revue dans ma direction. Alors, tu en penses quoi ?

Je pense qu'elle a raison. Nous devrions probablement commencer à réfléchir à nos robes. Je n'ai aucune intention d'acheter la mienne dans l'une des boutiques de l'île, pas quand il y a quatre-vingt-dix pour cent de chances qu'une autre fille se pointe avec la même. Je regarde le magazine de plus près.

— Jolie coiffure ! Mais ça m'étonnerait que le ventilateur soit fourni avec.

Rennie claque des doigts.

— Mais oui, un ventilateur ! Géniale, ton idée, Lil.

Je ris. Si c'est ce qu'elle veut, elle l'aura. Personne ne dit jamais non à Rennie Holtz.

Alors que nous discutons de nos tenues possibles pour le bal, deux types approchent. L'un d'eux est grand avec une coupe en brosse, l'autre plus trapu avec des biceps saillants. Ils sont tous les deux mignons, même si le petit est vraiment canon. Ils sont carrément plus vieux que nous ; impossible qu'ils soient au lycée.

Du coup, je suis contente de porter mon nou-veau bikini noir au lieu du rose à pois blancs.

— Dites, vous avez un décapsuleur ? demande le grand.

De la tête, je lui fais signe que non et lui souffle :

— Vous pouvez sûrement en emprunter un au snack, par contre.

— Vous avez quel âge, les filles ? se renseigne le baraqué.

À la manière dont Rennie rejette ses cheveux sur le côté, je devine qu'elle en pince pour lui.

— Pourquoi tu veux le savoir ? l'interroge-t-elle.

— Je veux être sûr de pouvoir discuter avec vous sans avoir de problèmes, ironise-t-il. Des problèmes juridiques, je veux dire, ajoute-t-il en la fixant du regard.

Elle glousse, mais pas comme une gamine. Au contraire, ça lui donne l'air plus adulte.

— On a tout juste l'âge légal. Et vous les gars, vous avez quel âge ?

— Vingt et un ans, annonce le plus grand en baissant les yeux sur moi. On est étudiants à l'université du Massachusetts, et on est ici pour la semaine.

J'ajuste le haut de mon bikini pour ne pas en montrer trop. Rennie vient d'avoir dix-huit ans, mais je n'en ai que dix-sept.

— On loue une maison sur Shore Road à Canobie Bluffs. Il faudrait nous rendre visite un de ces jours, explique le baraqué en s'asseyant près de Rennie. Donne-moi ton numéro.

— Demande-le-moi gentiment, minaude Rennie, et peut-être que j'y réfléchirai.

Le grand s'installe près de moi, sur le bord de la couverture.

— Je m'appelle Mike.

— Moi, c'est Lillia.

Par-dessus son épaule, je vois les garçons revenir. Alex a mon Coca à la main. Ils nous regardent, se demandant probablement qui sont ces types. Nos potes peuvent être hyper-protecteurs en présence de non-insulaires.

Alex fronce les sourcils et dit quelque chose à Reeve. Rennie les aperçoit également ; elle glousse très fort et se remet à jouer avec ses cheveux.

Le grand, Mike, me questionne :

— Ces gars sont vos petits copains ?

Je lui réponds que non. Il me fixe intensément, et je rougis.

— Très bien, dit-il en m'adressant son plus beau sourire.

Il a une dentition vraiment parfaite.

KAT

C'EST LE DÉBUT d'une nuit d'été idyllique, l'une de celles où toutes les étoiles sont de sortie et où vous n'avez pas besoin de sweat-shirt, même au bord de l'eau. Ça tombe bien, parce que j'ai laissé le mien à la maison. En rentrant après le travail, je me suis écroulée ; j'ai même manqué l'heure du dîner. Lorsque je me suis réveillée, j'avais dans les cinq secondes pour attraper le prochain ferry à destination du continent. J'ai donc jeté dans mon sac tous les vêtements qui se trouvaient par terre, dit au revoir à mon père et couru tout le long du trajet entre T-Town et le port de Middlebury. Je sais que j'ai oublié quelque chose, mais Kim me laissera emprunter quelques affaires dans son armoire, alors peu importe.

Main Street est bondée. Aucune boutique ou presque n'est ouverte à cette heure, mais ça ne semble gêner personne. Les touristes se baladent sans but précis et s'arrêtent devant les vitrines pour admirer les sweat-shirts et les visières ringards aux couleurs de Jar Island.

Je déteste le mois d'août.

Je grogne en passant devant eux alors que je me rends au *Java Jones*. Si je veux rester éveillée jusqu'au rappel de Puppy Ciao, je vais avoir besoin de caféine.

Puppy Ciao joue dans le magasin de disques où Kim travaille, un endroit appelé *Paul's Boutique,* sur le continent. *Paul's Boutique* a un garage annexe dans lequel sont organisés des concerts, et lorsqu'un groupe que je veux voir s'y produit, Kim m'autorise à rester chez elle pour la nuit. Elle habite l'appart juste au-dessus de *Paul's Boutique*. En général, les groupes finissent également par y atterrir, et je trouve ça cool. Le chanteur de Puppy Ciao a l'air vraiment canon sur la pochette de leur album. Pas autant que le batteur, mais Kim dit qu'avec les batteurs, c'est les emmerdes assurées.

Je grimpe deux à deux les marches qui mènent au *Java Jones*. Mais alors que je suis sur le point d'ouvrir la porte, l'un des employés la verrouille de l'intérieur.

Je frappe sur la vitre.

— Je sais que vous fermez, mais est-ce que vous pourriez me servir rapidement un triple à emporter ?

En faisant mine de ne pas me voir, l'employé ôte son tablier et éteint le néon de l'enseigne. La vitrine se retrouve plongée dans le noir. Je comprends que je dois lui donner l'impression d'être l'un de ces tocards de touristes pleins aux as qui pensent que les heures d'ouverture ne les concernent pas. Bref, l'un de ces snobinards que je dois me taper tous les jours à la marina. Du coup, je jette ma cigarette encore fumante sur le trottoir, enfonce les mains dans mes poches afin d'ajuster au mieux mon taille basse et lui jette un « S'il vous plaît, je suis du coin ! » désespéré.

Il se retourne et me fixe du regard comme si j'étais la reine des emmerdeuses, mais soudain, son visage se radoucit.

— Kat DeBrassio ?

— Ouais ?

Je louche sur lui. Il me dit quelque chose, mais je n'arrive pas à le resituer.

Le gars déverrouille la porte.

— Je faisais des courses de motocross avec ton frère, me confie-t-il en tenant la porte ouverte pour moi. Fais gaffe, le sol est humide. Tu transmettras mon bonjour à Pat.

Je hoche la tête, puis file sur la pointe des pieds devant son collègue qui passe la serpillière. Ensuite, je pose mon sac sur le comptoir, tandis que le gars prépare mon café. C'est alors que je remarque que le *Java Jones* n'est pas complètement déserté. Il reste un dernier client.

Alex Kudjak est assis seul à l'une des tables du fond, penché sur un petit carnet de notes. Je me dis que ça doit être son journal intime ou quelque chose dans le genre. Je l'ai déjà surpris en train de gribouiller secrètement. Il ne me l'a jamais montré jusqu'ici. Peut-être parce qu'il pense que je vais me moquer de ce qu'il y écrit, peu importe de quoi il s'agit.

En fait, je ne me gênerais probablement pas pour me foutre de lui. Ce n'est pas comme si traîner ensemble depuis quelques semaines faisait de nous de *vrais* amis.

Je ne vais pas l'interrompre. Je vais juste récupérer mon café et m'en aller. Mais son crayon s'immobilise au milieu d'une page. Alex se mord la lèvre inférieure, ferme les yeux, puis semble réfléchir pendant une seconde. On dirait un petit garçon concentré sur ses prières du soir, vulnérable et angélique.

Ce mec va me manquer.

J'arrange ma frange et lui lance :

— Salut Kudjak !

Surpris, Alex ouvre les yeux. Il glisse rapidement son carnet dans sa poche arrière et avance vers moi en traînant les pieds.

— Salut Kat, qu'est-ce que tu fais de beau ?

Je lève les yeux au ciel.

— Je vais chez Kim pour voir un groupe, tu as oublié ?

Je lui en ai parlé il y a à peine cinq heures, lorsqu'il est passé à la marina pendant ma pause déjeuner. C'est comme ça qu'on a commencé à traîner ensemble. On a fait connaissance au yacht-club en juin. Je savais qui il était avant même qu'on ne se présente l'un à l'autre, évidemment : le bahut n'est pas immense. Nous ne nous étions jamais vraiment adressé la parole. À part une fois ou deux peut-être, pendant le cours d'arts plastiques l'année dernière. On ne fréquente pas les mêmes personnes.

Alex s'est pointé un jour avec son nouveau hors-bord. Alors qu'il essayait de manœuvrer pour sortir de la marina, il a calé.

Je l'ai éjecté du siège du pilote et lui ai donné un cours rapide. Alex a été impressionné par mon habileté aux commandes du bateau. Plusieurs fois, tandis que je mettais vraiment les gaz, je l'ai vu s'agripper au bastingage, les poings crispés. C'était plutôt mignon.

J'aurais préféré qu'il reste avec moi aujourd'hui, histoire que le travail me paraisse moins ennuyeux. En plus, je savais qu'il s'absentait pour une partie de pêche dès demain. Mais Alex m'a laissé tomber pour rejoindre ses amis à la plage. Ses vrais amis, je veux dire.

— Ah oui, c'est vrai, répond-il en hochant la tête. (Puis, il se penche en avant pour s'accouder au comptoir.) Eh, dis à Kim que je la remercie encore de m'avoir hébergé, tu veux bien ?

J'ai emmené Alex voir *Army of None* au magasin de disques en juillet. Il n'avait jamais entendu parler d'eux avant de commencer à traîner avec moi, mais depuis, c'est son groupe préféré. Je me suis un peu tapé la honte, car Alex s'est pointé au concert avec un polo du country club de Jar Island, un bermuda et des tongs. Kim m'a regardée de travers dès qu'il est entré, parce qu'il avait l'air vraiment coincé. Alex a acheté un des tee-shirts du groupe et l'a immédiatement enfilé. Ceux qui portent le tee-shirt du groupe qu'ils vont voir sont des gros nazes, mais c'était toujours mieux que son polo. Lorsque le concert a commencé, il s'est fondu dans la masse, secouant la tête au rythme de la musique comme tout le monde. En plus, il s'est montré super poli chez Kim. Avant de se glisser dans son sac de couchage, il a ramassé les canettes de bière vides et les a jetées dans le conteneur de tri sélectif au bout de l'allée.

— Tu veux venir avec moi ? Ils jouent à guichets fermés, mais je peux te faire entrer.

— Je peux pas, déplore-t-il dans un grand soupir. Mon oncle Tim veut mettre les voiles dès l'aube.

Son oncle Tim est un éternel étudiant au crâne dégarni. Il n'a ni famille ni responsabilités réelles, alors il dépense son fric en joujoux, comme le nouveau yacht à bord duquel il va parader avec Alex et ses amis lors de leur partie de pêche sous-marine entre mecs.

Je hausse les épaules.

— Bon, dans ce cas, je pense que c'est un au revoir définitif.

Je le salue à la manière d'un officier de la Navy et lui adresse un « Bon voyage ! » sarcastique. Dans le fond, je n'ai pas envie qu'il parte. Si Alex ne me rend pas visite au boulot, cette semaine va être mortelle.

— Je peux t'accompagner jusqu'au ferry, propose-t-il en se redressant. (Je commence à m'éloigner, mais il attrape la bandoulière de mon sac et la fait glisser de mon épaule.) S'il te plaît, Kat, ça me ferait plaisir.

— Très bien, dans ce cas.

Alors qu'il me conduit vers l'embarcadère, Alex m'observe du coin de l'œil. Je ne sais pas pourquoi, mais ça me met mal à l'aise. Je me retourne vers la vitre de la voiture pour masquer mon visage et lui demande :

— Qu'est-ce qui te prend ?

— Je n'arrive pas à croire que l'été est presque terminé, regrette-t-il en soupirant à nouveau. Je ne sais pas. J'ai l'impression de l'avoir gâché.

Je ne peux pas m'empêcher de le titiller.

— Tu l'as sans doute gâché avec tes losers de potes, mais pas avec moi !

Je m'en veux aussitôt de lui avoir donné l'impression de tenir à lui.

D'habitude, Alex défend ses amis lorsque je me paye leur tête, mais cette fois-ci, il ne dit rien.

Pendant le reste du trajet, je réfléchis à ce qui va arriver à la rentrée et je me demande si nous resterons amis, Alex et moi. Évidemment, on a passé un paquet de temps ensemble cet été, mais je ne suis pas sûre de vouloir être vue avec lui au bahut. En public, j'entends.

Alex et moi… on fonctionne mieux comme ça. Quand il n'y a que nous deux.

Alex rentre dans le parking de la zone d'embarquement. Sans lui laisser le temps d'arrêter la voiture, je lui propose :

— Je peux faire l'impasse sur le concert, si tu préfères traîner avec moi ce soir.

Ce n'est pas comme si j'étais une super-fan des Puppy Ciao. En plus, ils repasseront sans doute dans le coin. Mais moi et Alex ? Ce sera peut-être notre dernière nuit. Quelque part, je pense que nous le savons tous les deux.

Alex me sourit.

— Sérieux ? Tu resterais avec moi ?

J'ouvre ma vitre et allume une cigarette pour cacher mon sourire.

— Bah ouais, pourquoi pas ? Je veux voir ce yacht de flambeur de mes yeux.

Alex décide donc de m'y emmener. Nous nous garons devant le manoir de l'oncle Tim, au ponton duquel l'engin est amarré, et continuons à pied. Alors que nous nous en approchons, je commence à faire des vannes sur son côté bling-bling, mais intérieurement, je me dis *Putain, ce yacht est plus grand que ma foutue baraque.* C'est carrément le plus beau bateau que j'aie jamais vu. Il est bien plus luxueux que tous les autres yachts de la marina.

Alex monte à bord le premier, et je lui emboîte le pas. Il me fait faire une visite rapide, et l'intérieur est encore plus tape-à-l'œil. Du marbre italien, une bonne centaine de télés à écran plat et une cave à vin remplie de bouteilles provenant d'Italie, de France et d'Afrique du Sud.

Je pense à Rennie. Elle ne se sentirait plus dans un lieu pareil.

Tout aussi rapidement, je la chasse de ma tête. Je ne pense quasiment plus à elle, mais j'ai horreur de ça quand ça m'arrive.

Alors que j'essaye d'allumer la stéréo, Alex arrive derrière moi et se rapproche. Vraiment très près. Il dégage mes cheveux sur mon épaule.

— Kat ?

Je me fige. Alex pose délicatement les lèvres sur ma nuque. Il me saisit par les hanches et m'attire contre lui.

Il n'est pas mon type de mec. Vraiment pas.

C'est pour ça que c'est carrément dingue. Parce que dès que je tourne la tête, nous nous embrassons. Et je me rends soudain compte que j'ai attendu ça pendant tout l'été.

À suivre…

JENNY HAN &
SIOBHAN VIVIAN
VENGEANCE

PANINI BOOKS

Scarlett

MIXTE
Papier issu de sources responsables
FSC® C005461
FSC www.fsc.org

Achevé d'imprimer sur les presses
de l'imprimerie Rotolito Lombarda (Italie)
Dépôt légal : octobre 2013